John Mark Comer

Ruhe. Arbeit. Ewigkeit.

Der göttliche Rhythmus von Ruhe und Arbeit für dein Leben

JOHN
MARK
COMER

RUHE.

Der göttliche Rhythmus

ARBEIT.

von Ruhe und Arbeit

EWIGKEIT.

für dein Leben

Aus dem amerikanischen Englisch
von Renate Hübsch

MIX
Papier | Fördert gute Waldnutzung
FSC® C014496

4. Auflage 2026

Max-Eyth-Straße 41 ·71088 Holzgerlingen
brockhaus-verlag.de

Originally published in English under the title: *Garden City*

Übersetzung: Renate Hübsch
Lektorat: Imke Früh
Autorenfoto: © Ryan Garber
Umschlaggestaltung: Grafikbüro Sonnhüter; www.grafikbuero-sonnhueter.de
Satz: typoscript GmbH, Walddorfhäslach
Druck und Bindung: GGP Media GmbH, Pößneck
Gedruckt in Deutschland
ISBN 978-3-417-00072-6
Bestell-Nr. 227.000.072

Inhalt

Prolog: Es ist eine Kunst, ein Mensch zu sein ... 11

Teil 1: Arbeit ... 23

- Könige und Königinnen ... 25
- Ein Ort namens Wonne ... 41
- Spurensuche einer Berufung ... 57
- Alles ist geistlich ... 80
- Kavod-Schönheit ... 99
- Wunderwerk ... 118
- Der Acker ist verflucht ... 140

Teil 2: Ruhe ... 161

- Ich bin keine Maschine ... 163
- Anti-Pharao ... 179
- Herr über den Sabbat ... 196

Teil 3: Ewigkeit ... 211

- Das Leben nach dem Himmel ... 213
- Die Menschen der Zukunft ... 227

Epilog: Eine neue Definition von Größe ... 245

Danke ... 269

Anmerkungen ... 271

Da sprach Gott:
»Wir wollen Menschen schaffen nach unserem Bild, die uns ähnlich sind. Sie sollen über die Fische im Meer, die Vögel am Himmel, über alles Vieh, die wilden Tiere und über alle Kriechtiere herrschen.« So schuf Gott die Menschen nach seinem Bild, nach dem Bild Gottes schuf er sie, als Mann und Frau schuf er sie. Und Gott segnete sie und gab ihnen den Auftrag: »Seid fruchtbar und vermehrt euch, bevölkert die Erde und nehmt sie in

Besitz. Herrscht über die Fische im Meer, die Vögel in der Luft und über alle Tiere auf der Erde.« ...

So wurde die Schöpfung des Himmels und der Erde mit allem, was dazugehört, vollendet. Am siebten Tag vollendete Gott sein Werk und ruhte von seiner Arbeit aus. Und Gott segnete den siebten Tag und erklärte ihn für heilig, weil es der Tag war, an dem er sich von seiner Schöpfungsarbeit ausruhte.

Dann pflanzte Gott, der Herr, einen Garten in Eden, im Osten gelegen. Dort hinein brachte er den Menschen, den er erschaffen hatte. Und Gott, der Herr, ließ alle Arten von Bäumen in dem Garten wachsen – schöne Bäume, die köstliche Früchte trugen. In der Mitte des Gartens wuchsen der Baum des Lebens und der Baum der Erkenntnis von Gut und Böse. Ein Fluss entsprang in Eden, der den Garten bewässerte und sich dann in vier Arme teilte.

Einer dieser Arme heißt Pischon, der um das Land Hawila fließt, wo Gold zu finden ist. Das Gold jenes Landes ist außergewöhnlich rein; dort findet man auch Bedolachharz und den Edelstein Schoham. Der zweite Arm heißt Gihon, der um das Land Kusch fließt. Der dritte Arm ist der Tigris, der östlich von Assyrien fließt. Der vierte Arm heißt Euphrat. Gott, der Herr, brachte den Menschen in den Garten Eden. Er sollte ihn bebauen und bewahren.

NACH 1. MOSE 1–2

PROLOG

Es ist eine Kunst, ein Mensch zu sein

Neulich war ich mit meinem Freund Dave auf einen Kaffee verabredet.

Ich lebe in Portland, der weltbesten Stadt in Sachen Kaffee. Leider ist es nicht die weltbeste Stadt in Sachen Sonnenstunden. In Portland regnet es. Oft. Sehr oft. Deshalb »überwintern« wir die meiste Zeit des Jahres in Cafés, in der sehnlichen Erwartung, dass sich dieses seltsame gelbe Objekt irgendwann mal wieder am Himmel zeigt.

Und damit bin ich beim Cafébesuch mit meinem Freund Dave.

Dave hatte gefragt, ob wir uns treffen und über seine Depressionen sprechen könnten. Leider bin ich nämlich selbst so eine Art Experte auf diesem Gebiet. Mein eigener Kampf mit der Depression war brutal und erschreckend, aber ich habe ihn überstanden und bin wieder aufgetaucht. Seltsamerweise hat diese Erfahrung einen besseren Menschen aus mir gemacht. Während meiner Jahre im Rachen der Bestie habe ich nämlich ein bisschen was gelernt. Und wenn ich jemandem mit dieser Erfahrung helfen kann, tue ich das gern.[1]

Dave war nicht selbstmordgefährdet oder so. Er war einfach unglücklich. Aber er hatte keine Ahnung, warum. Er sagte immer wieder:

»Ich verstehe es nicht. Ich folge Jesus. Und ich habe ein tolles Leben. Warum bin ich depressiv?«

Ich habe ja so meine eigene Sicht auf das Thema – ich halte Depression eher für ein Symptom als für eine Krankheit.

Depression ist oft ein Symptom dafür, dass etwas im eigenen Leben nicht stimmt.

Ein Symptom dafür, dass etwas im eigenen Leben die Depression verursacht.[2] Bei Menschen wie Dave hake ich also normalerweise nach. Was steckt *hinter* der Depression? Wo liegt ihre Wurzel?

Dave war so freundlich, mein Verhör über sich ergehen zu lassen: »Schläfst du genug? Wie ernährst du dich? Treibst du Sport? Erzähl mir, wie es um dein Gebetsleben steht. Und um deine Ehe.« Ich war unerbittlich. Aber ihm fiel nichts ein, das mit ihm »nicht stimmte«.

Dann fragte ich nach seinem Job.

»Macht dir deine Arbeit Spaß?«

»Ich habe einen guten Job.«

»Ja, aber hast du Freude an dem, was du da machst? Wachst du morgens auf und freust dich auf den Tag? Bist du gespannt darauf, was heute bei der Arbeit auf dich zukommt?«

»Na ja, nicht so richtig.«

Und das hatte einen guten Grund. Dave war nämlich früher mal Elitesoldat bei der Marine gewesen. Immer zu hundert Prozent im Einsatz. Er kann unter Wasser so etwa drei Tage lang die Luft anhalten (kleiner Hinweis: Ich neige zu Übertreibungen und Ironie). Als er aus der Navy entlassen wurde, zog er zurück nach Portland und übernahm das Lampenfachgeschäft seines Vaters. Es garantierte ihm ein festes Einkommen. Und kein kleines. Er konnte sich ein Haus kaufen und gut für seine Familie sorgen. Es gab nur einen Haken: Er interessierte sich nicht die Bohne für Lampen, Glühbirnen, Neonröhren und all das Zeug. Ich meine, wenn man ein gutes Angebot für eine Leuchtstoffröhre wollte, war man bei Dave richtig. Er kannte sich damit schon aus. Nur dass Dave hier nicht *Dave* war. Bei der Marine hatte er einen Job gehabt, bei dem er seinem Körper die krassesten Dinge abverlangt und jeden Tag sein Leben riskiert hatte. Und diesen Job hatte er nun eingetauscht gegen einen kalten Metallschreibtisch mit Laminatplatte und einen Computer, der ständig in Excel festhing.

Also stellte ich Dave eine meiner Lieblingsfragen:

»Wenn du tun könntest, was du wolltest – was würdest du machen?«

Er begann, auf seinem Stuhl hin und her zu rutschen. Das Unbehagen stand ihm ins Gesicht geschrieben.

Die meisten von uns sind zu ängstlich, um über diese Frage auch nur *nachzudenken*. Und die Wahrscheinlichkeit, enttäuscht zu werden, ist tatsächlich hoch.

Ich vermute, dir geht es gerade genauso wie Dave – du hast tausend Fragen im Kopf:

Was ist mit der Tatsache, dass Milliarden Menschen auf dieser Welt von der Hand in den Mund leben? Sie haben schon Glück, wenn sie nur überleben. Eine Arbeit zu haben, die einen begeistert, ist doch nur ein Luxus der Reichen.

Was ist mit der Tatsache, dass es selbst hier in den USA unglaublich schwer ist, seinen Lebensunterhalt zu bestreiten, es sei denn, man kommt aus einer reichen Familie? Die Mittelschicht ist am Verschwinden. Millionen von Amerikanern sind unterbezahlt – sie haben Studienabschlüsse von renommierten Unis und arbeiten für Mindestlohn. Amerika ist nicht mehr das, was es einmal war.

Was ist mit der Tatsache, dass die meisten Menschen ihre Arbeit ätzend finden? Jeder neue Arbeitstag ist für sie ein Horror. Arbeit ist der Inbegriff von Stress – kräftezehrend, lästig und beschwerlich.

Das sind alles berechtigte, intelligente Fragen, auf die wir später noch eingehen werden. Aber schieb diese Überlegungen mal für einen Moment beiseite. Ich möchte, dass du dich in Dave hineinversetzt – in das unbehagliche Gefühl, das meine Frage in ihm auslöste:

»Wenn du tun könntest, was du wolltest …«

Nach einer peinlichen Stille sagte Dave: »Na ja, ich glaube, ich wäre gerne Polizist.«

Also stellte ich direkt die logische Folgefrage: »Warum schmeißt du deinen Laden nicht hin und wagst einen Neuanfang?«

Er begann sofort mit einer Litanei von Gründen, warum er das nicht tun könne – es war schließlich das Familienunternehmen. Sein Vater war von ihm abhängig, seine Frau, seine Kinder und so weiter. Und obwohl Dave sichtlich nervös wirkte, hatte ich das Gefühl, dass wir auf dem richtigen Weg waren.

Am Ende unseres Gesprächs sagte ich nur: »Dave, an deiner Stelle würde ich Folgendes tun: nach Hause gehen. Mit meiner Frau sprechen. Und mit meinem Dad. Nachdenken und beten. Und dann sehen, was passiert. Warum versuchst du es nicht wenigstens?«

• • •

Spulen wir etwa sechs Monate vor. Ich hatte Dave schon eine Weile nicht mehr gesehen. Und ihn auch nicht mehr auf unser Gespräch angesprochen (okay, ich bin also ein lausiger Freund). Aber als ich Dave das nächste Mal traf, strahlte er. Es war offensichtlich, dass sich etwas verändert hatte.

Dave hatte es tatsächlich gewagt, das Familienunternehmen aufzugeben – mit dem Einverständnis seines Vaters. Er hatte einen Job bei der örtlichen Polizei bekommen, wo er ganz unten anfangen musste. Aber zum ersten Mal seit Jahren wachte er morgens wieder auf, bevor sein Wecker klingelte. Er war immer noch derselbe Mann. Mit derselben Frau, derselben Familie, derselben Gemeinde, demselben Wohnort, denselben Hobbys, demselben Café, demselben Rasen, der gemäht werden musste …

Das Einzige, was sich geändert hatte, war sein Job. Das, wofür er jeden Tag aufstand.

Erstaunlich, oder? Wie konnte etwas so Alltägliches und Banales wie ein Job sein komplettes Lebensgefühl verändern?

Ich würde sagen, das hat einen einfachen Grund:

Was wir tun und wofür wir jeden Tag aufstehen, ist entscheidend für unser Menschsein.

Was ist die erste Frage, die wir normalerweise jemandem stellen, den wir neu kennenlernen – nachdem wir den Namen erfahren und vielleicht ein paar unbeholfene Sätze über das Wetter gewechselt haben?

Genau. »Und was machst du so beruflich?«

Ich gebe zu, das ist eine typische Männer-Frage. Frauen fragen vielleicht eher: »Bist du verheiratet?« oder »Hast du Kinder?« –

Fragen zu Beziehungen. Ja, das ist ein Klischee, aber für viele schon zutreffend, oder?

Letztlich geht es dabei um dieselbe Frage: Welchen Dingen widmest du dein Leben? Wofür stehst du morgens auf?

Unter Christen kursiert ein böses Gerücht, das sich ungefähr so anhört: »Es kommt darauf an, wer du *bist*, nicht was du *tust*.«

Wirklich? Wo genau steht das in der Bibel?

Es stimmt schon: Manche von uns definieren sich zu sehr über das, was sie tun, und ziehen ihren Selbstwert daraus.

Ich bin Fotograf.

Ich bin Designerin.

Ich bin Pastor.

Und es ist gut, dass sich gegen diese ungesunde Haltung eine dringend notwendige Gegenbewegung formiert hat. Aber wir müssen aufpassen, dass wir nicht auf der anderen Seite vom Pferd fallen. Denn was wir tun, ergibt sich aus dem, was wir sind. Beides ist wichtig. Schließlich verbringen wir die meiste Zeit unseres Lebens mit irgendeiner Form von Arbeit.

Mit Arbeit meine ich nicht nur unseren Job oder unsere Karriere. Arbeit ist viel mehr als das, wofür wir bezahlt werden. Ein Essen zubereiten, die Wohnung putzen, das Auto waschen, Sport treiben, Besorgungen erledigen – eben diese alltäglichen Dinge – sind auch Arbeit.

Und an zweiter Stelle in unserem Zeitbudget steht das Ausruhen. Mit Ausruhen meine ich nicht nur das altbewährte Ritual des Sabbats – damit werden wir uns in diesem Buch noch eingehend befassen. Was ich ganz allgemein mit Ausruhen meine, ist schlafen, freie Tage, mit einem guten Buch oder Film auf der Couch liegen, brunchen mit Freunden, Urlaub – die Dinge, auf die wir uns freuen und die wir genießen. Die Momente, in denen wir uns wünschen, das Leben hätte eine Pause-Taste.

In der Kirche verbringen wir oft den größten Teil unserer Zeit damit, den Menschen zu vermitteln, wie sie einen kleinen Ausschnitt ihres Lebens gestalten sollen.[3]

Ich leite eine Gemeinde, meine Kritik gilt also vor allem mir selbst. Schuldig im Sinne der Anklage. Ich vermittle den Menschen, wie sie die Bibel lesen, beten und mit Gott in Kontakt kommen können. Aber wie viel Zeit verbringen wir jeden Tag damit, in der Bibel zu lesen? Eine halbe Stunde? Und wie viel Zeit verbringen wir mit Beten? Ich weiß, das ist schwer zu messen, also rate einfach mal. Ich nehme mir jeden Morgen eine Stunde Zeit zum Beten und Bibellesen, aber trotzdem – das ist immer noch nur ein Bruchteil meines Tages. Ein Vierundzwanzigstel, um genau zu sein. Das ist einfache Mathematik.

Die meisten Menschen schlafen etwa acht Stunden am Tag. Dann stehen sie auf und gehen für weitere acht Stunden zur Arbeit, wenn nicht mehr. Aber rechne noch etwa eine Stunde für den Arbeitsweg ein – mit Bus, Bahn, Auto, Fahrrad oder zu Fuß. Wirf noch ein paar Minuten in den Topf – zum Tanken oder um dir schnell einen Kaffee zu holen. Außerdem brauchst du etwa zwei Stunden am Tag zum Essen und um Alltägliches zu erledigen. Vielleicht noch eine Stunde für Sport. Dann wären wir bei acht Stunden pro Tag zum Ausruhen und zwölf Stunden zum Arbeiten. Bleiben vier Stunden am Tag, die übrig sind.

Und wir wissen alle, wo die meisten von uns diese vier Stunden verbringen … Netflix und Co.

Jeden Tag haben wir nur ein paar wenige Stunden zur Verfügung, die wir nutzen können für Bibellesen, Gebet, Gemeinde, Gemeinschaft, Evangelium – all die »geistlichen« Dinge. Und das auch nur, wenn wir das Smartphone ausschalten, den Netflix-Drachen bezwingen und jede Minute unserer Freizeit dafür investieren, unsere Spiritualität zu pflegen.

Mal ehrlich, lebt irgendjemand von uns so?

Worauf ich hinauswill, ist Folgendes: In der Kirche müssen wir über das *ganze* Leben sprechen. Darüber, was es bedeutet, von Jesus zu lernen und mit ihm unterwegs zu sein – in der Kirche *und* am Arbeitsplatz, in der Schule, im Fitnessstudio, im Café, an unserem freien Tag, wenn wir einkaufen oder ins Theater gehen oder ein Date haben und so weiter. Das bedeutet, dass wir auch in der Kirche über unsere Arbeit sprechen müssen, denn sie nimmt den größten Teil unseres Lebens ein.

Wir brauchen ein ganzheitliches Leben ohne Polarisierung zwischen geistlich und weltlich.

Allzu oft gibt es eine große Diskrepanz zwischen »geistlichem Leben« und dem ganzen Rest des Lebens. Auf dem Weg, den Jesus uns zeigt, geht es aber nicht darum, uns von der Welt abzukapseln und uns in einer Berghöhle zu verstecken – wie jemand, der in einer Folge von *Lost* feststeckt. Jesus selbst war *jahrzehntelang* Handwerker in einem kleinen Nest namens Nazareth. Danach war er Rabbi, Lehrer. Worum es bei Jesus geht, ist ein Leben ohne Risse – ein ganzheitliches Leben, in dem die Polarisierung zwischen dem Geistlichen und dem Weltlichen aufgehoben ist und unser *Alltag* vollständig durchdrungen wird von der Wirklichkeit, die Jesus das Reich Gottes nannte. Aber das wird eine Utopie bleiben, wenn wir nicht eine Theologie der Arbeit und der Ruhe und der Kunst des Menschseins wiederentdecken.

Die Kernfrage dieses Buches, die sich durch jede einzelne Seite zieht, lautet:

Was *bedeutet* es, ein Mensch zu sein?

Anders ausgedrückt: Warum gibt es uns? Wozu sind wir hier? Was ist der Sinn unserer Existenz? Unsere Bestimmung? Gibt es eine?

Jede Religion und jede Form der Spiritualität hat irgendeine Antwort auf diese uralten Fragen parat. Denn wir werden alle mit dieser quälenden Frage nach dem Sinn geboren.

In der Kirche geben wir auf diese Frage gewöhnlich eine geistlich klingende Antwort. Ich denke dabei an den berühmten Beginn des Westminster-Katechismus: »Die höchste Bestimmung des Menschen ist, Gott zu verherrlichen und ihn vollkommen zu genießen in alle Ewigkeit.«[4]

Sicher. Klar. Ich meine, wer würde dem schon widersprechen? Aber wie du vielleicht weißt – oder auch nicht –, finden wir auf den ersten Seiten der Bibel eine ganz andere Antwort. Eine, die sehr viel bodenständiger ist. Im buchstäblichen Sinn.

In 1. Mose 1,26 sagt Gott: »Wir wollen Menschen schaffen nach unserem Bild, die uns ähnlich sind. Sie sollen … herrschen …«

Da haben wir's.

Schwarz auf weiß, seit eh und je und direkt vor unseren Augen.

Warum schuf Gott die Menschen? »Sie sollen herrschen.« Im hebräischen Urtext ist es noch deutlicher. Der Text kann so übersetzt werden: »Wir wollen Menschen schaffen …, *damit* sie herrschen.«[5]

Du und ich, wir wurden geschaffen, um über die Erde zu herrschen. Das ist unser Sinn, unsere Bestimmung – es ist das Wozu unserer Existenz.

Der Ausdruck »herrschen« ist für die meisten von uns wahrscheinlich nicht so gebräuchlich. Ich bezweifle, dass du bei der Arbeit Sätze sagst wie: »Ich herrsche gerade über meine E-Mails.« Wir werden uns noch damit befassen, worum es beim Herrschen geht. Für den Moment halten wir mal fest, dass Herrschen dem, was wir Arbeit nennen, sehr ähnlich ist.

Das Mantra unserer Kultur lautet: Wir arbeiten, um zu leben. Der amerikanische Traum – der als brillante Idee begann, dass jeder eine Chance auf ein glückliches Leben haben sollte – verdrehte sich im Laufe der Jahre zu einem ziemlich narzisstischen Wunschdenken: mit möglichst wenig Zeit und Aufwand so viel Geld wie nur irgend möglich zu verdienen, um nicht mehr arbeiten zu müssen und stattdessen etwas anderes tun zu können.

Was für eine erbärmliche Art zu leben.

Seltsam nur, dass etliche Leute, die ich kenne und die es geschafft haben, in kurzer Zeit so viel Geld zu verdienen, dass sie jung in Rente gehen konnten, heute ziemlich unglücklich sind. Mürrisch. Streitlustig. Voller Ängste. Als hätten sie etwas verloren, das entscheidend dafür ist, wer sie sind.

In der biblischen Sicht vom Menschsein arbeiten wir nicht, um zu leben, sondern wir leben, um zu arbeiten. Ganz deutlich wird da gesagt, dass wir geschaffen wurden, um zu herrschen – um etwas aus Gottes Welt zu machen.

Das ist der Grund, warum Arbeitslosigkeit für die meisten Menschen so schmerzhaft und deprimierend ist. Das ist der Grund, warum Menschen, die ihren Beruf nicht mögen, unglücklich sind – egal, wie viel Geld sie verdienen. Das ist der Grund, warum es für ältere oder behinderte Menschen frustrierend und entwürdigend ist, aufs Abstellgleis gestellt zu werden. Keinen wertvollen Beitrag zur Gesellschaft leisten zu dürfen.

Denn wenn wir aufhören zu arbeiten, verlieren wir einen Teil dessen, was uns ausmacht. Und das Gleiche gilt für die Ruhe. Wenn wir nur noch arbeiten und arbeiten und arbeiten, tagein, tagaus, ohne Freiraum oder Spielraum, wirtschaften wir unsere Seele zugrunde. Wir werden mehr zur Maschine als zum Menschen.

Also: Wer auch immer du bist und was auch immer du tust …

Studentin.

Mama.

Barista.

Ingenieur.

Bibliothekar.

Künstler.

Lebensmittelverkäufer.

Dieses Buch ist für dich.

Und dieses Buch ist für mich.

Denn in diesem Buch geht es nicht darum, wie du Karriere machen oder deinen Lebenslauf aufpeppen kannst. Im Kern geht es in diesem Buch um Arbeit, um Ruhe und darum, wie wir ein erfülltes Leben *leben* können – darum, wie das »geistliche Leben« das *ganze* Leben durchdringt.

Kommen wir also zur Sache.

Teil 1

ARBEIT

Könige und Königinnen

Warum geht es in so vielen Geschichten, die unsere Kultur prägen – in Literatur, Film, Theater –, um Prinzen und Prinzessinnen, um Könige und Königinnen? Schon mal drüber nachgedachte? Es ist immer und immer wieder dieselbe Story: Ein Kind, das aus dem Nichts oder aus bitterer Armut kommt, tut irgendetwas Heldenhaftes und wird am Ende irgendwie königlich.

Warum ist dieses Schema so beliebt?

Ich behaupte, es liegt daran, dass es einen angeborenen, tief sitzenden Teil unseres Wesens anspricht – ein Verlangen, das wir alle in uns tragen. Und egal wie sehr wir versuchen, es zu unterdrücken, zu ignorieren, zu leugnen oder zu verspotten, es ist da.

Gott hat es in uns hineingelegt.

Bei manchen von uns ist es hinter Schloss und Riegel eingesperrt und wartet nur darauf, eines Tages auszubrechen. Es ist der Prinz im Exil oder Rapunzel, die in einem hohen Turm gefangen gehalten wird.

Da gibt es eine Idee, einen verrückten Traum, einen unrealistischen Wunsch, ein Gefühl tief in dir, dass du für etwas geschaffen bist. Und es wird nicht verschwinden, egal wie sehr du versuchst, es loszuwerden oder zu verdrängen. In diesem Buch geht es darum, diesen Teil von dir zu befreien.

Vielleicht gehörst du zu den Glücklichen, die ihre Arbeit super finden. Wohlgemerkt: Mit Arbeit meine ich nicht nur deinen Job oder deinen Beruf. Natürlich auch das, aber auch Dinge wie Elternschaft oder Musik oder Fotografie oder Engagement in der Gemeinde oder Einsatz gegen Ungerechtigkeit – eben alles, womit du deine Zeit füllst und was du von ganzem Herzen tust. Und, hey, es ist so gut, dass du das tust! Ich hoffe, dass du all das nach der Lektüre dieses Buches mit noch mehr Begeisterung und noch besser tun wirst.

Aber vielleicht sitzt du gerade in deiner Wohnung, im Park neben deinem Haus oder in einem Café – und wenn du ehrlich bist, musst du sagen: »Ich finde meine Arbeit ätzend. Sie ist ein Horror für mich. Sie ist nur Mittel zum Zweck.« Und dieser Zweck besteht darin, diese Arbeit hinter dir zu lassen und etwas zu tun, das dir wirklich Spaß macht.

Oder vielleicht findest du deinen Job ganz okay und die Bezahlung passt auch. Aber in einem ruhigen Moment, wenn du diesem leisen Flüstern in dir Raum gibst, weißt du, dass deine Arbeit nicht das ist, was mit »über die Erde herrschen« gemeint ist. Denn sie ist nichts, was das Leben fördert. Nicht deine Bestimmung. Was du tust – das Geschäft oder das Unternehmen, für das du arbeitest, das Produkt, das du herstellst, die Dienstleistung, die du erbringst, vielleicht sogar dein Beruf an sich –, schafft keine Welt, die dem Garten Eden gleicht und in der Menschen gedeihen können. Deine Arbeit ist nur Öl im Feuer des Materialismus oder der Sexualisierung oder des zügellosen westlichen Konsumrausches.

Ich möchte dich gern einladen, dein Leben und deine Arbeit gründlich zu überdenken und vielleicht, nur vielleicht, etwas zu verändern – einen neuen Job zu suchen, sogar einen neuen Beruf zu ergreifen, in eine neue Stadt zu ziehen oder dir ein neues Lebensziel zu setzen. Das ist ein verrückter, beunruhigender Gedanke. Wenn du dich dem also nicht gewachsen fühlst – leg dieses Buch besser sofort weg. Du bist offiziell gewarnt worden.

Was ich allerdings eigentlich vermute, ist Folgendes: Viele haben keine Ahnung, wofür sie eigentlich geschaffen sind. Vielleicht gehst du noch zur Schule und denkst oft darüber nach, wozu du hier bist, aber du weißt es nicht wirklich. Oder vielleicht bist du dreißig oder sogar vierzig und hast immer noch das Gefühl, beruflich nicht angekommen zu sein. Du bist dir immer noch nicht ganz sicher, was deine »Berufung« ist. Oder du stehst in der Mitte deines Lebens und erlebst gerade, wie sich alles verändert: Die Kinder sind aus dem Haus oder du hast deinen Beruf satt. Du denkst darüber nach, etwas völlig anderes zu tun, aber was eigentlich?

Dann ist meine Hoffnung, dass dieses Buch ein Kompass für dich wird – kein Navi, das dir jeden einzelnen Schritt zeigt, sondern ein Kompass, der dir die richtige Richtung weist.

**Fangen wir also dort an,
wo alle Geschichten beginnen – am Anfang.**

Die erste Geschichte der Bibel beginnt damit, dass Gott arbeitet, und sie endet damit, dass er ausruht.

Der erste Satz der Bibel lautet: »Am Anfang schuf Gott den Himmel und die Erde.«[6] Die Formulierung »den Himmel und die

Erde« ist eine hebräische Redewendung, ähnlich unserem »von Kopf bis Fuß«. Es ist eine andere Ausdrucksweise für alles.

Am Anfang
schuf Gott
alles.

Doch zunächst ist diese neue Welt »wüst und öde«, wie wir im nächsten Vers lesen können. In der Originalsprache ist es diese poetische Formulierung – *tohu wabohu*. Es gibt alle möglichen Kontroversen darüber, wie man *tohu wabohu* am besten übersetzt, aber eine wachsende Zahl von Bibelwissenschaftlern stimmt für »unfruchtbar und unbewohnt«. Es gibt also eine Welt, aber sie ist eine Art Niemandsland.

Sechs Tage lang ist Gott also fleißig am Werk, formt die Erde und füllt sie mit Leben. Und am Ende der Woche lesen wir: »Danach betrachtete Gott alles, was er geschaffen hatte. Und er sah, dass es sehr gut war.«[7] Wir sehen Gott, der sich nach einer langen, harten Arbeitswoche zurücklehnt, in seinen Sessel sinkt und zufrieden denkt: »Gar nicht übel.« Wir sehen Gott, der aus seiner Arbeit Freude schöpft. Dieses Gefühl der Befriedigung und Erfüllung, das wir bekommen, wenn wir gut in dem sind, was wir tun, und wenn wir unsere Arbeit lieben.

Am Ende des Schöpfungsberichts heißt es: »Am siebten Tag vollendete Gott sein Werk und ruhte von seiner Arbeit aus.«[8] Ausruhen bedeutet hier nicht, dass Gott müde oder erschöpft war. Es ist ein Akt der Freude. Gott genießt die Früchte seiner Arbeit.

Und zwischen der ersten Zeile und dem letzten Absatz ist die Erzählung voll von Metaphern, die zeigen, wer und wie Gott ist.

Gott ist ein Künstler, ein Designer, ein kreativ Schaffender.

Er ist ein Ingenieur, ein Baumeister.

Ein Ökologe, ein Zoologe, ein Gartenbauexperte.
Ein Musiker, ein Dichter.
Ein Hirte.
Ein König.
Aber vor allem ist er einer, der arbeitet, und zwar kräftig.

• • •

Die Bibel wurde nicht in einem Vakuum geschrieben – auch wenn manche Menschen sie leider so lesen –, sondern innerhalb von Zeit und Raum. Wir wissen nicht genau, wo oder wann die Schöpfungsgeschichte aufgeschrieben wurde, aber mit Sicherheit im Alten Orient, und zwar vor sehr langer Zeit.[9]

Die ersten beiden Kapitel der Bibel lieferten damals nicht die einzige Schöpfungsgeschichte der antiken Welt. Es gab noch andere. Sogar Dutzende davon. Alle wetteiferten um den ersten Platz. Eine der beliebtesten war das *Enuma Elisch* aus Babylonien – dem kulturellen Epizentrum der Antike. In dieser Erzählung haben die Götter die Arbeit satt und beschweren sich bei Marduk, dem König der Götter. Er denkt sich einen genialen Plan aus, um die Arbeit der Götter outzusourcen – die Menschheit. Das ist der Spruch von Marduk:

> Ich werde einen Wilden erschaffen,
> »Mensch« soll sein Name sein ...
> Er soll beauftragt sein mit dem Dienst an den Göttern,
> sodass sie es bequem haben.

Die meisten anderen Schöpfungsmythen aus dieser Zeit haben im Wesentlichen die gleiche Grundidee.[10] Die Götter sind müde und erschöpft. Die Arbeit wird als Last betrachtet. Sie ist *unter der Würde* der Götter. Und so wird die Menschheit als billige Arbeitskraft geschaffen – um die Arbeit für die Götter zu erledigen. Um sie durch Opfer im Tempel mit Speisen und Getränken zu versorgen. So können sich die Götter zurücklehnen und »es bequem haben«.

Im Vergleich zu den anderen Schöpfungsmythen der damaligen Zeit ist die Schöpfungserzählung der Bibel schockierend. Dieser Gott – der eine wahre Schöpfergott – ist nicht wie Marduk und seine göttlichen Kumpels. Er verabscheut die Arbeit nicht. Im Gegenteil, er scheint sogar echte Freude daran zu haben. Und anstatt die Menschheit zu erschaffen, um ihr die Arbeit aufzuladen, die unter seiner Würde ist, beginnt die Geschichte damit, dass Gott selbst daran arbeitet, *für* die Menschheit eine Welt zu erschaffen: einen Ort, an dem die Menschen seine Gegenwart erfahren und genießen können. Sie werden nicht als billige Sklaven geschaffen, die Gottes Befehle ausführen müssen. Sondern:

Wir Menschen wurden als Gottes Mitschöpfer geschaffen – als seine Partner.

Ja, richtig gehört. Wir sind Gottes Partner.

In der Sprache der Schöpfungsgeschichte heißt das – je nach Übersetzung – »Ebenbild Gottes« oder »nach dem Bild Gottes«.

> Da sprach Gott: »Wir wollen Menschen schaffen nach unserem Bild, die uns ähnlich sind. Sie sollen über die Fische im Meer, die Vögel am Himmel, über alles Vieh, die wilden Tiere und über alle Kriechtiere herrschen.« So

schuf Gott die Menschen nach seinem Bild, nach dem Bild Gottes schuf er sie, als Mann und Frau schuf er sie.[11]

Wir hören diese Sätze ständig, aber was bedeuten sie eigentlich? Was heißt es, als Gottes Ebenbild geschaffen zu sein?

Das hebräische Wort für »Bild« ist *selem* und kann mit »Götterbild« oder »Statue« übersetzt werden. Ein Götterbild ist die sichtbare Darstellung eines unsichtbaren Wesens. In der antiken Welt war es üblich, im Tempel eine Statue des jeweiligen Gottes aufzustellen, damit die Tempelbesucher sich ein Bild davon machen konnten, wie dieser Gott war.

Wir sind sozusagen die Statuen Gottes. Sein *selem*.

Wir wurden auf diese Erde gesetzt – denn der gesamte Kosmos ist der Tempel Gottes –, um den unsichtbaren Gott sichtbar zu machen. Um der Welt zu zeigen, wie Gott ist. Wir sind Gottes Repräsentanten gegenüber seiner Schöpfung.

Aber das ist nur der Anfang. Es geht noch weiter …

Der Ausdruck *selem elohim*, »Gottesbild«, wurde im gesamten Alten Orient verwendet. Aber nicht für jede x-beliebige Person, sondern nur für eine einzige Person: für den König!

So wurde der Pharao zum Beispiel *Amun-Re*, »Abbild des Re«, genannt, nach *Re*, dem Sonnengott im ägyptischen Pantheon.[12] Aber das war nicht nur eine ägyptische Besonderheit. Überall im alten Mesopotamien wurde der König als Ebenbild Gottes bezeichnet. Er wurde vom Volk als quasi göttlich verehrt, als Vertreter des jeweiligen Gottes, in dessen Namen er handelte und an dessen Stelle er regierte. Und seine Beziehung zu diesem Gott war einzigartig. Er kannte die Gottheit auf eine Weise, wie es sich niemand sonst je erhoffen konnte. Der König war der Hohepriester dieser Gottheit – er vermittelte den Segen für das Königreich.[13]

Natürlich lesen wir das jetzt drei Jahrtausende später und belächeln es als PR, als Spinnerei, als nichts weiter als die Propaganda eines antiken Größenwahnsinnigen. Aber diese Vorstellung entsprach durch und durch den Denkstrukturen der antiken Welt.

Die Schattenseite dieser Denkweise ist offensichtlich und unbestreitbar: Wenn nur der König das Ebenbild Gottes ist, dann ist es der Rest der Menschheit nicht. Wie war das noch bei Marduk? Die Menschen wurden als billige Arbeitskraft erschaffen. Sie sind nichts weiter als ein Haufen Arbeiter für Mindestlohn, die man herumkommandieren kann.

Die Theologie der Gottesebenbildlichkeit in der Bibel war und ist subversiv und umwerfend. Sie behauptet, dass *alle* Menschen – nicht nur die von königlichem Blut, nicht nur die Oligarchie der Gesellschaft, nicht nur die Weißen, die Reichen, die Schönen, sondern wir alle – nach dem Bild Gottes geschaffen sind. Das bedeutet also:

**Wir sind alle Könige und Königinnen,
und die ganze Erde ist »unser« Reich.**

Das ist die Demokratisierung der Menschheit. Deshalb heißt es gleich im nächsten Satz: »Sie sollen … herrschen.« Die nahtlose Verbindung zwischen »Ebenbild« und »Herrschaft« ist im Text eindeutig.

»Herrschen« heißt auf Hebräisch *radah*. Es kann auch übersetzt werden mit »regieren« oder »Herrschaft ausüben«. Es ist die

Sprache der Könige. Ein Hebräisch-Experte übersetzte es mal so: »aktiv mit Gott zusammenarbeiten, um die Welt voranzubringen«. Das ist eine wirklich großartige Formulierung. Von Beginn der Geschichte an sucht Gott nach Partnern.

Das Bild von der Beziehung der Menschheit zu Gott ist *nicht* das von Marionetten, deren Schnüre Gott oben im Himmel zieht. Vielmehr ist es ein Bild von Partnerschaft, von Gottes Vertretern auf Erden, von Königen und Königinnen, die über seine Welt herrschen.

Denk mal kurz drüber nach:

Gott hätte jeden einzelnen Menschen aus Lehm erschaffen können, so wie er es bei Adam tat. Aber stattdessen entschied er sich, Ehe und Familie dafür einzusetzen.

Er hätte Nahrung vom Himmel fallen lassen können, so wie das Manna in der Wüste. Aber stattdessen entschied er sich, Landwirtschaft und Handel dafür einzusetzen.

Er hätte Adam und Eva in eine fertige Stadt setzen können, so wie das neue Jerusalem. Aber stattdessen entschied er sich, die ersten Menschen in einen Garten zu setzen und ihnen die Chance zu geben, selbst eine Zivilisation aufzubauen.

Warum eigentlich? Das zeigt uns, dass Gott auf der Suche nach Partnern ist.

Und das ist eine riskante Sache, auf die Gott sich da einlässt.

Gleich im nächsten Absatz wird den Menschen gesagt: »Bevölkert die Erde und nehmt sie in Besitz!«[14] Der Ausdruck »in Besitz nehmen« ist interessant. Im Hebräischen steht hier *kabash.* Das kann Verschiedenes bedeuten: ausbeuten, versklaven, missbrauchen oder sogar vergewaltigen. Es kann aber auch bedeuten, etwas

Wildes zu zähmen, Ordnung ins Chaos zu bringen oder einen Streit zu schlichten. Und auch das ist die Sprache der Könige und Königinnen.

Es gibt gute Könige, und es gibt schlechte Könige.

Es gibt gute Monarchen, unter deren Herrschaft ein Reich gedeiht – die Zivilisation wächst und breitet sich aus, die Erde blüht auf.

Und es gibt böse Tyrannen, deren Herrschaft von Unterdrückung und Ungerechtigkeit geprägt ist – sie entmenschlichen ihre Untertanen und treiben Raubbau an der Erde.

Alles hängt davon ab, wie gut oder schlecht der Herrscher ist.

In der Bibel sehen wir beides. Im weiteren Verlauf der Geschichte tun die Menschen viel Gutes. Einige herrschen auf positive Art und Weise. Sie bauen die erste Stadt als Ort der Kultur. Sie erfinden die Technik. Sie schreiben Musik und schaffen Kunstwerke. Sie finden heraus, wie man Vieh züchtet.[15] Und Noah ist der Erste, der einen Weinberg anlegt und Wein herstellt.[16]

Aber die Menschen tun auch viel Schlechtes. Nachdem Noah seinen Weinberg in Schuss gebracht hat, betrinkt er sich.[17] Dann lesen wir über den ersten Fall von Inzest.[18] Ein Kerl namens Lamech kommt mit einer schrecklichen »Innovation« daher – der Polygamie.[19] Und die systematische Unterdrückung der Frau wird geboren. Wir lesen hier viel von Gewalt, zum Beispiel auch vom ersten Brudermord – Kains Mord an seinem Bruder Abel.[20]

Und letztlich ist die Geschichte der Menschheit nichts anderes als eine endlose Wiederholung all dieser Dinge.

Der Mensch ist verantwortlich für Kunst, Wissenschaft, Medizin, Bildung, die Sixtinische Kapelle, Händels Messias, New York City, die Raumfahrt, den Roman, die Fotografie und mexikanisches

Essen – ich meine, wer schwärmt denn nicht für mexikanisches Essen?

Aber wir sind auch verantwortlich für eine Welt mit 27 Millionen Sklaven, unverhohlenem Rassismus, dem Holocaust, Hiroshima, dem Völkermord in Ruanda, ISIS, Finanzkrisen, Pornografie, der Erderwärmung, der Liste der vom Aussterben bedrohten Arten ... ganz zu schweigen von bestimmten Musikstilen (kleiner Scherz).

Wir Menschen sind also eine bunte Mischung. Wir haben das Potenzial – und es ist größer, als wir ahnen –, auf eine Weise zu herrschen, die für unsere Mitmenschen und unsere Umwelt lebensfördernd ist. *Oder* auf eine Weise, durch die wir die Erde ausbeuten und sämtlichen Lebewesen dieses Planeten eine Umwelt rauben, in der sie sich entfalten können.

Partnerschaft war das Risiko, das Gott einging. Sein Wagnis. Sein Experiment.

Und deshalb kam Jesus als Mensch.

Schon mal darüber nachgedacht, wie seltsam das ist? Jahrtausendelang offenbarte sich Gott nur mit einer hörbaren Stimme oder in einer Wolke auf einem Berg oder in einem brennenden Dornbusch oder sogar als ein Flüstern in einer Höhle.[21] Aber dann gab es eine verblüffende Wendung in Gottes Vorgehensweise. Mit einem Mal kam er als Mensch. Und warum?

Jesus kam als Mensch, weil der Schöpfer seinen Traum für Adam noch nicht aufgegeben hatte.

Der Apostel Paulus zieht eine geniale Verbindungslinie zwischen Adam und Jesus. Sie ist leicht zu übersehen, obwohl Paulus an mehreren Stellen darauf hinweist.

Im ersten Korintherbrief nennt er Jesus »den letzten Adam«[22].

In Römer 5 bezeichnet er Adam als den Vorläufer-Prototypen von dem, der kommen wird.[23] Soll heißen: Adam, der erste Mensch, war zur Herrschaft über die Welt berufen worden, aber er war nur ein Wegweiser, der auf den »letzten Adam« hinweisen sollte, auf den einen wahren Menschen, der kommen und für immer über die Welt herrschen würde – Jesus.

Umso interessanter ist der nächste Satz von Paulus:

> Hat aber die Verfehlung eines einzigen Menschen zur Herrschaft des Todes geführt, um wie viel mehr werden dann alle, die Gottes überreiche Barmherzigkeit und seine Vergebung erfahren haben, durch Jesus Christus leben und mit ihm herrschen.[24]

Das ist eine unerwartete Wendung. Der Grundgedanke von Paulus ist der: Wegen des Ungehorsams von Adam sterben wir alle, aber wegen des Gehorsams von Jesus leben wir alle. Doch nun geht er noch einen Schritt weiter. Wir leben nicht nur durch Jesus Christus, sondern wir »herrschen mit ihm«.

Moment mal … langsam.

Hier steht, »wir herrschen« – das ist Königssprache. Es ist die Sprache der Schöpfungsgeschichte. Herrschen ist das, was wir die ganze Zeit tun sollten, bevor Adam es vermasselte.

Okay, jetzt kommen wir der Sache auf die Spur.

Gottes ursprüngliche Absicht war es schon immer, dass der Mensch über die Welt herrschen sollte.[25]

Adam bekam den ersten Versuch, und er ist gescheitert.

Wenn du die biblische Geschichte kennst, weißt du, was als Nächstes kommt: Gott fordert Abraham und seine Familie zu einem weiteren Versuch auf. Aber tragischerweise scheitern sie ebenfalls.

Was ist das Alte Testament anderes als eine Aneinanderreihung von Geschichten, wie ein Herrscher nach dem anderen versucht, das zu tun, was Adam tun sollte, und dabei scheitert, oftmals ganz erbärmlich: nämlich über die Erde in einer lebensspendenden Weise zu herrschen?

Hast du schon mal die Bücher der Könige durchgelesen? Mit jedem König Israels, der an die Macht kommt, wird die Hoffnung wieder wach – vielleicht, ja vielleicht wird er ja derjenige sein, der alles wieder in Ordnung bringt –, und dann wird diese Hoffnung enttäuscht, immer und immer wieder. Am Ende des Alten Testaments fragst du dich: *Wie um alles in der Welt wird Gott dieses Chaos in Ordnung bringen?*

Und es sind nicht nur die anderen, die es vermasseln.

Wir sind es.

Ich bin es.

Und du auch.

Aber wo Adam und Abraham und Israel und du und ich völlig gescheitert sind, ist Jesus nicht gescheitert. Er tat, was Adam tun sollte, aber nicht konnte. Was Israel hätte tun sollen, aber nicht konnte. Was wir tun sollen, aber nicht können.[26]

Deshalb wird Jesus nach seiner Auferstehung »König der Könige« und »Herr der Herren« und »Herrscher über die Könige der Erde« genannt.[27]

Selbst die letzte Zeile des Markusevangeliums, in der es heißt, Jesus »wurde … in den Himmel hinaufgehoben und setzte sich auf den Ehrenplatz an die rechte Seite Gottes«[28], ist keine Aussage über die Abwesenheit von Jesus in der Welt, sondern vielmehr über seine Anwesenheit.

Denn was macht Jesus an der rechten Seite Gottes? Er herrscht über die Erde.

Und was ist das Erste, was Jesus mit seiner Herrschaft tut? Er teilt sie mit uns.

Warum? Weil Gott Partner sucht – von Beginn an.

Na, schließt sich der Kreis langsam? Das ist es, wofür wir geschaffen wurden.

• • •

Okay, gehen wir noch einmal einen Schritt zurück. Was bedeutet das für uns heute? All das Gerede von Königen und Königinnen ist schön und gut, aber wir leben ja nicht im Alten Orient. Und die meisten von uns sind keine Royalisten. Was bedeutet das also für dich, wenn du in einem Restaurant kellnerst? Wenn du Vollzeitmutter bist? Erzieher? Gymnasiastin? Landschaftsarchitekt? Ärztin? Student?

Ich würde sagen eine Menge.

Zunächst einmal bedeutet es, dass deine Arbeit ein wesentlicher Bestandteil deines Menschseins ist. Du bist nach dem Bild eines Gottes geschaffen, der *tätig* ist.

Gott ist König über die Welt, und du bist von königlicher Abstammung und regierst in seinem Namen.

Du trägst das Lob der Schöpfung zusammen und gibst es irgendwie an Gott zurück.

Wenn du morgen früh aufstehst und zu deiner Arbeit oder zur Schule gehst – oder was auch immer du mit deinem Leben anfängst –, dann verdienst du nicht nur Geld, um die Rechnungen zu bezahlen, oder lernst Mikrobiologie oder betreust deine Kinder oder arbeitest in deiner Gemeinde oder einer gemeinnützigen Organisation. Du bist ein *Mensch*. Du herrschst über die Erde.

Zweitens bedeutet es, dass wir die Arbeit als etwas *Gutes* betrachten sollten. Denn als Gott mit seiner Arbeit fertig war, lehnte er sich zurück und sagte sich: »Das ist wirklich gut.« So sollten wir auch unsere eigene Arbeit sehen.

Für viele Menschen ist die Arbeit ein Fluch. Ich höre das immer wieder: »Ich hasse meinen Job.« Oder: »Die Arbeit ist ein Fluch.« Aber *nichts* könnte weiter von der Wahrheit entfernt sein. Die Arbeit ist verflucht, ja – dazu später mehr. Aber die Arbeit an sich ist das genaue Gegenteil – ein Segen. Und nein, das ist kein Druckfehler. In der Schöpfungsgeschichte lesen wir: »Gott segnete sie und gab ihnen den Auftrag: Seid fruchtbar und vermehrt euch, bevölkert die Erde und nehmt sie in Besitz. Herrscht … auf der Erde.«[29] In der Schöpfungsgeschichte ist dieser Segen etwas Gewichtiges, Kraftvolles – es ist ein Geschenk des Schöpfergottes, das Leben, Fruchtbarkeit und Wohlstand bringt. Und was ist der Segen Gottes für die Menschen? Die Arbeit.

Ich werde im nächsten Kapitel näher darauf eingehen, was »Seid fruchtbar« und »Bevölkert die Erde« bedeutet. Im Moment geht es im Wesentlichen um die Arbeit zum Aufbau einer Zivilisation. Gottes ursprüngliche Absicht war es, dass die Menschen sich ihm in seinem Sieben-Tage-Rhythmus von Arbeit und Ruhe anschließen sollten.[30] Und diese umwerfende Vision des Menschseins gilt es zurückzuerobern.

Und schließlich bedeutet es, dass jeder Mensch auf diesem Planeten vor purem ungeschliffenem Potenzial nur so strotzt.

Du steckst voll purem ungeschliffenem Potenzial. Du hast königliches Blut in deinen Adern. Wo auch immer du gerade stehst, nimm diese Realität für dich mit:

Du bist von königlicher Abstammung. Ein König, eine Königin. Geschaffen, um zu herrschen, um zu regieren.

In dir steckt schwindelerregend viel aufgestautes Potenzial – das Potenzial, Gutes zu tun oder Schlimmes anzurichten. Was für ein Herrscher, was für eine Regentin wirst du sein?

Du wurdest geschaffen, um Gutes zu tun – um zu spiegeln und nachzuahmen, wie Gott sich der Welt gegenüber verhält. Um an der Schnittstelle zwischen dem Schöpfer und seiner Schöpfung zu stehen, um Gottes schöpferischen, herrlichen Segen über die ganze Erde zu bringen und der Anbetung der Schöpfung eine Stimme zu geben.

Interessiert dich, wie das geht?

Ein Ort namens Wonne

Okay, wir sind also Könige und Königinnen. Cool. Aber für die meisten von uns ergibt sich jetzt wahrscheinlich die Frage: Wie sieht dieses »Herrschen« oder »Regieren« eigentlich aus? Alle Pragmatiker lesen gerade dieses Buch und denken: »Und was genau soll das jetzt heißen?«

Also, gehen wir der Sache auf den Grund.

Zuletzt waren wir bei diesem Vers aus der Genesis:

> So schuf Gott die Menschen nach seinem Bild, nach dem Bild Gottes schuf er sie, als Mann und Frau schuf er sie.[31]

Aber damit war der Autor noch nicht fertig. Ich habe ihn unterbrochen. Gleich danach lesen wir:

> Und Gott segnete sie und gab ihnen den Auftrag: »Seid fruchtbar und vermehrt euch, bevölkert die Erde und nehmt sie in Besitz. Herrscht über die Fische im Meer, die Vögel in der Luft und über alle Tiere auf der Erde.«[32]

Theologen nennen diesen Auftrag das »kulturelle Mandat«, weil es ein Gebot ist, Kultur zu schaffen. Faszinierend. Adam und Eva werden damit *beauftragt*, Kultur zu schaffen. Und dieser Auftrag gilt uns heute genauso.

Wenn »Ebenbild Gottes« die Berufsbezeichnung eines jeden Menschen ist, dann ist das »kulturelle Mandat« unsere Stellenbeschreibung. Es fasst zusammen, was wir tatsächlich tun sollen. Es sagt uns, wie wir diese ganze Sache mit dem Herrschen angehen sollen.

Der sogenannte Kulturauftrag besteht aus zwei Teilen. Der erste lautet: »Seid fruchtbar und vermehrt euch.« Der zweite: »Herrscht über …«

Ein paar Worte zu beiden:

Zuerst: »Seid fruchtbar und vermehrt euch.« Auf den ersten Blick bedeutet das nur: »Heiratet und gründet eine Familie.« Wir überlesen diese einfache Aussage oft, aber bleiben wir mal einen Moment dabei stehen. Denn dass es uns so vertraut ist, heißt noch nicht, dass wir es verstehen.

Meine Frau Tammy und ich haben drei Kinder – Jude, Moses und Sunday. Sie erfordern eine Menge Arbeit, Geld, Zeit, Mühe, Energie, sie verursachen Stress und sie ruinieren systematisch unser Haus. *Und* sie sind das Beste, was uns je passiert ist. Und weil jeder von ihnen praktisch überquillt vor purem, ungeschliffenen Potenzial, verlangt eigentlich jeder von ihnen von uns einen Einsatz im Umfang eines Vollzeitjobs. Im Moment ist Tammy also Vollzeitmutter. Wenn die Kinder ein bisschen älter sind, will sie noch eine Zusatzausbildung machen. Aber sie hat es nicht eilig. Sie hat das Gefühl, dass sie für das, was sie gerade tut, geschaffen ist.

Bei der Erziehung unserer Kinder sind Tammy und ich Partner. Wir machen das gemeinsam. Aber jeder von uns hat dabei seinen eigenen Part. Sie hat die Freiheit, mehr Zeit in das zu investieren, was man gemeinhin Elternschaft nennt – die Kunst, den Kindern zu helfen, sich zu entfalten.

Nachdem das klargestellt ist, muss ich hinzufügen: Was ich wirklich nicht leiden kann – ja, verabscheue, was mich fuchsteufelswild macht, wo ich am Rad drehe oder jedes andere ätzende Wort, das meine Synonymsuche gerade nicht anzeigt –, ist Folgendes: wenn Leute mich fragen, ob meine Frau eigentlich arbeitet.

Geht's noch? Also wirklich.

Das bringt mich auf die Palme, weil es eine unterschwellige Botschaft enthält – die Botschaft, dass Kinder großzuziehen nicht wirklich als ernst zu nehmende Arbeit zählt. Wenn man klug und gebildet ist und es zu etwas bringen will, warum um alles in der Welt sollte man die besten Jahre seines Lebens an *Kinder* verschwenden?

Unsere Kultur insgesamt, und die Kirche leider manchmal auch, hat keine hohe Meinung von Elternschaft, zumindest nicht als Beruf. Gottes Sicht auf die Familie hingegen ist ganz anders.

Für Gott steht Elternschaft an oberster Stelle der menschlichen Arbeitsplatzbeschreibung.

Es gibt einen Grund dafür, dass Paare mit Kinderwunsch, die keine Kinder bekommen, in der Regel tiefen Schmerz und große Anspannung empfinden angesichts der Perspektive, sie könnten kinderlos bleiben. Einer meiner besten Freunde ist seit fünfzehn Jahren verheiratet. Er und seine Frau haben alles versucht, aber es ist ihnen nicht gelungen, ein Kind zu bekommen. Ich sehe, wie sie den Tod eines ungeborenen Kindes betrauern, das sie nie werden im Arm halten dürfen.

Ich will damit nicht sagen, dass ihr alle losziehen und sofort schwanger werden müsst und, wenn ihr das nicht könnt, euch für eine Adoption bewerben sollt, noch bevor ihr heute Abend ins Bett geht. Ich sage nicht einmal, dass ihr heiraten müsst. Jesus selbst war ledig und lebte zölibatär. Ich will nur sagen: Wenn du Vater oder Mutter bist – und ganz besonders, wenn du das vollzeitlich bist –, dann sollst du wissen: Was du tust, ist ganz genau das, was Gott sich für diese Welt wünscht. *High five!* Bleib dran.

Allerdings bedeutet der Segensauftrag »Seid fruchtbar und vermehrt euch!« nicht *nur*, dass man heiratet und Kinder bekommt. Es geht um mehr als das. Denn warum sollte Gott das gebieten? Ich bin mir ziemlich sicher, dass es einfach passieren würde. Menschen sind nicht besonders gut darin, ihre Hosen anzubehalten. Und Empfängnisverhütung stand zur Zeit von Eden auch noch nicht wirklich zur Verfügung. Warum gehört das zur Aufgabenbeschreibung des Menschen? Schließlich sind Tiere auch »fruchtbar« und »vermehren sich«. Aber bei ihnen hat es nichts mit Herrschen zu tun. Was steckt also dahinter?

Der Schlüssel liegt in der nächsten Zeile: »Bevölkert die Erde.«

Hier geht es darum, dass Adam und Eva ihre junge Familie zu etwas Größerem machen – zu einer Gesellschaft. Gott will mehr für Adam und Eva als ein antikes Familienidyll. Er will eine Zivilisation. Er will, dass die Menschen Babys bekommen *und* Kirchen, Gemeindezentren, Schulen, Sozialeinrichtungen, Regierungen, ganze Länder aufbauen. All das fällt unter die Rubrik »Bevölkert die Erde«.

Das führt uns zum zweiten Teil der Aufgabenbeschreibung des Menschen: »Herrscht … auf der Erde.« Das bedeutet, das rohe, ungeschliffene Potenzial der Erde selbst nutzbar zu machen. Etwas aus der Welt zu machen, in die du hineingestellt wurdest.

Du hast da einen Wald – mach etwas daraus.

Du hast da einen Fluss – lass ihn für dich arbeiten.

Du hast da Metalle tief in der Erdkruste – hol sie heraus.

Du hast Sonne, Wind, Erde und Regen – mach etwas damit.

Bau etwas an, errichte Häuser, erfinde Solarenergie, entwickle Computer, mach Musik, gestalte Kunstwerke, denk dir Technik aus – bevölkere die Erde und *herrsche.*

Das Wort »herrschen« kann alternativ auch mit »bändigen«, »besiegen«, »kultivieren« oder »unter Kontrolle bringen« übersetzt werden. Das ist ein Hinweis, dass der Welt eine gewisse Wildheit innewohnt. Sie ist ungezähmt. Außer Kontrolle. Sie braucht jemanden, der die Regierung übernimmt.

Wir haben meist ein bestimmtes Bild davon im Kopf, wie die Welt ursprünglich war – eine traumhafte Fata Morgana von Nichtstun und Überfluss. Das Paradies eben. Aber das ist nicht das Bild, das die Bibel zeichnet. Das Erste, was wir lesen, ist, dass die Welt ein *tohu wabohu* ist. Einer meiner Lieblingshebraisten übersetzte diese Zeile mit »wild und wie eine Wüste«[33]. Und dann folgt die erste Woche der Weltgeschichte: ein Wirbel an Aktivität. Gott arbeitet hart daran, die Erde in etwas Lebensfreundliches zu zähmen. Dann wird der Mensch geschaffen, um zu herrschen – um das Projekt fortzusetzen, das Gott begonnen hat. Um seine sich entwickelnde Welt zu bändigen. Das ist die Sprache der Eroberung und Kolonisierung. Um mit der Erde zu ringen und ihr einen Ertrag abzutrotzen.

Aber ich sag es noch mal: Das bedeutet nicht, die Umwelt zu zerstören, die Atmosphäre zu vergiften, Atomwaffen zu horten, die Erde auszubeuten oder irgendeine andere Dummheit zu begehen, die wir unter dem Motto »Die Bibel sagt« getan haben. Nein:

Es gibt eine ganz bestimmte Art von Welt, die wir schaffen sollen. Sie heißt Eden.

Im ersten Buch Mose gibt es eigentlich zwei Schöpfungsgeschichten. Kapitel 1 erzählt die Geschichte aus der Perspektive von zehntausend Metern Höhe – da geht es um »Himmel und Erde«. Aber in Kapitel 2 kommt die Nahaufnahme: Jetzt geht es um einen Garten namens Eden – ein hebräisches Wort, das »Wonne« bedeutet. Die Adresse dieses Fleckchens Erde ist »Wonne«. Kein schlechter Ort für ein Zuhause. In 1. Mose 2,5 steht:

> (Es) wuchsen noch keine Pflanzen und Sträucher auf der Erde, denn Gott der HERR hatte es noch nicht regnen lassen. Und es gab noch keine Menschen, um den Boden zu bebauen …

Die Welt ist also unvollständig. Es gibt keinen Baum, keinen Strauch, keine Landwirtschaft und keinen Menschen. Dann heißt es in Vers 7:

> Da formte Gott, der Herr, aus der Erde den Menschen und blies ihm den Atem des Lebens in die Nase. So wurde der Mensch lebendig.

Im Hebräischen gibt es hier ein Wortspiel. *Adam* (der Mensch) ist aus der *adamah* (der Erde) gemacht. Es ist eine poetische Art zu sagen, dass der Mensch in einer symbiotischen Beziehung zur Erde steht. Wir sind aus Erde gemacht. Deshalb war der erste Beruf des Menschen der des Gärtners. Weiter heißt es in Vers 8:

> Dann pflanzte Gott, der Herr, einen Garten in Eden, im Osten gelegen. Dort hinein brachte er den Menschen, den er erschaffen hatte.

Und in Vers 15 schließlich:

> Er sollte ihn bebauen und bewahren.

• • •

Nehmen wir diese beiden Wörter genauer unter die Lupe:

Das erste Wort »bebauen« heißt im Hebräischen *avad* und bedeutet im Wesentlichen »arbeiten«. Aber das ist nicht die einzige Übersetzungsmöglichkeit. Das Substantiv dazu, *avodah*, wird mit »Arbeit«, aber manchmal auch mit »Dienst« übersetzt. Arbeit hat also etwas mit Dienen zu tun.

Arbeit ist ein Dienst für Gott.

Dienst an den Menschen, die nach seinem Bild geschaffen wurden – und das sind alle. Und, so würde ich behaupten, auch Dienst an der Erde selbst.

Aber *avad* ist auch dasselbe Wort, das in der Hebräischen Bibel für »Anbetung« verwendet wird. Interessant. Arbeit und Anbetung sind also nicht zwei getrennte Konzepte. Sie sind untrennbar miteinander verbunden. Es sind zwei Übersetzungen desselben Wortes.[34]

Es ist tragisch, dass wir bei Anbetung meist nur an das Liedersingen im Gottesdienst denken. Das ist Anbetung, natürlich. Aber in einer von der Bibel geprägten Weltanschauung ist das ganze Leben Anbetung, Gottesdienst.

Wenn du jeden Tag zur Arbeit gehst, ist das ein Akt der Anbetung – zumindest, wenn es keine zerstörerische Arbeit ist. Du ehrst mit deiner Arbeit den Gott, der dich geschaffen hat. Es ist Gottesdienst.

In diesem Text finden wir in Bezug auf den Menschen auch zum ersten Mal ein Wort, das auf tatsächliche Arbeit hinweist. Davor geht es eher ums Grundsätzliche – herrschen und Land in Besitz nehmen. Aber in Eden wird das Thema Arbeit handfest und bodenständig. Der Mensch wird in den Garten gesetzt, um ihn zu bebauen.

Manchmal stellen wir uns den Garten so vor, dass Adam und Eva am Strand sitzen, Cocktails schlürfen, eine Zeitschrift durchblättern und es nur drauf anlegen, knackig braun zu werden – stimmt's? Aber die Realität ist die: Auch im Paradies wurde *gearbeitet.*

Das nächste Wort, das wir uns näher ansehen müssen, ist *schamar*, und das ist sogar noch interessanter. Gewöhnlich wird es mit »bewahren« übersetzt, und das trifft es exakt. Es bedeutet, über die Schöpfung zu wachen, sie zu schützen, zu behüten, zu beaufsichtigen und sich für sie einzusetzen.

**Der erste Mensch war ein Umweltaktivist.
Das sollten wir auch sein.**

Aber die Bibel malt hier nicht das Bild eines ökologischen Schutzgebiets, in dem wir auf befestigten Wegen bleiben und nichts anfassen dürfen – auch wenn solche Schutzgebiete heutzutage natürlich ihre Berechtigung haben. *Avad* kann auch mit »kultivieren« oder

»entwickeln« oder »das Potenzial von etwas entfalten« übersetzt werden.

Okay, jetzt kommen wir der Sache schon näher.

An dieser Stelle muss ich etwas beichten. Ich habe einen Teil der Geschichte übersprungen. Er ist ein bisschen technisch und langweilig, und ich dachte, du würdest den Bibeltext wahrscheinlich sowieso nur grob überfliegen. Aber zwischen »Dann pflanzte Gott einen Garten« und »Er [der Mensch] sollte ihn bebauen und bewahren« steht ein ganzer Absatz. Und der klingt ein bisschen seltsam – deshalb habe ich ihn erst mal weggelassen. Hier ist er … Falls du versucht bist, das jetzt auch zu überspringen – vergiss es!

> Und Gott, der Herr, ließ alle Arten von Bäumen in dem Garten wachsen – schöne Bäume, die köstliche Früchte trugen. In der Mitte des Gartens wuchsen der Baum des Lebens und der Baum der Erkenntnis von Gut und Böse.
> Ein Fluss entsprang in Eden, der den Garten bewässerte und sich dann in vier Arme teilte. Einer dieser Arme heißt Pischon, der um das Land Hawila fließt, wo Gold zu finden ist. Das Gold jenes Landes ist außergewöhnlich rein; dort findet man auch Bedolachharz und den Edelstein Schoham. Der zweite Arm heißt Gihon, der um das Land Kusch fließt. Der dritte Arm ist der Tigris, der östlich von Assyrien fließt. Der vierte Arm heißt Euphrat.
> Gott, der Herr, brachte den Menschen in den Garten Eden …[35]

Hast du diesen Absatz schon einmal gelesen und dabei gedacht: »Warum steht das da«?

Ich liebe vor allem diesen Satz: »Das Gold jenes Landes ist außergewöhnlich rein; dort findet man auch Bedolachharz und den Edelstein Schoham.«

Früher habe ich das gelesen und gedacht: »Wen interessiert das denn?« Aber ich glaube, ich habe jetzt eine Ahnung, worauf es hinausläuft.

Der Autor sagt damit, dass Eden aus Rohmaterial besteht. Es quillt vor aufgestautem Potenzial über. Alles, was man für eine Zivilisation braucht, ist vorhanden. Wir müssen es nur kultivieren, fördern, gestalten. Aber das erfordert einige Arbeit.

Mir gefällt die Definition von Arbeit, die Tim Keller anbietet. Arbeit, so sagt er, ist »die Umgestaltung des Rohmaterials der Schöpfung Gottes in einer Weise, die der Welt im Allgemeinen und den Menschen im Besonderen hilft, zu florieren und sich zu entfalten«[36].

Bingo!

Dieser Grundton findet sich in Arbeit aller Art:

- Wenn ein Landwirt Erde und Saatgut nimmt und den Boden so umgestaltet, dass daraus Getreide oder Gemüse wächst – Nahrung, die Menschen essen und genießen können.
- Wenn ein Baufachmann Holz und Stein nimmt und sie zu einem Zuhause umgestaltet, in dem Menschen schlafen, spielen, lieben, sich entspannen und leben können.
- Wenn ein Modedesigner verschiedene Stoffe umgestaltet zu etwas Formschönem und Funktionellem.
- Wenn ein Musiker Klänge und Töne nimmt und sie zu etwas Stimmigem und Faszinierendem arrangiert.

- Wenn ein Grafikdesigner eine Form, eine Farbpalette und eine Schriftart nimmt und sie zu etwas Eingängigem und Geschmackvollem umgestaltet.

All das ist die Arbeit der Kultivierung. Es geht darum, das Potenzial einer Sache herauszuarbeiten. Unser Wort »Kultur« kommt direkt von dieser Idee der Kultivierung. Eine gute Kultur ist das Ergebnis der harten Arbeit noch besserer Menschen, die das Rohmaterial des Planeten Erde umgestalten, damit ein Ort der Wonne entsteht.[37]

Wir sind also nicht nur zu irgendeiner Arbeit berufen. Manche Arbeit ist überhaupt nicht dazu geeignet, einen wunderschönen, kultivierten Ort entstehen zu lassen. Manche Arbeit ist zerstörerisch für die Erde, für das menschliche Gehirn, für die Wirtschaft, für die Familie, für die Entwicklungsländer. Doch wir sind zu einer ganz bestimmten Art von Arbeit berufen.

Wir sind beauftragt, eine Welt zu schaffen, die dem Garten Eden ähnelt.

Eine Welt, in der die Menschen als Ebenbilder Gottes blühen und gedeihen können, in der Menschen Gottes großzügige Liebe erfahren und genießen können. Ein Reich, in dem Gottes Wille geschieht wie im Himmel so auf Erden, in dem die Trennlinie zwischen Erde und Himmel so dünn, klar und durchsichtig ist, dass man gar nicht mehr merkt, dass es sie gibt.

So sieht die Welt aus, die wir gestalten sollen. Schließlich sollen wir nur fortsetzen, was Gott selbst begonnen hat.

• • •

Der Garten war dynamisch, nicht statisch. Anders ausgedrückt: Die Schöpfung war ein Projekt, kein Produkt. Der Garten war so angelegt, dass er sich entwickeln und ausbreiten sollte.[38] Gottes Vision war es, dass sich die Ordnung, die Kunstfertigkeit und die Schönheit von Eden über die ganze Erde ausbreiten sollten – und der Mensch war es, der mit der Aufgabe betraut wurde, die ganze Erde mit der Realität des Gartens zu füllen.

Wenn du an den Garten Eden denkst, dann stell dir keinen öffentlichen Park mit einem Rasen, einem Spielplatz und ein paar Blumenbeeten vor, in dem Gott Adam einen Rasenmäher in die Hand drückt und sagt: »Halt ihn in Schuss, ja?«

Stell dir eher eine raue, ungezähmte Wildnis vor, die vor Schönheit nur so überquillt, aber ohne Infrastruktur, ohne Wege, ohne Brücken, ohne Dörfer und Städte, ohne Zivilisation. Und Gott sagt: »Geht und macht daraus eine Welt.«

Adam war kein Angestellter der Landschaftspflege. Er war Entdecker, Kartograf, Gärtner, Designer, Architekt, Bauingenieur, Stadtplaner, Gestalter.

Am Ende der Bibel schreibt der Apostel Johannes in der Offenbarung über die Neuschöpfung der Welt, wenn Jesus wiederkommt. Und dabei verwendet er die Sprache von Eden. Die letzten beiden Kapitel der Offenbarung strotzen nur so vor Anspielungen auf die ersten beiden Kapitel der Bibel. In Offenbarung 22,1-5 lesen wir zum Beispiel von einem Baum des Lebens, einem großen Fluss, dass nichts je wieder unter einem Fluch stehen wird und dass die Menschen dort »für immer und ewig herrschen« werden.

Der Verfasser der Offenbarung sagt damit: Die Zukunft ist eine Rückkehr in die Vergangenheit. Es ist die Rückkehr nach Eden.

Aber wohlgemerkt, eines hat sich verändert: Es ist kein Garten mehr, sondern eine gartenähnliche Stadt. Warum? Man sollte doch meinen, wenn es Jesus darum geht, die aus den Fugen geratene Welt wieder in Ordnung zu bringen, dann würde die Geschichte dort enden, wo alles begann – in Eden, wo alle nackt sind, sich aber nicht schämen. Aber nein, es ist ein bisschen anders.

Eigentlich ist es sogar ziemlich anders. Es ist eine gartenähnliche Stadt – Neues Jerusalem genannt – mit Mauern und Toren, Straßen und Wohnungen, Kunst und Architektur, Essen und Trinken, Musik und Kultur. Warum ist das so?

> Weil der Garten nie dazu gedacht war, ein Garten zu bleiben. Von Anfang an war er dazu gedacht, zu einer Stadt zu werden.

Fanfare.

Ich habe das Gefühl, dass es jetzt Applaus geben sollte oder etwas in der Art. Oder vielleicht einen M83-Soundtrack im Hintergrund?

• • •

Also, um dieses Kapitel abzuschließen, sollten wir all diese hochtrabenden Worte ins Hier und Jetzt übertragen. Ich denke, dass darin die Chance liegt, unser Denken über Arbeit von Grund auf zu erneuern.

Der Apostel Paulus hat mal einen Brief an die Korinther geschrieben, den wir im Neuen Testament finden. Darin schreibt er über die strategische Rolle, die er und sein Freund Apollos in der jungen Kirche innehatten. Er drückt es folgendermaßen aus: »Ich habe den Samen gepflanzt, Apollos hat ihn bewässert, aber Gott hat ihn wachsen lassen.«[39]

Pflanzen, bewässern, wachsen – das ist bildhafte Sprache aus dem Garten Eden, und es ist wahrscheinlich, dass jeder Jude des ersten Jahrhunderts, der etwas auf sich hielt, diese Anspielung verstanden hätte.

Paulus lässt seine bildhafte Sprache in diesen erstaunlichen Satz münden: »Wir sind also Gottes Mitarbeiter.«[40]

Das ist eine provokante Metapher. Die meisten von uns betrachten sich wohl eher als Gottes Untergebene, nicht als seine Mitarbeiter. Als ob wir für Gott arbeiten würden. Und da ist ja auch etwas Wahres dran. Paulus liebt es, sich als Gottes Diener zu bezeichnen. Aber wenn wir Gottes Mitarbeiter sind, bedeutet das, dass wir nicht nur *für* Gott arbeiten, sondern auch *mit* Gott.

Damit ist Paulus zurück in der Bildwelt der Partnerschaft. Was ist der Unterschied zwischen einem Angestellten und einem Partner? Mit einem Wort: Teilhaberschaft.

Einer meiner ersten Jobs war Barista in einem Laden namens *Coffee People*. Es war das Anti-Starbucks der späten 90er-Jahre: Dieses lokale Café gehörte keiner Kette an und röstete den Kaffee noch selbst. Ab und zu saß ich dort und langweilte mich zu Tode, und dann kamen plötzlich zwanzig oder dreißig Leute auf einmal herein. Wir nannten es »den Ansturm«.

Der Ansturm war der Traum eines jeden Adrenalinjunkies. Es war hektisch, laut, stressig, atemlos. Und es war harte Arbeit.

Jeder, der schon mal im Dienstleistungsgewerbe gearbeitet hat, kennt den Ansturm und weiß, dass sich die Mitarbeiter in der Regel beschweren und darüber stöhnen. Denn als Angestellter ist man ja eigentlich nur da, um sein Gehalt zu bekommen – und man bekommt den gleichen Lohn, egal ob viel oder wenig los ist. Man will einfach nur die Zeit rumkriegen und dann nach Hause gehen.

Aber wenn man ein Partner ist, ein Miteigentümer, dann ist alles anders. Du machst die gleiche Arbeit, aber du strengst dich mehr an. Du arbeitest die gleiche Schicht, aber bleibst auch mal länger. Und wenn die Tür aufgeht und ein Dutzend Leute hereinpurzeln, die es eilig haben, dann denkst du dir: »Mega!«

Was hat das nun mit unserer Arbeit zu tun? Dazu komme ich gleich. Nein, eigentlich bin ich schon da, glaube ich …

Wenn du morgen zur Arbeit gehst, dann denk dran: Du bist nicht nur Modedesigner bei einem Klamottenlabel. Du bist ein Partner Gottes, der das »Projekt Menschheit« voranbringt.

Du bist nicht nur eine Mutter, die ihre Kinder zur Schule bringt oder ihnen vor dem Schlafengehen eine Geschichte vorliest – oder ein Vater. Du erfüllst Gottes Auftrag für dein Leben: »Seid fruchtbar und vermehrt euch.«

Du bist nicht nur ein Bauarbeiter, der lange Tage in Hitze und Kälte schuftet, um ein Haus zu bauen. Du kultivierst diese Erde, du schöpfst ihr Potenzial aus und gestaltest die Welt um zu einer Umgebung, in der Menschen so leben können, wie Gott es vorgesehen hat.

Du bist nicht nur eine Schülerin, die zum Unterricht geht, oder ein Busfahrer, der von einer Haltestelle zur nächsten fährt, oder eine Software-Entwicklerin, die an einer neuen App arbeitet, oder ein Koch, der sich ein neues Rezept ausdenkt, oder ein Wissenschaftler in seinem Labor oder eine Unternehmerin, die eine verrückte Idee ausbrütet, oder ein Kassierer an der Supermarktkasse …

Du bist ein moderner Adam oder eine moderne Eva. Diese Welt ist das, was vom Garten übrig geblieben ist. Und deine Aufgabe ist es, all das Rohmaterial, das vor dir ausgebreitet ist, zu nehmen und es zu bearbeiten, zu bewahren, zu beherrschen, in Besitz zu nehmen, zu erringen, zu erkämpfen, zu erforschen und das Projekt Schöpfung voranzubringen.

Du bearbeitest das Rohmaterial der Schöpfung als Dienst und Anbetung für den Gott, der dich geschaffen hat.

Spurensuche einer Berufung

Es gibt knapp acht Milliarden Menschen auf der Erde. Jetzt gerade sind es 7 933 604 078, um genau zu sein.[41]

Das sind eine Menge Leute. Und es klingt, als hätten wir das mit dem »Seid fruchtbar« ziemlich gut hinbekommen. Aber eines der bemerkenswertesten Dinge an der Menschheit ist, wie unterschiedlich wir alle sind – einzigartig, vielfältig, bunt –, verschieden. Keine zwei von uns sind gleich.

Das hat tief greifende Auswirkungen auf die Art und Weise, wie jeder von uns Gottes Ebenbild ist. Wir sind alle dazu berufen, die Erde zu beherrschen, in Besitz zu nehmen, zu bebauen, zu bewahren, aber jeder einzelne Mensch tut das auf seine ganz eigene Weise. Das Ökosystem der Menschheit ist komplex, vielgestaltig und kompliziert. Jeder und jede von uns hat eine Rolle darin auszufüllen.

Nehmen wir zum Beispiel den Kaffee, den ich gerade trinke. Er ist wirklich hervorragend. Ein Barista in dem Laden unter meinem Büro hat ihn zubereitet. Aber die Maschine, mit der er ihn gebrüht hat, wurde von jemand anderem gebaut. Und wieder jemand anderes hat den Coffeeshop gebaut, in dem er arbeitet.

Und noch jemand anderes hat das Café eröffnet und den Barista eingestellt. Wieder ein anderer hat das Geld für all das vorgestreckt. Ganz zu schweigen von dem Kaffee selbst – er kam vom anderen Ende der Welt, von einer Farm in Peru. Jemand musste dorthin reisen, eine Beziehung zu dem Farmer dort aufbauen und eine faire Vereinbarung treffen. Aber das wäre nie passiert, wenn es nicht Leute in Bildung, Politik und Kultur gegeben hätte, die darüber sprachen, wie wichtig ein fairer Handel ist, und darüber, dass der Großteil des Kaffees, den die Menschen trinken, in Sklavenarbeit produziert wird. Also musste jemand – ein Lehrer, ein Professor, ein Politiker, ein Star – die Art und Weise ändern, wie wir über Kaffee denken, ich meine über Sklaverei … und dann musste jemand anderes einen Farmer finden … und dann musste wieder jemand anderes den Kaffee den ganzen Weg bis in den Nordwesten Amerikas transportieren, und dort musste jemand ihn rösten, nur damit der Typ unten mir für ein paar Dollar eine Tasse davon einschenken kann.

Und so könnte ich weitermachen: mit meinem Schreibtisch, an dem ich schreibe, dem Laptop, auf dem ich tippe, dem Licht über meinem Kopf, der Kleidung, die ich trage, dem Gebäude, in dem ich arbeite, den Straßen, durch die ich täglich gehe, und so weiter.

Kannst du dir vorstellen, dass ich versuchen würde, alles selbst zu machen und zu erledigen? Ich bräuchte ein ganzes Leben allein für ein bedauernswert schäbiges Gebilde, das ich zustande bringen und Büro nennen könnte.

Worauf will ich hinaus? Darauf, dass die Zivilisation kein Wilder Westen ist, in dem jeder für sich selbst kämpft. Sie ist ein Netz von Millionen und Abermillionen von Menschen, die alle im Geiste des

Zusammenhalts und der gegenseitigen Abhängigkeit zusammenarbeiten, um eine bessere Welt zu schaffen – und jeder trägt etwas Einzigartiges dazu bei.

Kommen wir jetzt zum Thema Berufung.

Berufung – das ist eines dieser alten, abgenutzten, überholten, überstrapazierten, klischeehaften, brillanten, umwerfenden, wesentlichen, fesselnden Worte, die wir Christen ständig im Munde führen, ohne zu begreifen, wie tiefgründig sie sind.

Das Wort selbst ist ein relativer Neuling in der Szene. Es reicht höchstens ein paar Jahrhunderte zurück. Aber die Idee ist uralt. Die Wurzel des Wortes ist »Ruf«, im Lateinischen *vocatio*. Deine Berufung ist im Grunde das, was du in deinem Leben zu tun gerufen bist.

Um es gleich vorwegzunehmen: Ich glaube, dass Gott Pastoren und Missionare beruft, und ich glaube ebenfalls sehr wohl, dass Gott Banker und Bäcker und Künstlerinnen und Buchhalter und Hausfrauen und Lehrerinnen und Baristas beruft und vielleicht sogar Gebrauchtwagenhändler, aber da bin ich mir nicht sicher. Bei Baristas bin ich mir allerdings sicher.

Im nächsten Kapitel werden wir uns mit der Kluft zwischen sakral und säkular befassen und damit, dass es so etwas nicht gibt – beziehungsweise dass diese Kluft im Grunde von Männern wie mir erfunden wurde, von Leuten mit Selbstwertproblemen. Aber fürs Erste ist wichtig: Eine Berufung oder ein »Ruf« ist nicht auf geistliche Tätigkeiten und Berufe beschränkt.

Berufungen sind so vielfältig wie die Menschheit selbst.

Bei dem Begriff Berufung denken wir oft an etwas Mysteriöses und Rätselhaftes. Ich kenne viele Menschen, die darauf warten, eine Berufung von Gott in Form eines Traums oder einer Vision zu erleben. Oder durch einen verrückten Propheten, der mit feurigem Blick und einem Wort von Gott in der Fußgängerzone auf sie zukommt: »Geh und werde ...«

Und so etwas passiert manchmal auch. Ich denke da an Mose und den brennenden Dornbusch auf dem Sinai oder an Paulus auf der Straße nach Damaskus.

Was aber, wenn diese Geschichten nicht deswegen in der Heiligen Schrift stehen, weil sie normativ sind, sondern weil sie die Ausnahme von der Regel sind? Denn für die meisten von uns ist Berufung viel gewöhnlicher, normaler, bodenständiger. Sie kommt eher im DIN-A4-Format daher als in einer spektakulären Vision.

Ich denke, wir werden dem Thema eher gerecht, wenn wir Berufung als das verstehen, wozu Gott den einzelnen Menschen geschaffen hat, so wie jeder von uns von Gott ausgestattet wurde.

• • •

Ich habe eine Schwäche für Persönlichkeitstests. Myers-Briggs, DISG, StrengthsFinder – ich verschlinge dieses Zeug. Das ist die Kunst und Wissenschaft des Menschseins. Es geht um Selbsterkenntnis, darum, zu verstehen, wer dieser Mensch ist, als den Gott mich geschaffen hat. Und ich finde diese Tests unglaublich hilfreich. Ehrlich gesagt glaube ich, dass die meisten von uns die eigene Berufung eher in einer Myers-Briggs-Tabelle erkennen als in einem brennenden Dornbusch. Obwohl, wenn ich die Wahl hätte, würde ich mich jedes Mal für den Busch entscheiden. Aber bei der

Suche nach der eigenen Berufung geht es zu einem großen Teil darum, herauszufinden, wer du selbst *bist* und was nur du selbst dieser Welt zu geben hast.

Das lateinische Wort *vocatio* kann auch mit »Stimme« übersetzt werden. Mann, das sagt eine Menge.

Deine Berufung ist deine Stimme.

Die Quäker haben ein Sprichwort über Berufung, das mir sehr gefällt: »Lass dein Leben sprechen.«

Bei der Suche nach der eigenen Berufung geht es darum, die eigene Stimme zu finden – das, was aus all dem Lärm und dem Dröhnen der anderen fast acht Milliarden Menschen auf der Erde heraussticht. Die Melodie und den Ton, den allein du anschlagen kannst.

Berufung ist nicht etwas, wofür man sich entscheidet, wie für den Mann, den man heiratet, oder das Haus, das man kauft, oder das Auto, das man fährt. Sie ist etwas, das man freilegt. Ausgräbt. Entdeckt.

Normalerweise fragen wir kleine Kinder: Was willst du werden, wenn du groß bist? Ich frage mich, ob wir sie mit dieser Frage nicht vielleicht schon auf ein Scheitern programmieren. Vielleicht wären bessere Fragen: Wer *bist* du? Und was denkst du, was Gott sich vorstellt, das du machen sollst, wenn du groß bist?

Das, meine Freunde, ist die Frage. Wer *sind* wir? Wie sind wir von unserem Schöpfer entworfen? Was hat Gott schon mit uns vorgehabt, als wir im Mutterleib heranwuchsen? Das sind die Fragen der Berufung und der Bestimmung unseres Lebens.

Ich bin in einer Kultur aufgewachsen, die im Wesentlichen sagte: »John Mark, du kannst alles erreichen, was du dir vornimmst.

Wenn du hart genug arbeitest, wenn du an dich selbst glaubst, wenn du ausdauernd bist, kannst du alles erreichen.«

Das ist so durch und durch amerikanisches Mittelklasse-Oberschicht-Denken. Kaum jemand in den Entwicklungsländern würde jemals so reden. Und wenn du wie ich zu den Millennials gehörst und während der Rezessionsjahre volljährig geworden bist – unter uns reden auch immer weniger Leute so. Und doch glaube ich, einer der Gründe, warum wir derzeit so desillusioniert von unserem Wirtschaftssystem sind, liegt darin, dass uns diese Vorstellung von »Ich kann alles sein, was ich sein will!« irgendwie von unseren Eltern und Großeltern eingeimpft wurde. Und das ist ja auch nicht nur schlecht. Es hat mir den Mut gegeben, zu träumen, Ideen zu entwickeln und im Leben etwas zu wagen.

Aber diese Haltung ist auch gefährlich, denn leider ist sie nicht wahr.

Ich kann nicht alles sein, was ich sein möchte, egal, wie hart ich arbeite oder wie sehr ich an mich glaube. Alles, was ich sein kann, ist *ich*. Der Mensch, als den der Schöpfer diesen John Mark gemacht hat.

Wenn wir gegen das Bild Gottes in uns ankämpfen, wird uns das langfristig ruinieren – selbst wenn wir kurzfristig Erfolg haben.

Wenn du ein introvertierter Typ bist und dir einen Job im Verkauf suchst, wo du zehn Stunden am Tag mit Menschen zu tun hast, wird es dich auslaugen.

Wenn du eher ein nachdenklicher Typ mit unersättlichem Hunger nach intellektuellen Herausforderungen bist, dir aber einen handwerklichen Beruf suchst, wird dich das in den Wahnsinn treiben.

Wenn du eine natürliche Führungspersönlichkeit bist und Freude daran hast, Menschen auf ein Ziel hin zu motivieren, aber schließlich in der Forschung landest, wo du einsam im Labor oder am Schreibtisch sitzt und wissenschaftliche Arbeiten veröffentlichst, ist es nur eine Frage der Zeit, bis du durchdrehst.

Sicher, manchmal müssen wir einfach dankbar sein, dass wir überhaupt einen Job haben. Die Konjunktur ist mal besser, mal schlechter. Manche von uns haben es ziemlich schwer, sich finanziell über Wasser zu halten. Und es ist auch wahr, dass Jesus bei uns ist, egal was wir tun, und dass sein »Leben in ganzer Fülle«[42] nicht davon abhängt, ob wir einen Traumjob haben. Ganz und gar nicht. Und das ist ein Glück. Denn für Milliarden von Menschen ist Arbeit einfach nur ein Mittel zum Überleben. Darüber werden wir später noch sprechen. Im Moment will ich nur sagen, dass das, was wir *tun*, daraus erwachsen sollte, wer wir *sind*.

Im Moment wird viel über Burn-out gesprochen. Als Gesellschaft sind wir überarbeitet, müde, gestresst und mit den Nerven fertig – das digitale Zeitalter höhlt unsere Seelen aus. Aber Burnout ist nicht immer die Folge davon, dass jemand zu viel arbeitet oder zu viel gibt. Manchmal liegt das Problem darin, dass wir versuchen, etwas zu geben, was wir gar nicht geben müssen. Das lernen wir, wenn wir versuchen, etwas zu tun, und damit scheitern. Oder, schlimmer noch, wenn wir Erfolg haben, aber innerlich mehr und mehr absterben.

Das ist mir vor Kurzem passiert. Die Gemeinde, die ich leite, gehört zu einem Gemeindeverbund in unserer Stadt. Früher war ich dort der Hauptleiter. Das heißt, ich war verantwortlich für die Leitung von drei Gemeinden: für drei Ältesten-Teams, eine Menge engagierter Mitarbeiter – die meisten davon Alpha-Tiere –, für eine Belegschaft von über neunzig Angestellten und eine Menge anderer Dinge. Ach ja, und ich habe diesen Job angenommen, als ich gerade mal dreißig war. Ich saß ständig in irgendwelchen wichtigen Meetings, habe mir einen abgebrochen, um die Gemeinde mit Vollgas nach vorne zu bringen, und war dabei kreuzunglücklich. Ich meine so unglücklich, dass ich irgendwann kaum noch aus dem Bett kam.

Nach etwa drei Jahren, in denen ich meine Seele bis zum Äußersten gequält hatte, erkannte ich schließlich, dass das, was ich tat, nicht im Einklang mit Gottes Berufung für mein Leben stand. Ich war ausgebrannt, weil ich versuchte, jemand zu sein, der ich nicht bin, etwas zu geben, was ich nicht habe. Ich bin ein introvertierter Mensch. Das kann ich genauso wenig ändern, wie ich fünf Zentimeter wachsen oder meine blauen Augen grün werden lassen kann. Ich finde Meetings grauenvoll. Ich will lieber allein sein mit meiner Bibliothek und ein paar engen Freunden.

Gott hat mir meine Berufung klargemacht – ich bin nur eine Stimme. Ich soll in der Gemeinde Visionen vermitteln, anderen helfen, die Bibel zu verstehen, und ein bisschen schreiben. Das war's. Das ist es, wozu mich Gott auf diese Erde gesetzt hat, glaube ich. Das zu erkennen, war brutal. Denn es war peinlich. Im Grunde hatte ich in meinem Job versagt. Ich war frustriert. Die Leute waren frustriert von mir. Es funktionierte nichts. Also fragte ich die Ältesten in meiner Gemeinde, ob ich kündigen könne. Sie waren so gnädig, Ja zu sagen (vielleicht dachten sie auch: Endlich!). Heute wird die Gemeinde von einem großartigen Team von Menschen geleitet. Ich kann Teil sein und ich kann ich selbst sein. Ich verdiene weniger Geld, habe weniger Einfluss und viel weniger Grund zum Prahlen. Aber ich fühle mich wieder wie ein Mensch.

Wir müssen lernen, sowohl unser Potenzial als auch unsere Grenzen anzunehmen.

Denn beides sind Wegweiser, die uns den Weg zu Gottes Berufung für unser Leben weisen.[43]

Reden wir jetzt aber nicht mehr von mir, sondern von dir.

Vielleicht liest du gerade dieses Buch und weißt schon genau, wozu du berufen bist. Bestens. Dann kannst du sofort durchstarten.

Aber vielleicht liest du das hier und hast keine Ahnung, wozu du berufen bist. Was das Bild Gottes in dir ist. Du hast das Gefühl, du findest deine Spur nicht, hast keine Vision. Du fühlst dich orientierungslos und verwirrt. Du würdest alles dafür geben, deine Berufung zu kennen. Aber du hast keinen Schimmer.

Oder vielleicht befindest du dich irgendwo dazwischen – du hast eine Ahnung davon, wozu Gott dich geschaffen hat, aber du siehst es noch nicht so wirklich, zumindest nicht klar.

Meiner Erfahrung nach geht der beste Weg, die eigene Berufung zu finden, über die richtigen Fragen. Und zwar sehr viele. Wie ich bereits sagte: Berufung ist etwas, das man freilegt, tief in sich selbst.

Das sind die Fragen, die ich mir an deiner Stelle mal stellen würde:

Was begeistert dich?

Was weckt deine Leidenschaft? Was macht dich wütend? Traurig? Glücklich? Was gibt dir Kraft? Was lässt dich nachts nicht schlafen? Vielleicht bist du eher schweigsam – aber was ist das eine Thema, worüber du immer gern redest?

Fang damit an.

Es entspricht meiner Frage an Dave: »Wenn du tun könntest, was du willst, was würdest du tun?«

Ich könnte die Frage auch anders stellen: Was würdest du mit deinem Leben anfangen, wenn du nicht für ein Gehalt arbeiten müsstest und kein Geld bräuchtest? Denken manche von euch jetzt: Am Pool sitzen? Nein, *nachdem* ihr das ein Jahr lang gemacht und euch zu Tode gelangweilt habt. Was würdest du dann tun, wenn Geld keine Rolle spielen würde?

Was mich betrifft, ich würde Bibelkurse geben. Die Kunst, einen uralten, von Gott inspirierten Text zu verstehen und ihn dann auf unsere postmoderne Welt zu übertragen, finde ich faszinierend. Und ich würde schreiben. Wenn ich schreibe, werde ich lebendig. Das sind die Dinge, die ich liebe. Ich habe das Gefühl, dass ich dafür geschaffen wurde. Und obwohl beides harte Arbeit ist und es Tage gibt, an denen ich einfach nur ausschlafen und *Star Wars* gucken möchte, kann ich sagen: Ich liebe das, was ich tue, wirklich.

Der Rat meines Mentors Gerry an junge Leute lautet folgendermaßen: Finde heraus, was dich begeistert, und dann schau, ob du damit deinen Lebensunterhalt verdienen kannst.

Die Realisten unter euch spotten gerade: »Werd mal erwachsen!« Und das aus gutem Grund. Die meiste Zeit können wir nicht das tun, was uns begeistert. Das ist in Ordnung. Aber es ist trotzdem einen Versuch wert. Manchmal können wir es nämlich doch, nur auf eine andere Art und Weise.

Mein Freund Casey wollte unbedingt Berufsmusiker werden. Seine Liebe galt der Gitarre und dem Gesang. Er ist witzig und unterhaltsam und ein wirklich guter Songschreiber. Er hat eine ziemlich gute Platte gemacht, aber sie war einfach nicht gut genug, um davon leben zu können. Oh, und dann wurde seine Frau schwanger. Er brauchte einen Job, mit dem er seine Familie ernähren konnte. Zuerst war er total deprimiert und depressiv, aber dann hatte er eine Idee. Er eröffnete ein Gitarrengeschäft. Nun baut er Gitarren – hochklassige, fantastische, wunderschöne Gitarren für einige der besten Gitarristen in der Musikszene. Ihm ist es gelungen, seine Leidenschaft – die Musik – zum Beruf zu machen, wenn auch anders als ursprünglich geplant.

Sich diese Frage zu stellen, ist ein Luxus, den die meisten Menschen auf der Welt nicht haben. Wenn man in Uganda geboren ist, wo unsere Tochter herkommt, denkt man nicht daran, das zu tun, was man gern tut. Man denkt daran, überhaupt etwas zu tun, um überleben zu können, egal was. Aber im Westen – wegen unseres schwindelerregenden Wohlstands – haben wir die Möglichkeit, unserem Herzen zu folgen. Ich finde es verrückt, dass manche Menschen es nicht wenigstens versuchen.

Was kannst du gut? Was kannst du nicht gut?

Hoffentlich ist die Antwort auf diese Frage dieselbe wie die auf die letzte. Aber das ist nicht immer so. Wie viele von uns kennen jemanden, der gern singen oder Fußball spielen oder Kleidung entwerfen oder was auch immer tun möchte, aber einfach nicht besonders gut darin ist?

Als Jugendlicher wollte ich Profi-Basketballspieler werden. Ich habe diesen Film gesehen, *Pistol Pete* (kennt den jemand?), über diesen Jungen, der später ein NBA-Wunderkind wurde. Der dribbelte mit einer Augenbinde durch sein Wohnzimmer und machte all diese verrückten Trainingswürfe in seiner Einfahrt. Ich ging also in den Vorgarten und stellte Hütchen auf und dribbelte um sie herum und machte alles wie er.

Es gab nur ein Problem. Ich war ein lausiger Basketballspieler. Ich meine, ich war und bin wirklich, wirklich schlecht darin. Es dauerte eine Weile, bis ich das herausfand, und dann musste ich den Traum in meinem Garten begraben, zusammen mit meinem Ball und meinem Trikot. Das war ein trauriger Tag. Aber dann habe ich die Musik entdeckt. Und darin war ich ziemlich gut. Also habe ich eine Band gegründet. Es lief ziemlich gut. Wir nahmen ein paar Platten auf und landeten schließlich bei einer Plattenfirma. Aber dann merkte ich, dass Bibelkurse zu geben etwas war, worin ich wirklich gut werden könnte …

Es braucht Zeit, um unsere Begabung zu entdecken. Und dann Jahre, um sie zu entwickeln. Die meisten von uns wissen nicht wirklich, was »ihr Ding« ist, wenn sie jung sind. Also probier dich ruhig aus.

Du wirst einige Dinge tun und dich sehr lebendig fühlen, und die Leute in deinem Umfeld werden sagen: »Wow, das kannst du so gut. Mach das doch öfter.« Und dann machst du andere Dinge – wie Basketball – und dein Ball landet im Fenster deines Nachbarn und du musst zusehen, dass du dich aus dem Staub machst. Ich will damit nur sagen: Du wirst einige Dinge tun und dich *nicht* lebendig fühlen, und die Leute in deinem Umfeld werden sagen: »Hm, vielleicht ist das nicht so deins.«

Das ist in Ordnung. Feiere es. Feiere jedes Mal, wenn du scheiterst – du hast gerade wieder einen Schritt getan, um herauszufinden, wozu du nicht berufen bist. Es ist kein Versagen, wenn du bei etwas scheiterst, was du nicht tun sollst. Es ist ein Erfolg. Denn:

> **Mit jedem Erfolg und mit jedem Scheitern kommst du deiner Berufung näher.**

Ja, ich hatte ein paar schwierige Jahre in meiner Gemeinde. Aber jetzt habe ich mehr Klarheit über meine Berufung als je zuvor. Denn ich habe gelernt, worin ich gut bin, und ich habe gelernt, worin ich schlecht bin. Und je mehr ich mich auf beides einlasse, desto freier werde ich.

Es gibt kaum etwas Besseres als das Gefühl, in etwas gut zu sein. Nicht auf arrogante oder nervige oder hochnäsige Weise, sondern so wie im Schöpfungsbericht: »Danach betrachtete Gott alles, was er geschaffen hatte. Und er sah, dass es sehr gut war.« Es ist dieses Gefühl am Freitagnachmittag, wenn man auf seine Arbeitswoche zurückblickt und lächelt.

Ich bin ein Perfektionist, was bedeutet, dass ich strenger mit mir selbst bin als mit jedem anderen Menschen. Und dass ich selten einmal echt stolz auf meine Arbeit bin. Aber es gibt diese Momente, wenn ich am Sonntag predige oder Bibelkurse halte und mittendrin dieses seltsame, überirdische Gefühl habe und denke: *Dafür bin ich gemacht.* Das ist ein Gefühl, das wir alle halbwegs regelmäßig haben sollten.

Was braucht deine Welt?

Wenn du dich in deiner Stadt, deinem Land, deiner Generation – in der Welt insgesamt – umsiehst, was fehlt dir dann? Was ist es, wovon die Welt mehr braucht? Wenn du dir die Welt anschaust, was siehst du dann und denkst: »Jemand sollte da mal etwas tun«?

Vielleicht bist *du* dieser Jemand.

Weißt du noch, was *avad* bedeutet? Arbeit ist Dienen. Wenn wir über Beruf und Berufung sprechen, geht es oft um Selbstverwirklichung. Und das ist nicht ganz schlecht, aber es führt sehr schnell in die falsche Richtung. Wir sind Menschen, die Jesus folgen. Wir glauben, dass wir unsere Erfüllung darin finden, unser Leben zu verschenken und nicht daran festzuhalten. Jesus war ein Diener. Das sind wir auch. Wo also braucht unsere Welt Menschen, die ihr dienen?

In diesem Punkt ist die Bibel mit dem, was sie über körperliche Arbeit sagt, ihrer Zeit weit voraus. Paulus fordert die Thessalonicher auf: »Kümmert euch um eure eigenen Angelegenheiten und seht zu, dass ihr euch von der Arbeit eurer eigenen Hände ernähren könnt.«[44]

Im antiken Mittelmeerraum wurde manuelle Arbeit verachtet. Gräben für die Kanalisation zu graben, Straßen für die Stadt zu pflastern, das Essen für die Familie zu kochen – diese Art von Arbeit wurde von Sklaven und Dienern aus der Unterschicht verrichtet. Historiker sagen, dass die Bibel das einzige antike Dokument ist, in dem körperliche Arbeit als eine ehrenhafte Lebensweise dargestellt wird.

Ich hoffe, du magst deine Arbeit und sie ist keine Plackerei oder nur ein Mittel, um zu überleben. Sie ist eine Berufung. Der Romancier Frederick Buechner hat es so formuliert:[45]

»Der Platz, an den Gott dich stellt, liegt dort, wo deine Freude und der tiefe Hunger der Welt sich treffen.«

Das ist es, wonach du suchst – der Schnittpunkt zwischen dem, was dir Freude macht, und dem, was deine Welt braucht.

Dafür muss deine Berufung weder glamourös sein noch im Trend liegen. Denn damit die Zivilisation gedeihen kann, brauchen wir auch Menschen, die den Müll abholen, Dosen recyceln, Mais anbauen, Holz fräsen, Hotelbetten machen und die Post zustellen. Das ist alles gute, ehrbare Adam-und-Eva-Arbeit.

Wird die Welt dadurch dem Garten ähnlicher?

Trägt deine Arbeit dazu bei, dass Menschen sich entfalten können? Ist sie gut für die Erde? Gut für dich? Gut für deine Stadt, deine Nation, deine Welt? Gut für die Kultur? Nimmt sie das Rohmaterial des Planeten Erde – Metall oder Holz oder Wind oder Worte oder Ideen oder $E = mc^2$ – und arrangiert es so, dass ein Ort entsteht, an dem Ebenbilder Gottes in ihrer Beziehung zu Gott wachsen und aufblühen können?

Und vor allem: Ist das, was du tust, etwas, das Gott gefällt? Schließlich zählt seine Meinung über deine Arbeit mehr als die jedes anderen.

Kannst du nach einem harten Arbeitstag hören, wie Gott dir ins Ohr flüstert: »Gut gemacht!«?

Es gibt einige Arten von Arbeit, die keine Berufung oder ein Ruf von Gott sein *können*. Hier ein paar Beispiele:

- Deinen Körper auf pornografische oder sexualisierte Weise zu benutzen.

- Menschen so zu manipulieren, dass sie Kredite aufnehmen, die sie sich nicht leisten können.
- Die natürlichen Ressourcen der Entwicklungsländer auszubeuten, damit das eine Prozent der ohnehin schon Reichen noch ein bisschen bequemer leben kann.

Ich persönlich glaube auch nicht, dass es eine Berufung sein kann, Scharfschütze oder Drohnenpilot zu sein – oder eine andere Tätigkeit im Militär auszuüben, bei der das Töten das ausdrückliche Ziel ist. Ich sehe einfach keine Möglichkeit, so etwas mit dem in Einklang zu bringen, was Jesus über Gewaltlosigkeit sagt: »Liebt eure Feinde. Tut denen Gutes, die euch hassen. Betet für das Glück derer, die euch verfluchen. Betet für die, die euch verletzen.«[46]

Egal, ob du mir in diesem Punkt zustimmst oder nicht: Tatsache ist, dass manche Tätigkeiten Leben, Heilung, Hoffnung und Schönheit in die Welt bringen, während andere Gewalt, Unrecht, Armut und Chaos bewirken.

Arbeit, die ein Ruf von Gott ist, muss Arbeit sein, die in irgendeiner Weise ins Reich Gottes passt.

Jede Berufung muss mit der Vision vom Reich Gottes übereinstimmen, die Jesus verkörpert hat.

Wie steht es mit deiner Arbeit, deinem Job, deiner Karriere, deinem Unternehmen, Studienfach, Fünfjahresplan, Traum? Hilft das, was du tust, der Menschheit? Macht es die Welt zu einem besseren Ort? Zu einem Ort, der mehr dem Reich Gottes ähnelt? Einem Ort, der mehr dem Garten Eden gleicht?

Wo gibt es in deinem Leben offene Türen?

Du bist mit dieser Frage nicht allein. Zumindest nicht, wenn du Jesus folgst. Ich glaube fest daran, dass Gott bei dir ist. Er ist involviert. Ich bin kein Fatalist. Ich glaube nicht, dass alles, was geschieht, direkt aus Gottes Hand kommt.[47] Ich würde es so formulieren: Gott ist in dem Maße an deiner Geschichte beteiligt, wie du dein Leben dafür öffnest, dass er diese Geschichte schreibt.

Also: Was steht zurzeit bei dir an? Was passiert gerade? Und was nicht? Mit der zweiten Frage musst du vorsichtig sein, denn manchmal ist eine geschlossene Tür nur eine Frage des Timings, oder sie bedeutet, dass du ein bisschen lauter klopfen oder sie vielleicht sogar mit der Schulter einrennen musst – ich hoffe, du verstehst, was ich meine. Was legt Gott dir gerade vor die Füße?

Manchmal starrt uns eine Berufung regelrecht an, wir müssen nur Blickkontakt aufnehmen.

Worauf legt Gott seinen Segen?

Ich denke, diese Frage ergibt sich aus der vorigen. Aber sie ist es wert, gestellt zu werden. Gibt es einen Bereich in deinem Leben, den Gott einfach immer wieder segnet? Etwas, worin du gut bist und immer besser wirst, wofür sich ständig Türen öffnen und was viel Gutes bewirkt?

Nun gibt es Menschen, die wirklich brillant und begabt sind und eine Menge Dinge gut können. (Ich wünschte, ich wäre so ein Mensch.) Für sich genommen könnte diese Frage in die falsche

Richtung führen. Aber im Zusammenhang mit all den anderen Fragen sticht vielleicht etwas heraus. Es ist fast so, als würde sich in diesem Bereich alles, was du anfasst, in Gold verwandeln.

Das könnte Gottes Art sein zu sagen: Heiß, heißer, glühend heiß. Das ist das, was du mit deinem Leben tun sollst.

Okay, der nächste Punkt ist entscheidend …

Was sagen Leute, die dich gut kennen?

Manchmal kennen uns Menschen, die uns lieben, besser als wir uns selbst. Sie sehen, wer wir wirklich sind. Hör auf diese Menschen. Wenn du verheiratet bist, hör auf deinen Ehepartner. Wenn du Eltern hast, die dich lieben, hör zu, was sie über dich sagen. Wenn du in einer Gemeinschaft lebst, hör den anderen zu. Frag sie: Was seht ihr in mir? Und dann hör mit offenem Herzen zu, egal, was sie zu sagen haben.

Unterstützen diese Menschen das, was du dir wünschst? Und bestätigen sie es? »Ja, du bist auf dem richtigen Weg. Du kannst das. Ich glaube, du wirst das gut hinkriegen.« Oder raten sie dir davon ab? »Ich weiß nicht. Das könnte schwierig werden, weil …«

Natürlich sind hier Meinungen und Vorurteile im Spiel. Mich zum Beispiel darfst du nicht fragen, ob du zum Militär gehen solltest. Ich habe, wie schon erwähnt, meine eigene tiefe Überzeugung in Bezug auf Jesus-Nachfolger und Gewalt. Du kannst dir also schon denken, was ich dazu sagen würde. Aber um es mit den Worten eines alten hebräischen Weisen zu sagen: »Mit vielen Ratgebern lebt es sich sicher.«[48] Frag deine Vertrauenspersonen, was sie denken, und hör ihnen wirklich zu.

Was regt der Geist in deinem Herzen an?

Das geht in eine ähnliche Richtung wie die erste Frage, kann aber doch ein bisschen anders sein. Denn manchmal regt uns der Geist zu Dingen an, die wir *nicht* wollen. Ehrlich gesagt, ich hatte mir geschworen, dass ich eines nicht werden würde: Pastor. *Niemals*. Ich wollte Architektur und Design studieren. Tja, nun stehe ich hier. Was beweist, dass Gott Sinn für Humor hat.

Was lässt dein Herz nicht los?
Wozu drängt es dich?

Gibt es etwas, wovon du glaubst, dass du es einfach tun musst? Es freisetzen musst? Es versuchen, egal, ob du Erfolg hast oder scheiterst? Gibt es etwas, wovon du das Gefühl hast, dass Gott es dir in den Kopf gesetzt hat und dass du eines Tages vor deinem Schöpfer stehen und dich dafür verantworten wirst?

Es gibt alle möglichen Dinge, die ich gern tue und mit denen ich wahrscheinlich meinen Lebensunterhalt verdienen könnte – aber Menschen zu helfen, die Bibel zu verstehen, ist das, wovon ich spüre: »Das *muss* ich tun.«

Vielleicht ist das ein schlechtes Beispiel, weil es so typisch geistlich klingt. Aber es könnte genauso gut sein, Häuser zu entwerfen oder eine umweltfreundliche Bautechnologie zu entwickeln oder eine Imbissbude zu eröffnen – irgendetwas, von dem du spürst, dass Gott es in dir wachgerufen hat.

Vielleicht lautet deine Antwort auf diese Frage: »Nein, da gibt es nichts.« Nun gut. Das trifft wahrscheinlich auf die meisten Leute zu. Aber vielleicht gibt es doch etwas, und im Blick darauf verspürst du eine gesunde, nüchterne Gottesfurcht. Wenn es so ist, was immer es ist, tu es.

• • •

Ich weiß nicht, wie du dich jetzt fühlst – aufgeregt, verängstigt, verwirrt, frustriert?

Vielleicht rückt deine Berufung gerade in den Fokus, während du dich an diesen Fragen entlanghangelst. Wahrscheinlich ist für die meisten von uns die eigene Berufung anfangs vage und unklar – mehr ein Gefühl und ein Wunsch als ein konkreter Aktionsplan –, aber mit der Zeit wird sie klarer.

Ich glaube, dass Gott mich, als ich noch sehr jung war, dazu berufen hat, eine Gemeinde in Portland zu gründen. Das war schon gegen Ende meiner Schulzeit. Aber ich hatte keine Ahnung, wie es funktionieren könnte oder was ich ganz konkret tun würde. Inzwischen bin ich sogar schon jenseits der vierzig und komme erst langsam und nach und nach dahinter, wer ich bin, was meine Leidenschaft ist, worin ich gut oder schlecht bin und was Gott mir vor die Füße legt, damit ich es tue. Aber dieser Prozess hat schon begonnen, als ich noch ein Teenager war. Den meisten von uns wird ihre Berufung erst jenseits der dreißig klar. Und das ist in Ordnung.

Wenn du dich in dieser Phase des Fragens oder der Verwirrung befindest, möchte ich dir Folgendes sagen: Lausche auf Gottes Stimme. Bitte ihn, dir zu helfen, deine Berufung zu entdecken. Die meisten von uns werden keinen brennenden Dornbusch erleben, kein dramatisches Reden Gottes – bis auf einige wenige vielleicht. Bitte Gott darum. Zieh dich zurück, faste, bete, mach Exerzitien, geh allein zelten, miete dich in einem Kloster ein – und *lausche*. Denk nur daran, dass du still sein musst, um zu hören.

Parker Palmer schreibt in seinem meisterhaften Buch über Berufung:

> Die Seele ist wie ein wildes Tier – zäh, unverwüstlich, klug, autark und doch äußerst scheu. Wenn wir ein wildes Tier sehen wollen, ist das Letzte, was wir tun sollten, durch den Wald zu stürmen und zu schreien, das Tier solle sich zeigen. Wenn wir aber bereit sind, leise in den Wald zu gehen und ein oder zwei Stunden schweigend am Fuß eines Baumes zu sitzen, kann es gut sein, dass die Kreatur, auf die wir warten, auftaucht und wir aus dem Augenwinkel einen Blick auf das kostbare Wildtier erhaschen, das wir suchen.[49]

Nimm auch andere mit auf die Reise. Mach dich nicht allein auf den Weg. Bitte deinen Mentor, deine Mutter, deinen Vater, deinen Onkel, deine Mitbewohnerin, deine Professorin, deinen Chef, deine Freunde – Menschen, die dich kennen und lieben –, diese Reise mit dir zusammen zu unternehmen.

Und dann fang an zu leben. Folge deinem Herzen. Hab keine Angst, Dinge auszuprobieren. Nimm das Scheitern nicht zu ernst. Und auch den Erfolg nicht. Mach dir klar: Jobs, Berufswege und Rollen kommen und gehen – aber deine Berufung, zumindest in dem Sinne, in dem ich darüber schreibe, bleibt ein Leben lang bestehen.

Neulich habe ich ein Radiointerview über mein letztes Buch gegeben. Als ich das Rundfunkgebäude betrat, saß dort ein Mann aus meiner Gemeinde. Wir hatten noch nie ein ernsthaftes Gespräch miteinander geführt, also begann ich, ihn nach seiner Geschichte zu fragen. Er hatte als Gemeindegründer angefangen, dann für ein Bekleidungsunternehmen als Einzelhandelsmanager gearbeitet und war schließlich zum Radio gekommen. Drei grundverschiedene Berufe! Aber er sagte etwas sehr Aufschlussreiches: »In Wirklichkeit sind sie alle gleich. Es geht um Menschen. Ich arbeite einfach gern mit Menschen. Und es begeistert mich, wenn ich andere für etwas Neues begeistern kann. Dazu hat Gott mich geschaffen.«

Brillant.

So etwas passiert vielen Menschen. Meine Frau Tammy zum Beispiel weiß, dass sich ihr Job in der Mitte ihres Lebens ändern wird. Wenn die Kinder älter und in der Schule sind, wird sie etwas anderes machen. Sie will gern im Gesundheitswesen arbeiten. Sie möchte Menschen nach schweren Verletzungen in der Reha beistehen. Denn ihre Berufung ist umfassender als die, Mutter unserer Kinder zu sein. Sie spürt, dass Gott sie geschaffen hat, um anderen zu helfen, sich zu entfalten und das Beste aus sich zu machen. Im Moment tut sie das zu Hause für unsere drei Kinder. In Zukunft wird sie es wohl als Pflegefachkraft tun. Zwei völlig unterschiedliche Berufe, aber dieselbe Berufung.

Was ich damit sagen will, ist Folgendes:

Wenn Gott dich zum Malen geschaffen hat, dann male.

Wenn Gott dich dazu geschaffen hat, Kinder zu erziehen, zu unterrichten und zu fördern, dann tu das.

Wenn Gott dich zum Brückenkonstrukteur gemacht hat, dann leg los und baue Brücken.

Wenn Gott dich dazu geschaffen hat, Philosophie zu unterrichten, dann brauchen wir dich. Studiere. Erwirb dir ein paar Buchstaben vor deinem Nachnamen. Blicke über den Tellerrand. Und gestalte das Denken der Welt von morgen.

Denn wozu auch immer du berufen bist – einen Song zu schreiben, eine Landschaftsbaufirma zu leiten, Wasserkraft zu fördern, einen Wirkstoff gegen Krebs zu entwickeln, einen Sandwich-Laden zu eröffnen, englische Literatur an einer Elite-Uni zu unterrichten, ein wirklich gutes veganes Eis zu kreieren –, was immer es ist, wenn du es nicht tust, bringst du nicht nur dich selbst um das Leben, zu dem Gott dich berufen hat, sondern du beraubst auch den Rest von uns. Wir alle brauchen es, dass du *du selbst* bist.

Begnüge dich nicht mit halben Sachen. Gib alles!

Alles ist geistlich

Du hast also eine Berufung. Es gibt diesen Menschen, als den Gott dich geschaffen hat. Es gibt etwas, *wozu* Gott dich gemacht hat. Alles, was du tun musst, ist, es unter den Trümmern deiner Angst und Unsicherheit, deiner Erziehung, deiner Kultur und deines Bewusstseins auszugraben. Es ist da. Es wartet darauf, entdeckt und freigelegt zu werden.

Aber ich weiß, was einige von euch jetzt denken: »Wirklich? Ich weiß, dass Gott Menschen für Sachen beruft, die mit dem Glauben zu tun haben. Mission. Kirchenkram und so. Aber ich bin IT-Spezialist bei einer Handy-Firma – wie kann das eine Berufung von Gott sein?«

Für eine gute Theologie der Arbeit müssen wir die Kluft zwischen geistlich und weltlich überwinden.

Um eine tragfähige, tiefe, reiche, kraftspendende Theologie der Arbeit – und übrigens auch der Ruhe – zu entwickeln, müssen wir diese Kluft zwischen dem Heiligen und dem Säkularen, dem Spirituellen und dem profanen Weltlichen überwinden.

Und ich warne euch: Die Kluft ist tief, breit und unheilvoll. Also zieht eure Outdoor-Stiefel an!

Die Kluft zwischen heilig und säkular ist die irrige Vorstellung, dass einige Dinge heilig oder geistlich oder spirituell und entsprechend für Gott von Bedeutung sind, während andere Dinge säkular oder materiell und folglich für Gott nicht von Bedeutung sind, zumindest nicht so sehr.

Das Problem mit dieser weitverbreiteten, allgegenwärtigen, tyrannischen und destruktiven Denkweise ist: Nach dieser Definition ist der größte Teil unseres Lebens für Gott bedeutungslos!

Die heiligen Dinge sind ein winziges Stück vom Kuchen unserer Lebenszeit – zum Gottesdienst gehen, beten, in der Bibel lesen, evangelisieren. Was sind das, fünf Prozent unseres Lebens? Maximal. Wenn du wirklich »geistlich drauf« bist.

Den größten Teil des Lebens – die anderen 95 Prozent – verbringen wir damit, einzukaufen, mit dem Hund rauszugehen, Zehennägel zu schneiden, im Park zu lesen, zum Sport zu gehen oder einen Döner zu essen und sich danach aufgebläht fühlen (nicht ganz so sehr vielleicht, wenn du gerade vom Sport kommst).

Das ist der Stoff, aus dem der Alltag ist.

Und so fühlen sich die meisten von uns ein wenig frustriert. Denn wir denken, dass das, was wir jeden Tag so tun – unsere Arbeit und unsere Freizeit, was wir spielen und lernen, wie wir uns entspannen und Gottes Welt genießen –, bedeutungslos, sinnlos und vergänglich ist. Wir denken, dass all das im großen Plan von Himmel und Hölle und ewigem Leben nicht wirklich eine Rolle spielt, weil es nicht heilig ist. Zu wenig geistlich. Nicht spirituell.

So vieles im Leben ist einfach banal. Es ist nichts Glamouröses daran. Wir haben nicht das Gefühl, dass wir die Welt dadurch verändern. Wir wechseln Windeln, beantworten E-Mails oder bearbeiten Excel-Tabellen. Und so fühlen wir uns frustriert oder vielleicht sogar leer und ziellos, weil wir jeden Abend, wenn wir im Bett liegen, denken: »Ist irgendwas davon wirklich wichtig?«

Oder wir haben ein schlechtes Gewissen, weil unser Job als IT-Spezialist zwar nicht heilig oder geistlich ist, uns aber richtig viel Spaß macht und wir heimlich auch ein bisschen stolz auf das sind, was wir tun. Und jedes Mal, wenn wir von der Arbeit nach Hause kommen und ein Glas wirklich guten Wein trinken oder einen tollen Film sehen oder eine köstliche Mahlzeit essen, spüren wir dieses nagende Gefühl der Scham, weil wir es so sehr genießen. Es fühlt sich gut und richtig und bodenständig und menschlich an. Aber es ist halt einfach nicht geistlich.

Dieses ganze Paradigma der Trennung von Geistlichem und Weltlichem ist aus meiner Sicht völlig verquer – und auch gefährlich. Ich will erklären, warum ich das so sehe.

Sprechen wir zunächst mal über das Wort »geistlich«. Es gehört zu den Wörtern, die wir als Christen ständig benutzen. Aber wie ein weiser Spanier mit einem charmanten Schnurrbart einmal sagte: »Ich glaube nicht, dass es das bedeutet, was du denkst, das es bedeutet.«[50]

Wusstest du, dass es in der hebräischen Sprache kein Wort für »spirituell« gibt? Im hebräischen Denken ist das ganze Leben spirituell.

Hebräisch ist die Sprache, in der drei Viertel der Bibel ursprünglich geschrieben wurden – nämlich der Teil, den wir das Alte Testament nennen. Für die Menschen zur Zeit von Jesus war das die einzige Bibel, die es gab.

Schlag das Wort »spirituell« nach, vom ersten Buch Mose bis zum Propheten Maleachi – in der Bibel, die Jesus selbst benutzte, als er hier auf der Erde lebte und lehrte. Schlag es nach, und du wirst merken: Es kommt nicht vor.

Hast du jemals das verrückte Buch Levitikus – also 3. Mose – gelesen? Falls nicht, solltest du das wirklich mal machen. Es gehört zu einem grundlegenden Teil des Alten Testaments, der Thora – ein hebräisches Wort, das »Lehre« oder »Gesetz« oder »Weisung« bedeutet. Und da gibt es Gesetze – ich meine Lehren, Weisungen, Regeln – für jede Facette des Lebens.

Gesetze darüber, wie man sich reinigt, bevor man in den Tempel geht, wie man ein Opfer bringt, wie man sich die Hände wäscht, bevor man ein Opfer bringt, was für ein Tier man opfern soll, wenn man Geld hat, und was für ein Tier man opfern soll, wenn man arm ist. Gesetze über Sühne und Anbetung und Gerechtigkeit und Barmherzigkeit …

und …

… es gibt Gesetze über Hautkrankheiten, die hässliche, rote, juckende Stelle an deinem linken Fuß. Und darüber, aus welchem Material wir unsere Kleidung herstellen sollen und was zu tun ist, wenn es in der Küche schimmelt (wer schon mal Schimmel in der Küche hatte, weiß, wie wichtig das Thema ist). Und über die Monatsblutung einer Frau und über feuchte Träume und was zu tun ist, wenn der Esel am Sabbat in einen Graben fällt, und über Regierung und Wirtschaft und soziale Gerechtigkeit. Und über so ziemlich alle Lebensumstände, die man sich vorstellen kann.

Warum?

Warum sollte Gott all das – Hunderte und Aberhunderte von Gesetzen – in die Bibel schreiben? Schließlich soll die Bibel doch heilig sein, oder?

Und es ist nicht nur so, dass Fußpilz, Menstruation, Erektionsstörungen, Steuern und Wirtschaftstheorie in der Bibel nebenbei vorkommen. Nein, es gibt auch noch Gesetze darüber. Weisungen darüber, wie man damit umgeht oder nicht umgeht. Offenbar möchte der Schöpfer, dass wir all dieses völlig ungeistliche, säkulare, alltägliche Zeug auf eine ganz bestimmte Weise handhaben.

Es kommt einem fast so vor, als ob es Gott wichtig ist.

Selbst im Neuen Testament wird das Wort »geistlich« eigentlich nur von Paulus verwendet. In seinen Texten bedeutet es, vom Heiligen Geist geleitet zu sein. Und nach Paulus sollte jede Facette unseres Lebens in diesem Sinne geistlich sein.[51]

Ich glaube, Jesus hätte ziemlich irritiert geschaut, wenn ihn jemand nach seinem »geistlichen Leben« gefragt hätte.

Ich vermute, seine Antwort wäre erst mal eine Gegenfrage gewesen: »Was meinst du mit meinem geistlichen Leben? Meinst du mein *Leben*? Mein ganzes Leben ist geistlich.«

Jesus hat nicht zwischen heilig und profan unterschieden. Nicht ein bisschen. Für ihn ist der Gott, den er Vater nennt, so nah wie die Luft auf unserer Haut. Für ihn ist das Leben eine nahtlose, integrierte, ganzheitliche Erfahrung, in der wir überall vom Heiligen umgeben sind. Und was Jesus und seinen Weg mit uns angeht, so will Gott in jeden Quadratzentimeter unseres Lebens einbezogen werden.

Denn alles ist geistlich.[52] Für Gott ist alles wichtig.

• • •

Wie sind wir von Jesus und seiner von Gott durchtränkten Welt zu dieser flachen, blutleeren, zweidimensionalen Denkweise gekommen?

Wie wäre es mit einem kleinen Happen Geschichte? Keine Sorge, es dauert nicht lange. Aber ein Grund, warum die Kluft zwischen sakral und säkular so tief im westeuropäischen Bewusstsein verankert ist, ist, dass es sie schon so lange gibt.

Sie ist mindestens so alt wie Platon und die frühen griechischen Philosophen, wenn nicht älter. Platon – dessen Spuren überall in der westlichen Kultur zu finden sind – redete von dieser Trennung in eine geistliche, spirituelle und eine physische Welt, als ob es sich dabei um zwei verschiedene Orte handelte. Sein Ziel war es, von der einen Welt in die andere zu gelangen. Mit der Zeit sickerte diese Weltanschauung auch in die Kirche ein und setzte sich durch.

Es hat eine Weile gedauert. Schließlich waren die ersten Anhänger von Jesus überwiegend Juden. Sie waren in einem von der biblischen Schöpfungsgeschichte geprägten Weltbild verwurzelt. Ein Weltbild, in dem der Planet Erde mit all seinen Problemen und Fragen im Kern gut und trotz all seiner herrlichen Unvollkommenheit die Heimat des Menschen war. Er war das Zuhause. Die zentrale jüdische Hoffnung war nicht die, dass man stirbt und irgendwo anders hingeht. Dass sich der Körper zersetzt und die

Seele in eine spirituelle Welt namens Himmel entschwebt.[53] Die Hoffnung bestand in der Auferstehung, der leiblichen, körperlichen Auferstehung aus Fleisch und Blut und mit Dreck unter den Fingernägeln. Die Hoffnung war, dass der Schöpfer sein heilendes, erlösendes Werk eines Tages direkt hier auf der Erde tun würde.

Wie der Messias selbst sagte: »Dein Reich komme, dein Wille geschehe wie im Himmel so auf Erden.«

Das war die Hoffnung von Jesus und von Petrus und Paulus und von den zahlreichen Männern und Frauen, die Jesus zuerst »Herr« nannten.

Aber dann zerstreute sich die Gemeinde von Jerusalem aus immer weiter und erreichte Städte wie Philippi, Korinth und Athen – Platons Heimatstadt. Mehr und mehr Nicht-Juden – also Menschen, die mit einer ganz anderen Weltanschauung aufgewachsen waren – begannen, sich der Gemeinde anzuschließen. Und da wendete sich im Laufe der Jahre das Blatt, und das Denken Platons – es ging als platonisches Denken in die Geschichte ein – begann das Ethos der Jesusleute zu beeinflussen und zu infizieren. Es ist ein Denken, das die Welt dualistisch in sakral und weltlich trennt.

Diese Entwicklung erreichte ihren Höhepunkt im Mittelalter, als die Kirche ganz offen lehrte, dass jede Arbeit außerhalb der Kirche weltlich sei. Ganz gleich, wie sehr sie dem ähnelte, was es im Garten Eden gegeben hatte. Tatsächlich wurde das Wort »Berufung« nur noch für kirchliche Berufe verwendet. Das allgemeine Denken war: Wenn du etwas wirklich Wichtiges tun willst, etwas für das Reich Gottes, dann werde Priester oder Nonne oder Mönch oder Theologe. Allen anderen blieb nichts anderes übrig, als den ganzen Tag in irgendeinem Job zu schuften, den man für unwichtig hielt, damit man nach Feierabend »dem Herrn dienen« konnte. Und so wurde das gigantische weltumspannende 24/7-Reich-Gottes auf ein paar Hundert Menschen zusammengeschrumpft, die jedes Wochenende eine Stunde lang in einem schönen Gebäude Lieder sangen.[54]

Dann gab es vor ein paar Hundert Jahren diese Bewegung von Menschen, die radikale, subversive, befreiende, wunderbar neue – oder eigentlich ganz alte – Gedanken über Gott und Jesus und die Kirche und darüber, was es bedeutet, Mensch zu sein, entwickelten. Sie nannten sich Reformatoren. Ihr Ziel war es, die Kirche von innen heraus zu reformieren. Und sie zogen zu Felde gegen die Ideologie der Aufteilung der Welt in sakral und weltlich.

Sie kamen auf diese provokante und gefährliche Idee, die sie »das Priestertum aller Gläubigen« nannten. Sie zitierten den Apostel Petrus: »Ihr seid ein auserwähltes Volk. Ihr seid eine königliche Priesterschaft.«[55] Und dann wandten sie sich an die Leute und sagten schockierende Dinge wie: »Ihr seid ein auserwähltes Volk. Ihr seid eine königliche Priesterschaft.«

Vergessen wir nicht, wir sprechen hier vom Europa des sechzehnten Jahrhunderts. Und da gab es bereits Priester – die Leute, die für die Kirche arbeiteten. Sie, und nur sie, konnten zwischen dem Schöpfer und seiner Schöpfung vermitteln und das Leben von Gott an sein Volk weiterleiten.[56]

Aber die Reformatoren, diese streitlustigen Rebellen für das Reich Gottes, sagten: »Nein, wir sind *alle* Priester.«

Du bist Landwirt? Klar, *und* du bist Priester.

Du bist Juraprofessor, *und* du bist Priester.

Du bist Student, *und* du bist Priester.

Du vermittelst zwischen dem Schöpfer und der Schöpfung. Du bist Gottes Stellvertreter. Du gibst seinen Segen weiter an Menschen, die ihn kennen, und an andere, die ihn nicht kennen.

Und du bist *berufen*. Was du tust, ist für Gott von großer Bedeutung.

Denn es ist dein Dienst.

Ich mag das Wort »geistlicher Dienst« nicht besonders. Genauer gesagt, finde ich es schrecklich. Ich arbeite für eine Gemeinde, und deshalb fragen mich die Leute ständig: »Wie ist es, im geistlichen Dienst zu sein?« Oder: »Wann wusstest du, dass du zum geistlichen Dienst berufen bist?«

Ich bin ein bisschen sarkastisch und viel zu leicht genervt, also frage ich manchmal zurück: »Wann wusstest *du*, dass *du* zum geistlichen Dienst berufen bist?«

»Aber ich bin Erzieherin.«

»Und?«

Das Wort, das im Urtext des Neuen Testaments für geistlichen Dienst verwendet wird, bedeutet nichts anderes als »Dienst« oder »Auftrag«.[57] Dein Dienst – egal welcher – ist dein »geistlicher Dienst«, dein göttlicher Auftrag. Das ist die Rolle, die du innehast, der Platz, den du ausfüllst, der Ort, an dem du dein Ding machst, um für eine Welt zu arbeiten, die dem Garten ähnlich ist.

In unserer Gemeinde ist der Titel »vollzeitlicher Dienst« inzwischen ein Tabu. Immer, wenn jemand neu zum Team stößt, rutscht ihm oder ihr das Wort irgendwann unweigerlich raus, und ich freue mich, wenn unser Team das sofort korrigiert. Keine Sorge, wir tun das freundlich, aber in diesem Punkt sind wir definitiv die Sprachpolizei.

Denn wenn Menschen, die für eine Gemeinde arbeiten, im vollzeitlichen Dienst sind, was sind dann alle anderen? Im Teilzeitdienst? Ehrenamtliche, Amateure, Möchtegern-Berufene? Oder in überhaupt keinem geistlichen Dienst? Von dem Wort »Laie« will ich gar nicht erst anfangen …

Merken wir uns also: Das griechische Wort für »geistlicher Dienst« bedeutet nichts anderes als Dienst. Und wir dienen alle. Wir sind alle im geistlichen Dienst. Manche von uns, wie ich, tun das in einer Gemeinde oder Kirche, und das ist großartig. Aber die überwiegende Mehrheit dient außerhalb der Kirche – als Rettungssanitäter oder Landschaftsarchitektin oder Designerin für Google oder Jäger oder Surflehrer oder Radiologin oder Parkplatzwächter. Das bedeutet nicht, dass du damit nicht dem Reich Gottes dienen kannst. Und es bedeutet definitiv nicht, dass das, was du tust, nicht geistlich ist oder dass es für Gott keine Rolle spielt.

Mit der Trennung in sakral und säkular schließen wir Gott aus dem Großteil unseres Lebens aus.

Deshalb ist es wichtig, mit dieser Ideologie, die unsere Welt in sakral und säkular unterteilt, auf Kriegsfuß zu stehen. Weil sie im Grunde nichts anderes tut, als Gott in eine Schublade zu stecken. Wir haben unsere Schublade für Gott und dann eine für Arbeit und eine andere für Erholung, eine für Ernährung und eine für Sport, außerdem unsere Unterhaltungsschublade und unsere Geldkiste – und so zerschneiden wir unser Leben in winzig kleine Stücke. Und in all dem Masochismus wird Gott zu einem Einzelposten in unserem Haushaltsplan, zu einem Zeitfenster in unserer täglichen Routine, zu einem Gebäude, das wir jeden Sonntag für ein paar wenige Stunden aufsuchen. Gott wird effektiv aus dem Großteil unseres Lebens ausgeschlossen. Und das ist tödlich für ein Leben, wie es Jesus für uns Menschen will – ein gottgesättigtes, ganz von ihm durchdrungenes Leben, das tiefer und reichhaltiger ist, als wir es uns je erträumen können.

● ● ●

Wenn wir Gott in eine fromme Schublade packen, die nichts mit dem Rest unseres Lebens zu tun hat, kann es leicht passieren, dass wir in eines von zwei Extremen verfallen.

Schauen wir uns das eine Extrem an:

Manche Menschen sehen sich selbst als Nachfolger Jesu, aber nur in der Kirche. Sonntags im Gottesdienst und bei anderen Gemeinde-Events sind sie voll und ganz dabei. Sie machen sich Notizen von der Predigt, arbeiten in der Kinderbetreuung mit oder helfen, wenn ein soziales Projekt ansteht. Und vielleicht geben sie sogar den Zehnten.

Aber wenn sie zur Arbeit, ins Kaufhaus oder ins Kino gehen, sind sie genau wie alle anderen. Sie kaufen ein und geben Geld aus und konsumieren und werden hineingesaugt in den immer gleichen alten, ermüdenden und öden Kreislauf von »mehr, mehr, mehr« – genau wie alle anderen auch.

Sie überarbeiten sich und sind genauso ausgebrannt und unausgeglichen wie alle anderen.

Wenn sie Unternehmer sind, machen sie Geschäfte wie jeder andere auch. Sie legen es darauf an, möglichst hohe Gewinne zu erzielen, koste es, was es wolle.

Wenn sie im Marketing arbeiten, verkaufen sie ihre Produkte auf die gleiche Weise wie alle anderen in der Branche auch.

Und das alles gilt für gute Menschen – wirklich, wirklich gute Menschen –, die Jesus zutiefst lieben. Wir sehen das bei Menschen, die eine Menge Geld verdienen und alles für das Reich Gottes geben wollen – für Gemeindegründungen oder Evangelisation oder Kinder in der Dritten Welt oder den Kampf gegen Malaria südlich der Sahara. Und das ist großartig. Ich bin voll dafür. Das ist klar. Aber nur, wenn das, womit du deinen Lebensunterhalt verdienst, auch wirklich genauso gut und erlösend und schön ist. Es ist keine noble Sache, eine Million Dollar zu verdienen und neunzig Prozent davon für einen guten Zweck zu spenden, wenn man dieses Geld mit etwas Billigem oder Hässlichem oder Dubiosem oder Gierigem oder Verschwenderischem oder Zerstörerischem verdient hat.

Welche Art von Arbeit du machst und wie du sie machst, ist mindestens so wichtig wie das, was du mit deinem verdienten Geld anfängst.

Kommen wir nun zum zweiten Extrem:

Da gibt es die Menschen, die meinen, dass ihre Arbeit offenkundig christlich sein muss.

Wenn sie also Musiker sind, müssen sie christliche Musik machen. Wenn sie Lehrer sind, müssen sie an einer christlichen Schule unterrichten. Wenn sie ein Unternehmen gründen, muss es einen Fisch oder ein Kreuz im Logo – oder zumindest auf der Visitenkarte – geben.

Und das ist nicht grundsätzlich schlecht oder falsch. Einiges davon ist wirklich inspirierend. Aber wenn wir *alle* so leben würden, dann könnte es wirklich schräg werden, oder?

Wir könnten in einer Welt enden, in der die Kirche eine Art kulturelles Getto ist. Ein Relikt aus der Vergangenheit, in der wir für atemberaubende Kunst und umwerfende Architektur bekannt waren, die Wissenschaft vorangetrieben und die Wirtschaftstheorie revolutioniert haben. Nur dass wir jetzt für wirklich schlechte Musik und kitschige Designs, für Parodie-T-Shirts und einen seltsamen Stammesdialekt bekannt sind, den niemand außer uns versteht. Die Welt würde einfach ohne uns weitermachen, vielleicht sogar über uns spotten oder uns als hinterwäldlerisch verlachen und eine völlig andere Art von Kultur gestalten – *ohne* uns.

Mann, das wäre wirklich ätzend.

Neulich habe ich diesen Satz gelesen: »*Christ* ist ein großartiges Substantiv, aber *christlich* ist ein schlechtes Adjektiv.«[58]

Es gibt keine christliche Musik, denn eine Melodie kann nicht christlich sein. Das kann nur ein Songwriter.

So etwas wie christliche Kunst gibt es nicht, denn eine Leinwand kann nicht mit dem Geist des lebendigen Gottes erfüllt werden. Das kann nur ein Künstler, eine Künstlerin.

Und natürlich gibt es kein christliches Klempnerunternehmen – ein Unternehmen kann ebenso wenig christlich sein wie ein Rohr oder ein Waschbecken oder eine Toilette oder ein Duschkopf. Nur der Mensch selbst, der diese Dinge installiert, kann Jesus nachfolgen. Und er oder sie kann sein Geschäft so betreiben, dass es die Vision des Reiches Gottes verwirklicht, und in diesem Sinne ist das Geschäft christlich. Aber das ist auch alles.

Wir sehen das bei Menschen, die einen tollen Job haben und vielleicht sogar etwas wirklich Gutes für die Welt tun, aber das Gefühl haben, dass es nicht gut genug ist. Sie wollen etwas tun, »das etwas bewegt«. Also kündigen sie und arbeiten für eine gemeinnützige Organisation oder ein christliches Werk. Und das ist nicht automatisch schlecht. Wir wissen alle, dass manche Arbeit mehr bewegt als andere. Traurig ist es, wenn Menschen denken, dass die Arbeit in einer gemeinnützigen oder christlichen Einrichtung geistlich ist und die Arbeit in einem säkularen Unternehmen nicht. Als ob sie für eine christliche Institution arbeiten müssten, um Jesus wirklich zu dienen.

• • •

Ich habe gerade eine kurze Pause eingelegt, um in das Café unten zu gehen und mit meinem Freund Joe einen Kaffee zu trinken. Joe arbeitet für Apple. Viele Leute denken, dass mein Job geistlicher ist als Joes Job. Schließlich schreibe ich gerade ein Buch über Arbeit und Ruhe und was das alles mit Gott zu tun hat. Aber die Sache ist die: Ich schreibe es an einem Computer. Ich könnte das, was ich tue, nicht halb so gut tun, wenn Leute wie Joe nicht jeden Morgen aufgestanden und zur Arbeit gegangen wären.

Das Spielchen »Wessen Job ist wichtiger?«
wird sehr schnell langweilig.

Wir müssen uns daran erinnern, dass Arbeit an sich gut ist, und zwar *an sich*. Wenn du also IT-Spezialist bei einem Handyhersteller bist und deine Fähigkeiten woanders einsetzen kannst, um Ungerechtigkeit zu bekämpfen, den Hunger in der Welt zu besiegen oder den Namen Jesus bekannt zu machen – fantastisch. Tu es. Solange du weißt, dass es ausreicht, IT-Spezialist zu sein. Was du tust, ist wichtig. Du machst es möglich – zusammen mit vielen anderen

Menschen, die für dein Unternehmen arbeiten –, dass Menschen zum Telefon greifen können, um jemanden anzurufen, den sie lieben, überall auf der Welt, zu jeder Tageszeit. Das, mein Freund, ist Arbeit für den Garten. Was du tust, ist ein Geschenk für den Rest von uns. Danke, dass du uns dienst.

Vielleicht denkst du jetzt: »Ja, aber der Marschbefehl von Jesus lautete, Menschen zu Jüngern zu machen, und nicht, IT-Probleme für *Comcast* zu lösen.«

Das stimmt. Aber manche Exegeten weisen darauf hin, dass es eine Parallele gibt zwischen dem Kulturauftrag in 1. Mose 1 – »Seid fruchtbar und vermehrt euch und bevölkert die Erde und nehmt sie in Besitz« – und dem sogenannten Missionsbefehl in Matthäus 28 – »Geht zu allen Völkern und macht sie zu Jüngern«. Sie vertreten die These, Jesus formuliere den kulturellen Auftrag angesichts der menschlichen Sünde außerhalb von Eden und im Hinblick auf sein anbrechendes Reich neu.

Ich glaube, das stimmt. Und das heißt dann:

Als Nachfolger von Jesus haben wir eine doppelte Berufung.

Nicht eine, sondern zwei Berufungen.

Die ursprüngliche Berufung: die Herrschaft über die Erde und Kultur zu schaffen.

Und eine neue Berufung: Menschen zu Jüngern zu machen. Menschen zu helfen, wieder eine Beziehung zum Schöpfer aufzubauen, damit sie über die Schöpfung herrschen können. Nicht nur, damit sie Vergebung bekommen und in den Himmel gelangen, wenn sie sterben. Sondern damit sie im Geist neu geboren vom Himmel zurückkehren und über die Erde herrschen können, so wie es von Anfang an für sie vorgesehen war – mehr dazu gegen Ende des Buches.

Also: Wenn du als IT-Mitarbeiterin am Montagmorgen zur Arbeit gehst, hast du nicht nur eine, sondern zwei Berufungen. Erstens: Du bist dazu berufen, eine wirklich gute IT-Mitarbeiterin zu sein. Du sollst die Computersysteme deines Unternehmens zum Laufen bringen. Damit arbeitest du auch für Eden. Und zwar vollgültig.

Aber du hast auch den Auftrag, Menschen zu Jüngern zu machen. Den Menschen von deinem Rabbi zu erzählen. Und so zu leben, dass die Leute Fragen stellen – nicht nur über IT, sondern über das Leben, den Sinn, das Ziel, die Freude, den Frieden, die Gemeinschaft, die Hoffnung ... und warum du ein bisschen anders bist als die meisten ITler, die sie kennen. So kannst du Menschen hoffentlich neugierig machen, diesen Jesus selbst kennenzulernen und mit ihm zusammenzuarbeiten, um gemeinsam Kultur zu schaffen. Den Garten zu bebauen.

Die neue Berufung, Menschen zu Jüngern zu machen, hebt die ursprüngliche Berufung, Kultur zu schaffen, keineswegs auf. Es ist ein Sowohl-als-auch. Eine doppelte Berufung.

Nun konzentriert sich die Kirche – meine eingeschlossen – in der Regel viel mehr auf die Berufung, Jünger zu gewinnen, als auf die Berufung, Kultur zu schaffen. Und das ist ja auch nicht ganz falsch. Ich glaube fest daran, dass die Berufung, Menschen zu Jüngern zu machen, absolut zentral ist.

Aber wir müssen *beides* tun.

Wir vergessen leicht, dass Jesus Bau-Fachmann oder Zimmermann war. Eigentlich heißt das Wort im Griechischen *tekton*, und es bedeutet einfach »Arbeiter«.

Jesus lebte im Norden Israels in einem Dorf namens Nazareth. Ich war schon mal dort. Es gibt dort so gut wie keine Bäume. Wahrscheinlich war das vor zweitausend Jahren auch schon so. Alles im Heimatort von Jesus war aus schwarzem Basaltgestein gebaut. Gelegentlich konnte man sich eine Tür oder einen Schemel aus Holz bauen, aber nur, wenn man genug Geld hatte. Die Vorstellung, dass Jesus in einer Werkstatt Möbel aus Holz herstellte, ist sehr unwahrscheinlich. Vermutlich war er eher das, was wir heute einen Bauarbeiter nennen. Stark, zäh, hart arbeitend. So oder so, er war jahrzehntelang ein *tekton*.

Wenn eine gewöhnliche, unspektakuläre, »weltliche« Arbeit nicht unter der Würde unseres menschgewordenen Schöpfers selbst war, warum sollte sie es für uns sein?

Und Jesus ist nicht das einzige Beispiel. Paulus arbeitete parallel zu seiner Tätigkeit als Gemeindegründer jahrelang als Handwerker – er war Zeltmacher. Einmal sagte er zu seinen Freunden: »Tag und Nacht mühten wir uns ab, um unseren Lebensunterhalt zu verdienen und niemandem zur Last zu fallen, während wir bei euch Gottes Wort predigten.«[59] Paulus betrachtete seine handwerkliche Arbeit nicht als Ablenkung von seiner Berufung für das Reich Gottes, sondern als einen wesentlichen Teil davon. Wenn ein handwerklicher Beruf nicht unter der Würde des produktivsten Autors des Neuen Testaments war, warum sollte ein »weltlicher« Job dann nicht auch für uns gut genug sein?

Worauf ich hinauswill, ist Folgendes: Wenn du Bauarbeiter oder Klempner oder Lehrerin oder Zahnärztin bist, dann bist du kein christlicher Bauarbeiter oder ein christlicher Klempner oder eine christliche was auch immer.

Du bist Christ, Christin – jemand, der Jesus, dem Messias und Herrn der Welt, folgt.

Und du bist Zahnhygienikerin. Oder Profi-Fußballspieler. Oder … Setz ein, was für dich passt.

Mach also deinen Job – egal welchen – als jemand, der Jesus folgt. Denn es gibt keine Schubladen! Für Gott ist *alles* wichtig. Der Lebensstil von Jesus sollte jede Facette unseres Lebens durchdringen, beeinflussen und prägen.

Vielleicht bedeutet das, dass du dein kleines Unternehmen nutzt, um dich für mehr Gerechtigkeit und Barmherzigkeit einzusetzen – du stellst Mitarbeiter ein, die vielleicht woanders wenig Chancen haben, und sponsorst mit einem Teil deines Gewinns Kinder aus einkommensschwachen Familien und sorgst dafür, dass deine Produkte nachhaltig für die Umwelt sind und die lokale Wirtschaft fördern.

Aber vielleicht bedeutet es auch nur, dass du zu deiner Arbeit als Buchhalterin erscheinst und diese Arbeit *wirklich gut* machst. Und auch dadurch wird die Welt ein besserer, garten ähnlicherer Ort. Und jeden Tag, wenn du zur Arbeit kommst, verkörperst du den Lebensstil von Jesus, sodass deine Chefin, deine Kollegen, deine Geschäftspartner und deine Kundinnen einen Eindruck davon bekommen, wie man lebt, wenn man zu Jesus gehört. Und dass sie hoffentlich den Drang verspüren, Jesus kennenlernen zu wollen.

Du musst wissen, dass das genug ist. Es ist sogar mehr als genug. Es ist wunderschön.

• • •

Vielleicht liest du dieses Buch und kommst zu der Erkenntnis, dass das, was du beruflich tust, nicht deine Berufung ist. Es entspricht nicht dem, wie Gott dich geschaffen hat. Und es trägt nicht dazu bei, dass Menschen sich entfalten. Du merkst, du musst deinen Job kündigen oder dein Studienfach wechseln oder ans andere Ende der Welt ziehen, um das zu tun, was Gott in dein Herz gelegt hat.

Leg los.

Aber meine Hoffnung und mein Gebet ist, dass die meisten von euch anfangen zu erkennen, dass das, was ihr beruflich tut, bereits eine Berufung ist und dass es wichtiger ist, als ihr bisher dachtet. Selbst wenn es absolut nichts »Frommes« ist, hat es dennoch theologisches Gewicht und theologische Rückendeckung und Schubkraft.

Denn wir leben in einer Welt ohne Schubladen.

Für Menschen, die von Gottes dynamischem Geist erfüllt sind, ist das Heilige nie weit weg.

Für Menschen, die geistlich sind, ist die Grenze zwischen Himmel und Erde bestenfalls dünn. Und dein Job, dein Beruf oder was immer du den ganzen Tag tust, ist nicht irgendetwas, das nichts mit der Berufung Jesu für dein Leben zu tun hat – es ist exakt das Zentrum deiner Berufung.

Kavod-Schönheit

Heute Morgen bin ich sehr früh aufgestanden, um den Sonnenaufgang zu beobachten. Diesmal war es besonders spektakulär. Denn es war ein kleines bisschen bewölkt, gerade genug, um es interessant zu machen. Und die Sonne erwachte mit einem Kaleidoskop aus Gelb, Orange, Rosa und Rot – eine richtige Farbexplosion am Himmel.

Es macht etwas mit mir, wenn ich so dasitze und das alles in mich aufsauge. Es weckt ein schlummerndes Gen tief in mir, einen uralten, ursprünglichen Teil, der sich lange versteckt hat. Es zapft diese tiefe Quelle der Dankbarkeit an, diese Ahnung von Wundern und Geheimnissen. Plötzlich fühlt sich Gott so real an, so nah, so gut. Und ich empfinde ein überwältigendes Gefühl von Frieden und Hoffnung und vielleicht sogar Optimismus. Dieses Gefühl, dass es nicht so schlimm ist, wie ich denke, und dass irgendwie alles gut wird.

Mann, ich sollte öfter mal so früh aufstehen.

Aber neulich hatte ich genau dasselbe Gefühl, nur dass es nicht von einem Sonnenaufgang ausgelöst wurde, sondern von einem Möbelstück in meinem Wohnzimmer. Vielleicht klingt das jetzt seltsam für dich, aber ich habe so ein Faible für Architektur und Design. Wenn ich nicht so leidenschaftlich gerne unterrichten oder schreiben würde, dann wäre das mein Traumberuf: Möbel entwerfen. Und ich weiß von ein paar peinlichen Versuchen meinerseits gerade genug übers Möbeldesignen, um einschätzen zu können, wie anspruchsvoll diese Arbeit ist. Das Maß an Präzision, das man braucht, ist überwältigend. Es ist eine Handwerkskunst im wahrsten Sinn des Wortes.

Dieses Möbelstück, das dieses besondere Gefühl in mir auslöste, ist ein Buffetschrank, den ich gerade bei einem Designer bestellt habe. Es ist eine Einzelanfertigung, ein Unikat. Massives Walnussholz aus Radialschnitt, durch den es diese besondere Struktur bekommt, leicht eingeölt, ohne Lack. Und die handwerkliche Arbeit ist erstklassig. Jedes Mal, wenn ich innehalte und dieses Möbelstück ansehe, überkommt mich so ein unmittelbares Gefühl von Dankbarkeit. Es lodert spontan in mir auf wie eine Flamme. Meine unwillkürliche, intuitive Reaktion ist: »Danke, Gott, dass du so gut bist.« Ich kann einfach nicht anders, als hinter dem Baum, der jetzt ein wunderschöner Buffetschrank ist, den Gott zu sehen, der diesen Baum geschaffen hat, und auch das Ebenbild Gottes, das daraus dieses Möbelstück gefertigt hat. Später habe ich herausgefunden, dass Matt, der diesen Schrank gebaut hat, ebenfalls Christ ist, aber als ich das Teil bestellte, hatte ich keine Ahnung davon. Auch wenn es nur ein Möbelstück ist – ein bearbeitetes Stück Holz in meinem Haus –, es macht mir irgendwie bewusst, dass ich von allen Seiten von Gott umgeben bin.

Vielleicht ist es für dich kein Designerstück, sondern ein wirklich gutes Essen oder ein Konzert oder ein Lachen, wenn du in einer lauen Sommernacht mit Freunden am Tisch sitzt.

Es gibt diese Aha-Momente. Wenn wir wach werden für die Realität, Nähe und Güte unseres Schöpfers.

Was *ist* das? Ich glaube, es ist das, was die Autoren der biblischen Bücher die »Herrlichkeit Gottes« nennen.

Viele Menschen denken bei Herrlichkeit Gottes an seinen Ruhm oder eine Art glänzenden Promi-Status. Als ob die Herrlichkeit davon abhinge, wie viele Follower Jesus bei Instagram hätte. Ich bin mir zwar sicher, dass Jesus eine Menge Follower hätte, aber ich denke doch, das geht am Thema vorbei.

Im Hebräischen ist das Wort für »Herrlichkeit« *kavod*. Wörtlich bedeutet es »gewichtig« oder »schwer«.

Gottes Herrlichkeit ist also sein Gewicht. Seine Schwere. Die Idee hinter *kavod* ist der Stellenwert Gottes. Er ist *gewichtig*, wie in »wichtig«.

Gottes Herrlichkeit zeigt: Es gibt etwas an Gott, wovor wir Ehrfurcht haben.

Und in der ganzen Bibel geht es bei der Herrlichkeit Gottes um zwei Dinge: Gegenwart und Schönheit.

Gottes *kavod* wohnte im Tempel in Jerusalem, dem Zentrum des israelischen Glaubens, dem Portal zum Himmel. Eine Wolke füllte den Tempel von oben bis unten aus und wurde *kavod JHWH* oder die »Herrlichkeit des Herrn« genannt.

In 2. Chronik 7 wird berichtet, wie König Salomo und ganz Israel zusammenkommen, um den neu erbauten Tempel Gott zu weihen. Zehntausende von Menschen hatten sieben Jahre lang daran gearbeitet und ihn zu einem architektonischen Meisterwerk gemacht. Salomo spricht ein erstaunliches Gebet, mit dem er den Tempel Gott weiht, und dann lesen wir:

> Als Salomo sein Gebet beendet hatte, fiel Feuer vom Himmel und verzehrte die Brandopfer sowie alle anderen Opfer, und die herrliche Gegenwart des Herrn erfüllte den Tempel. Die Priester konnten das Haus des Herrn nicht betreten, weil die herrliche Gegenwart des Herrn darin war.
> Als die Israeliten sahen, wie das Feuer vom Himmel fiel und die herrliche Gegenwart des Herrn den Tempel erfüllte, warfen sie sich zu Boden und beteten den Herrn an und lobten ihn: »Seine Güte ist so groß! Seine Gnade bleibt ewig bestehen.«[60]

Gottes *kavod* ist hier nicht sein Ruhm, sondern seine *Gegenwart* – die Tatsache, dass er da ist: nicht weit weg, sondern nah. Himmel und Erde sind vereint, wenn auch nur für einen Moment. Und sie ist seine *Schönheit* – dieses überwältigende Erkennen, wie gut er tatsächlich ist.

Wie reagieren die Menschen, wenn sie Gottes *kavod* sehen? Genauso wie ich, wenn ich bei Sonnenaufgang am Fenster sitze oder an meinem Buffetschrank vorbeigehe – mit Anbetung, Lob und Dankbarkeit dafür, *wer* und *wie* Gott ist.

Die Realität ist: Gottes *kavod* ist überall.

Sie wohnte im Tempel, in einer dicken, undurchdringlichen Wolke, aber dann lesen wir in den Psalmen: »Der Himmel verkündet die Herrlichkeit Gottes und das Firmament bezeugt seine wunderbaren Werke.«[61] Gottes Herrlichkeit ist in jedem Quadratzentimeter dieses Universums.

> Gottes Gegenwart und Schönheit erfüllen alles.

Gottes *kavod* ist also im Tempel genauso wie im Gürtel des Orion, in den Bergen der Sierra Nevada und in dem Park vor meiner Haustür.

Oder, um es in unsere Zeit zu übertragen: Gottes *kavod* ist am Sonntag in der Gemeinde, wenn wir zum Gottesdienst zusammenkommen, und am Strand, zu dem wir fahren, um dort den Sonnenuntergang zu genießen.

Natürlich ist die Herrlichkeit Gottes an manchen Orten dichter als an anderen. Die Wolke im Tempel war etwas ganz anderes, aber die *kavod* ist überall. Man kann sie nicht einschränken oder eindämmen oder einplanen oder in eine Schublade stecken oder zur Marke erklären oder für sich beanspruchen oder kontrollieren oder vor ihr davonlaufen. Alles, was man tun kann, ist, die Augen zu schließen und wie ein Blinder zu leben – oder die Augen zu öffnen und sich plötzlich auf dem Boden kniend wiederzufinden, in tiefer Anbetung.

Es war der Prophet Habakuk, der sagte, dass wir auf eine Welt zusteuern, in der »die ganze Erde … die Herrlichkeit des Herrn erkennen und davon erfüllt sein [wird], so wie Wasser das ganze Meer füllt«[62]. Im Moment weiß also noch nicht jeder von Gottes *kavod*. Einige Menschen sind blind dafür oder vergesslich, aber in naher Zukunft wird jeder davon wissen. Denn ein Bewusstsein für Gottes *kavod* wird die Erde erfüllen, so wie Wasser das Meer füllt.

Was hat nun dieses ganze Gerede über Gottes Herrlichkeit mit Arbeit, Ruhe und unserem Menschsein zu tun?

Gut, dass du nachfragst.

Eine der irritierendsten Anweisungen im Neuen Testament stammt vom Apostel Paulus, und zwar: »Was immer ihr esst oder trinkt oder tut, das tut zur Ehre Gottes!«[63]

Wir leben in einer Phase, in der sich gewissermaßen die Zeitalter überschneiden. Ein Theologe nannte es »die Zeit zwischen den Zeiten«[64]. Weil so viele Menschen blind sind für die Herrlichkeit Gottes, sollen wir als Gottes Volk so leben, dass die Menschen beginnen, Gottes Gegenwart und Schönheit zu sehen. Aber man beachte die Beispiele von Paulus. »Was immer ihr esst oder trinkt …« Was könnte banaler und alltäglicher sein als Essen und Trinken? Und dann sagt Paulus: »… oder tut.« Wow, also egal, was wir tun, alles – auch das Alltäglichste, Nebensächlichste in unserem Leben – soll zu Gottes Ehre getan werden. Anders ausgedrückt: Es soll auf Gottes Herrlichkeit hinweisen.

Die Frage ist also, wie wir Gott mit unserem gesamten Leben verherrlichen können, nicht nur mit den offensichtlich »geistlichen« Dingen, sondern mit allem, was wir tun – sogar mit Essen und Trinken.

Für manche Menschen ist die Antwort einfach: nämlich indem du Pastorin oder »Missionar« bist (ich setze das in Anführungszeichen, nicht um die Rolle von Missionaren herunterzuspielen, sondern um anzuerkennen, was für ein unscharfer Begriff das ist. Technisch gesehen sind alle Nachfolger von Jesus Gesandte oder Missionare). Oder indem du Vater, Mutter oder Songwriter bist oder wenn du für eine christliche Organisation arbeitest – da kannst du immer irgendwo über Jesus sprechen. Dann ist es klar.

Aber was ist, wenn du Assistentin der Geschäftsführung in einer Anwaltskanzlei bist? Oder Mechatroniker in einem Autohaus? Oder Bundestagsabgeordnete? Oder Zollbeamter? Versicherungsmaklerin? Wie verherrlichst du Gott mit dem, was du in deinem Leben tust?

Mein Schwager Steve ist Designer. Er und meine Schwester wohnen in der Innenstadt von Los Angeles in einem Loft – und zwar nicht in einem millionenschweren, nagelneuen Pseudo-»Loft« aus Glas und Stahl in einem angesagten Neubaugebiet der Stadt. Nein, in einem echten Loft – in einem ehemaligen Lagerhaus, mit einem Garagentor als Eingang, Betonboden, vergitterten Fenstern und mit einigen Damen in extrem kurzen Röcken draußen an der Straßenecke. Dort wohnen nur »Vollzeitkünstler«.

Steve macht wirklich tolle Sachen. Er hatte jahrelang eine Jeans-Firma, jetzt designt er Möbel und Taschen. Hochwertige aus Leder, sehr stilvoll, und alles wird lokal in L. A. hergestellt.[65] Steve liebt Jesus auch. Sehr sogar. Er ist einer der jesusähnlichsten Typen, die ich kenne. Aber die Frage, mit der Steve sich gerade herumschlägt – und mit der wir uns alle irgendwie herumschlagen müssen –, ist: Wie kann er Gott verherrlichen, indem er Taschen designt? Soll er das Wort »Jesus« ins Leder eingravieren? Oder den Riemen wie ein Kreuz formen? Oder näht er »Johannes 3,16« ins Futter? Oder stopft er eine Taschenbuchausgabe des Markusevangeliums in jede neue Tasche?

Oder stellt er einfach nur eine sehr, sehr schöne und hochwertige Tasche her?

Wie können wir Gott mit einer Arbeit verherrlichen, die in keinem offenkundig christlichen Kontext steht?

Also, meine Sicht ist Folgende: Wir sind das Ebenbild Gottes, richtig? Unsere Aufgabe ist es, den unsichtbaren Gott sichtbar zu machen – zu spiegeln und nachzuahmen, wie er ist, damit die Welt es sehen kann.

Wir können Gott durch unsere Arbeit verherrlichen: durch das, was wir tun, und dadurch, wie wir es tun.

Gehen wir das der Reihe nach durch.

Erstens: durch das, *was* wir tun.

Der christliche Autor John Stott, ein Anglikaner, sagte, die Art von Arbeit, zu der Christen berufen sind, sei »der Einsatz von Energie (manuell oder geistig oder beides) im Dienst an anderen, der dem Arbeitenden Erfüllung, der Gemeinschaft Nutzen und Gott Ehre bringt«.[66]

Die meisten von uns verstehen den ersten Teil dieser Definition: »Erfüllung für den, der die Arbeit tut«. Idealerweise sollte deine Arbeit eine Berufung sein, eine Tätigkeit, für die du dich von Gott geschaffen fühlst und die du wirklich gern tust. Und viele von uns verstehen auch den zweiten Teil: »Nutzen für die Gemeinschaft«. Deine Arbeit sollte die Welt zu einem Ort machen, der dem Garten immer ähnlicher wird. Aber was ist mit »Gottes Ehre«? Mit seiner Herrlichkeit? Wie können wir *das* erreichen?

Na ja, wenn Gottes Herrlichkeit seine Gegenwart und Schönheit ist, dann verherrlichen wir Gott meiner Meinung nach, indem wir das Rohmaterial der Welt so gestalten, dass für alle, die offene Augen haben, Gottes Herrlichkeit und seine Gegenwart darin sichtbar werden.

Wenn wir ein Kunstwerk sehen, können wir hinter die Kunst schauen und einen Einblick in die Persönlichkeit des Künstlers bekommen.

Wenn wir ein Musikstück hören, können wir hinter die Musik hören und bekommen eine ungefähre Vorstellung davon, wie der Komponist ist.

Wenn wir die Schöpfung sehen, können wir auch hinter die Schöpfung blicken und bekommen ein Bild davon, wie der Schöpfer ist.

Im Römerbrief heißt es:

> Seit Erschaffung der Welt haben die Menschen die Erde und den Himmel und alles gesehen, was Gott erschaffen hat, und können daran ihn, den unsichtbaren Gott, in seiner ewigen Macht und seinem göttlichen Wesen klar erkennen. Deshalb haben sie keine Entschuldigung dafür, von Gott nichts gewusst zu haben.[67]

Theologen nennen das die allgemeine Offenbarung. Es ist die Vorstellung, dass jeder Mensch überall auf der Welt zumindest eine gewisse Offenbarung darüber bekommt, wer Gott ist und wie er ist, einfach dadurch, dass er in seiner Welt lebt. Der Römerbrief greift hier die hebräische Dichtung auf, die wir schon oben gelesen haben: »Die Himmel sprechen von der Herrlichkeit Gottes.«[68]

Wie kann ein Stern von der Herrlichkeit Gottes sprechen? Er ist ein lebloses Objekt. Er gibt keinen Ton von sich, geschweige denn verständliche Worte – wie kann er sprechen?

Indem er ein Stern ist.

Wie kann ein Baum von der Herrlichkeit Gottes sprechen?

Indem er ein Baum ist.

Wie redet ein Löwe von der Herrlichkeit Gottes?

Durch lautes Brüllen.

Wie eine Blume?

Indem sie jeden Frühling ihre Blütenpracht entfaltet.

Wenn wir die Welt so sehen, wie Gott sie vorgesehen hat, so, wie sie sein soll, dann wird Gott verherrlicht, *ohne Worte.*

Denkt an meinen Sonnenaufgang heute Morgen. Manche Menschen sehen einen Sonnenaufgang und sehen nur die Schönheit. Keinen Gott, kein Wunder, kein Geheimnis. Sie spüren keinen Hunger oder Durst tief im Inneren.

Andere Menschen schauen sich einen Sonnenaufgang an, und selbst wenn sie den Namen Jesus noch nie gehört haben, sehen sie im orangefarbenen und gelben Farbenspiel am Himmel die Schönheit *hinter* der Schönheit. Und sie geraten unwillkürlich in staunende Anbetung, indem sie einfach wie gebannt aus dem Fenster schauen.

Das ist Gottes Genialität – die Weise, wie er die Welt geschaffen hat.

Als Menschen, die nach Gottes Ebenbild geschaffen sind, können wir an dieser schöpferischen Arbeit teilhaben.

Als Gottes Partner können wir das Rohmaterial seiner Welt so gestalten, dass die Menschen die Schönheit *hinter* der Schönheit erkennen.

Wir können keinen Sonnenaufgang machen, aber wir können ein herrliches Bild davon malen oder ein wunderschönes Foto davon machen.

Wir können keinen Baum erschaffen, aber wir können einen einzigartigen Schrank daraus bauen.

Wir können die Welt nicht erschaffen, aber wir können sie *gestalten* – zu einem Gebäude, einer App, einem Kleid, einem Buch, einer Mahlzeit, einem Macchiato, einer Schule, einem Medikament, einem Lied, einem Unternehmen oder zehntausend anderen Dingen. Und zwar so, dass die Gegenwart und die Schönheit des unsichtbaren Gottes für alle, die offene Augen haben, mehr als sichtbar werden. Dass sie ihnen förmlich ins Gesicht springen und unübersehbar werden.

Das bedeutet, dass wir lernen müssen, Schönheit um der Schönheit willen zu schätzen. Vielleicht sogar um Gottes willen.

Erinnert ihr euch noch an den Satz aus der Schöpfungsgeschichte: »Es war gut«? Dieses Wort »gut« hat etwas mit gut im ästhetischen Sinn zu tun. Es kann auch mit »lieblich« oder »schön« übersetzt werden. Ein Baum kann nicht gut oder böse sein. Er kann nur schön oder hässlich sein. Und Gott hat ihn schön gemacht.

Nichts an der Schöpfung deutet darauf hin, dass Gott ein geiziger, utilitaristischer, erbsenzählender Pragmatiker ist. Nein, Gott ist ein verschwenderischer, opulenter, extravaganter Künstler, und die Schöpfung ist die Galerie, in der er seine Schönheit präsentiert.

In 1. Mose 2 lesen wir: »Und Gott, der Herr, ließ alle Arten von Bäumen in dem Garten wachsen – schöne Bäume, die köstliche Früchte trugen.«[69] Die Rabbiner ringen mit diesem Vers, denn die Reihenfolge ist in der hebräischen Dichtung von großer Bedeutung. So erzählt man immer zuerst, was wirklich wichtig ist. Und zuerst lesen wir, dass die Bäume »schön« sind. Erst dann lesen wir, dass sie »köstliche Früchte trugen«. Das ist aufschlussreich.

Vielleicht ist das ja auch der Grund, warum es Anhänger von Jesus waren, die zu einigen der größten Künstler der Welt wurden. Sie hatten eine so überzeugende Vision von Gott, dass sie die Welt gestalten mussten, um anderen zu zeigen, wer er ist und wie er ist.

In 2. Mose 31 steht:

> Ich habe Bezalel, den Sohn Uris und Enkel Hurs, vom Stamm Juda auserwählt. Ich habe ihn mit dem Geist Gottes erfüllt und ihm Weisheit, Verstand und Können gegeben, handwerkliche Arbeiten auszuführen. Ich habe ihn befähigt, Pläne für alle anstehenden Arbeiten zu entwerfen, Gegenstände aus Gold, Silber und Bronze zu schaffen, Edelsteine zu schleifen und einzufassen und Holz zu schnitzen.[70]

Der erste Mensch, von dem Gott selbst sagt, er sei »vom Geist Gottes erfüllt«[71], ist also kein Prophet oder Priester oder König – er ist ein Künstler. Und was hat Gottes Geist in ihm bewirkt? Er gab ihm »Weisheit, Verstand und Können«, um »handwerkliche Arbeiten« auszuführen und Kunst zu schaffen.

Der Theologe Ben Witherington III formuliert es so:

> Manchmal denken Christen – vor allem die sparsamen –, das Schaffen von aufwendigen, schönen Kunstwerken, die viel Geld wert sind, sei entweder Geldverschwendung oder zumindest kein gutes Haushalten, wenn nicht sogar grundsätzlich sündhaft. Aber diese Geschichte legt genau das Gegenteil nahe.[72]

In unserem Kampf gegen Ungerechtigkeit, Gier und Verschwendung und in unserer Leidenschaft dafür, den Reichtum des Westens so zu verwalten, wie es dem Reich Gottes entspricht, neigen wir dazu, über das Ziel hinauszuschießen. Wir haben die Tendenz, Dinge abzuwerten, die Gott selbst als wertvoll erachtet, wie Kunst oder Schönheit. Das ist ein Problem. Denn wir beten zu einem Gott, der selbst ein Künstler ist.

Da wir Menschen nach Gottes Bild geschaffen sind, ist jede Arbeit, die wir tun, auch in gewisser Weise künstlerisch. Alle Arbeit ist von Natur aus kreativ. Jede Arbeit – von der Malerei bis zur Kindererziehung – gestaltet das Rohmaterial unseres Planeten so um, dass die Erde immer mehr so wird, wie Gott sie sich gedacht hat, damit wir Menschen aufblühen und uns entfalten und die Herrlichkeit Gottes sehen können.

Was ich sagen will: Die Arbeit mancher Menschen verherrlicht Gott direkt – ein Buch über Gott zu schreiben, eine Predigt über Gott zu halten, ein Lied über Gott zu singen, seinen Kindern Gottes Liebe näherzubringen und so weiter. Aber die Arbeit der meisten Menschen verherrlicht Gott indirekt – und das ist in Ordnung.

Es geht mir hier nicht darum, »dieses ständige Reden von Jesus« abzuwerten. Nein, Jesus sollte uns immer auf der Zunge liegen. Und Gott zu verherrlichen ist nicht dasselbe, wie Menschen zu Jüngern zu machen. Erinnern wir uns: Wir sind zu *beidem* berufen. Mir geht es vielmehr darum, zu betonen:

Alles, was wir tun, kann für Gottes *kavod* getan werden.

Und es geht nicht nur darum, *was* wir tun. Es geht auch darum, *wie* wir es tun.

• • •

Einige von uns haben nicht viel Einfluss darauf, was wir tun. Wir nehmen einen Job an und tun dann, was der Chef sagt. Wir würden gerne etwas herstellen, das schön und nachhaltig und gut für die Erde ist, das in die lokale Wirtschaft zurückfließt und womit etwas gegen Armut, Analphabetismus oder die Malaria in Nigeria getan wird – aber die entsprechenden Entscheidungen werden meilenweit über uns auf der Ebene der Unternehmensleitung getroffen. Und wir sitzen an fünf Tagen pro Woche an unserem Arbeitsplatz oder an unserem Schalter und tun genau das, was man uns sagt. Wie verherrlichen wir Gott in einer solchen Situation?

Durch die Art und Weise, *wie* wir arbeiten.

Wir sind das Ebenbild Gottes, richtig? Unsere Aufgabe ist es also, für die Menschen in unserem Umfeld zu spiegeln und nachzuahmen, wie Gott ist. Wir sollen der Welt zeigen, wie Gott ist.

Wie kann das aussehen?

Hier ein paar Ideen:

- Gott arbeitet im vollen Einsatz, also sollten wir das auch tun.
- Gott ist fröhlich und eifrig und proaktiv, also sollten wir fröhlich sein und zehn Minuten früher zu unserer Schicht erscheinen und uns freiwillig melden, wenn etwas außer der Reihe zu erledigen ist.

- Gott ist ehrlich und wahrhaftig, also sollten wir absolut integer sein – auch wenn das weniger Geld oder keine Beförderung bedeutet.

Warum? Weil wir nach dem Bild Gottes geschaffen sind.

Wir sind dazu da, den unsichtbaren Gott sichtbar zu machen. Du bist der Priester oder die Priesterin deines Büros, deines Klassenzimmers, deiner Wohnung oder deines Arbeitsplatzes. Du bist Gottes Stellvertreterin, Gottes Stellvertreter.

Es kommt also vor allem auf unsere Einstellung an. Machen wir uns einmal klar, wie ätzend die Einstellung zur Arbeit bei vielen Leuten ist. Sie meckern und jammern und schimpfen und tratschen und verleumden einander und trödeln wie verrückt. Wie wäre es, wenn wir als Gottes Leute uns querstellen und auf diese Art und Weise herausstechen würden – und zwar so krass wie ich an Thanksgiving im Haus meiner Schwiegereltern: als der einsneunzig große, schwedisch aussehende Typ in einem Haus voller Kubaner mit einer Durchschnittsgröße von einem Meter fünfundfünfzig.

Eine Mitarbeiterin unserer Gemeinde arbeitet für eine Arbeitsvermittlung. Vor einiger Zeit schickte sie mir eine E-Mail und ließ mich wissen, dass sie ab jetzt so oft wie möglich Jobs an Leute aus unserer Gemeinde vermitteln werde. Ihr Chef – der ganz sicher nichts mit Jesus am Hut hat – sei gerade in ihr Büro gekommen und habe sie gebeten, so viele Leute wie möglich aus »dieser Kirche, in die Sie gehen«, einzustellen, weil das die besten Mitarbeiter seien, die er kriegen könne.

Das ist der Traum, nicht wahr?

Hinsichtlich ihrer Tätigkeit gibt es keinen Unterschied zwischen einem Barista, der Jesus folgt, und einem, der das nicht tut: Sie machen beide genau das Gleiche – richtig guten Kaffee. Aber in der Art und Weise, *wie* sie arbeiten, sollte es einen Unterschied geben: Ein Barista, der Jesus folgt, sollte mit einer Liebe, Demut und Freude an die Sache herangehen, die ansteckend ist und Menschen in seinem Umfeld fragen lässt, warum er so anders ist.

Ich denke an den Satz aus dem Brief des Paulus an die Gemeinde in Thessaloniki:

> Bemüht euch, ein ruhiges Leben zu führen, kümmert euch um eure eigenen Angelegenheiten und – wie schon gesagt – seht zu, dass ihr euch von der Arbeit eurer eigenen Hände ernähren könnt. Dann werden die Menschen um euch herum, die Gott nicht kennen, eure Lebensweise achten, und ihr seid nicht von anderen abhängig.[73]

Wenn wir also gut leben – wenn wir arbeiten und uns ausruhen, und das auf eine Art und Weise, die ruhig und fleißig und produktiv ist, und wir unsere Arbeit nicht missmutig und nörgelnd erledigen oder dauernd Mist bauen oder ständig auf dem Handy daddeln –, dann gewinnen wir den Respekt unserer Mitmenschen.

Die Menschen sehen Gottes Gegenwart und Schönheit darin, wie wir leben.

Oder anders ausgedrückt: Wir verherrlichen Gott.

Es gibt noch einen wichtigen Vers dazu, und zwar im 2. Korintherbrief. Dort verbindet Paulus den Gedanken der Ebenbildlichkeit mit der Herrlichkeit Gottes:

> Von uns allen wurde der Schleier weggenommen, sodass wir die Herrlichkeit des Herrn wie in einem Spiegel sehen können. Und der Geist des Herrn wirkt in uns, sodass wir ihm immer ähnlicher werden und immer stärker seine Herrlichkeit widerspiegeln.[74]

Indem wir also »die Herrlichkeit des Herrn sehen« – wenn wir also tief in Gottes Gegenwart und Schönheit eintauchen und sie in uns aufnehmen und das Anbetung nennen, zum Beispiel wenn wir früh aufstehen, um den Sonnenaufgang zu genießen –, werden wir Gott immer ähnlicher. Wir werden in sein Bild verwandelt.

Moment mal! Ich dachte, wir *seien* bereits Ebenbilder Gottes?

Ja, das sind wir. Aber wir dürfen nicht vergessen, dass wir bisher nur über die ersten beiden Kapitel der Bibel gesprochen haben. Wir sollten uns aber auch noch über 1. Mose 3 unterhalten. Ich will nicht zu weit vorgreifen, aber um es kurz zu machen: Nach der Rebellion der Menschen hat sich alles verändert. Wir tragen immer noch Gottes Ebenbild in uns, aber es ist irgendwie entstellt und verdreht worden. Es ist immer noch da, in jedem Menschen auf diesem Planeten, aber für etliche Menschen ist es nicht mehr zu erkennen.

Die gute Nachricht ist, dass wir durch Gottes heilendes und rettendes Wirken in Jesus und durch den Heiligen Geist wieder in das

Bild unseres Schöpfers verwandelt werden können. Und im Denken des Paulus *ist* dieses Bild die Herrlichkeit. Beides ist synonym.

Je ähnlicher wir Jesus sind und je ähnlicher wir dem Bild Gottes sind, desto mehr sehen die Menschen von der Herrlichkeit Gottes.

Der frühe Kirchenvater Irenäus sagte: »Gottes Ruhm ist der lebendige Mensch.«[75]

Genauso wie ein Baum Gott verherrlicht, indem er einfach nur ein Baum ist, können wir Gott verherrlichen, indem wir einfach nur wirklich gute Menschen sind.

Und die Welt braucht mehr wirklich gute Menschen.

• • •

Kommen wir zum Schluss.

Mag irgendjemand klassische Musik?

Ich schon, irgendwie. Mir geht es mit klassischer Musik genauso wie mit Schach. Ich mag sie durchaus – ab und zu und in kurzen Auszügen, aber nicht allzu oft. Mir gefällt die Vorstellung von klassischer Musik genauso, wie mir die Vorstellung des Schachspiels gefällt – beides gibt mir das Gefühl, ich wäre in eine reiche New Yorker Familie hineingeboren worden und hätte in Yale studieren können. Aber eigentlich wurde ich in eine eher nicht so reiche kalifornische Familie hineingeboren und bin mit den Beatles aufgewachsen, also ist es ein bisschen *fake*.

Aber egal, zurück zur klassischen Musik. Damit hat es noch etwas auf sich, wirklich.

Einer meiner Lieblingskomponisten ist jemand, der wohl bei allen Christen, die klassische Musik mögen, zu den Lieblingskomponisten zählt: Johann Sebastian Bach. Der Mann war ein Genie.

Im Laufe seines Lebens komponierte er weit über tausend Werke.[76] Und das sind nur die uns bekannten Stücke.

Wusstest du, dass Bach seine Musik nicht nur mit seinem Namen signierte? Er setzte immer noch drei weitere Buchstaben darunter: S. D. G. – das ist die Abkürzung für das lateinische *Soli Deo Gloria*, »Gott allein die Ehre«.

Die Sache ist: Die meisten Stücke von Bach haben keinen Text. Sie sind einfach nur richtig gute Musik. Aber wenn ich mich zurücklehne und sie höre, dann macht diese Musik etwas mit mir. Es ist, als ob ich mein ganzes Leben lang geschlafen hätte und keine Ahnung hatte, dass ich schlafe. Aber plötzlich wache ich auf und bin lebendig. Und dieser Teil tief in mir – der Teil, der sich nach Gott sehnt – erwacht zum Leben, und ich beginne zu spüren, dass da mehr ist. Und was immer es ist, oder wer immer *er* ist, ich will dazugehören.

So ist das mit der Herrlichkeit. In einem Moment bist du im Vorhof des Tempels oder im Konzert oder gehst an deinem Lieblingsschrank im Wohnzimmer vorbei oder stellst dich zum Essen an den Stehtisch einer Imbissbude, und im nächsten Moment schwimmst du in *kavod*.

Mir ist durchaus bewusst, dass die meisten von uns nicht wie Bach sind. Die meisten von uns werden kein Konzert schreiben oder ihren Namen auf Wikipedia lesen. Aber wir alle bilden Gott ab, jeder von uns auf seine eigene kleine Weise.

Was wäre, wenn unser Leben – jeder Aspekt davon, aber besonders, *was* wir für Arbeit und Erholung tun, bis hin zu der Art und Weise, *wie* wir es tun – dieses Motto verwirklichen würde: *Soli Deo Gloria?*

Das wäre doch was, oder?

Wunderwerk

So langsam bekommen wir ein Bild davon, was es bedeutet, ein Mensch zu sein. Zumindest hoffe ich, dass es von Seite zu Seite deutlicher wird. Wir sind Gottes Ebenbilder, die geschaffen wurden, um zu herrschen, um gemeinsam mit Gott als seine Partner das »Projekt Schöpfung« voranzutreiben, um das Potenzial der Erde auszuschöpfen und für die Entfaltung der Menschen freizusetzen. Wir sind geschaffen, um mit Gott zusammenzuarbeiten, um eine Zivilisation aufzubauen, in der seine Menschen in Gottes Gegenwart aufblühen können. Und in dieser kosmischen Agenda hat jeder von uns eine Berufung erhalten, einen Ruf von Gott, eine bestimmte Weise, wie Gott uns konstruiert hat, eine Person, die wir sind, und etwas, das wir tun – denn beides verschmilzt in perfekter Symmetrie.

Wenn wir all das für die *kavod* Gottes tun wollen, müssen wir in dem, was wir tun, wirklich gut werden.

Wirklich, wirklich, *wirklich* gut.

Als Lehrerinnen und Lehrer müssen wir unser Fach unglaublich gut unterrichten.

Als Software-Ingenieure müssen wir uns etwas Geniales einfallen lassen, um die Welt zu einem besseren Ort zu machen.

Als Vollzeiteltern müssen wir Kinder in ihrer Entwicklung fördern, die Voraussetzungen dafür schaffen, dass sie Jesus kennenlernen und ihm folgen und so ihr ganzes Potenzial ausschöpfen können.

Wie sagt meine Frau immer? Wir müssen die beste Version von uns selbst sein.

Aber das ist nicht einfach im Zeitalter von Smartphones und Wi-Fi und Globalisierung und Reisen und Nonstop-Multitasking – unsere Kultur ist zerrissen und wird in tausend verschiedene Richtungen gezerrt.

Wir sind zerrissen und werden in tausend verschiedene Richtungen gezerrt. ADHS, Stress, Arbeitssucht, Burn-out, weltweite Vernetzung – das sind Worte, die wir uns ausdenken müssen, um eine Welt zu beschreiben, die aus den Fugen gerät.

Es gibt da eine Redensart, die mich nervt. Vielleicht hast du sie auch schon gehört: »Ich kann alles ein bisschen, aber nichts richtig.«

Das sagt jeder Kerl, wenn er etwas im Haus repariert: »Oh, du kennst mich ja, ich verstehe von allem ein bisschen, kann aber nichts richtig. Ha ha.«

Ehrlich gesagt, ich finde das nicht lustig. Es ist zu nahe an der Realität. Viel zu viele von uns können nichts vorweisen, worin sie wirklich gut sind.

Eigentlich ist dieser Spruch ein entstelltes Zitat. Ursprünglich geht der Satz direkt zurück auf Mr Hundertdollarschein höchstpersönlich, Benjamin Franklin.[77] Was er tatsächlich gesagt hat, war: Jeder sollte von allem etwas verstehen und eine Sache perfekt beherrschen. Also genau das Gegenteil. Er sagte, dass jeder Mensch in einer Sache unglaublich gut werden sollte. Klar, auch vielseitig zu sein ist super, von allem ein bisschen zu wissen, sich auszuprobieren … Alles schön und gut, solange du in einer Sache ein Meister, Künstler, Spezialist, Experte, Kenner, Checker, Inhaber des schwarzen Gürtels, Maestro – ich glaube, du siehst meinen Punkt – bist.

Franklin hat da etwas Wahres erkannt.

Nun, deine »eine Sache« könnte ein kleines Spezialgebiet sein, wie z. B. Möbeldesign oder frühkindliche Erziehung oder Ägyptologie (ja, so was gibt es) oder Bibelauslegung oder wie man Falafel macht.

Oder deine »eine Sache« könnte breit gefächert sein, wie Verkauf, Management oder Kundendienst. Beides ist in Ordnung.

Aber Männer und Frauen, die wirklich gut in dem sind, was sie tun, haben etwas Besonderes an sich.

Neulich war ich in San Francisco. Jedes Mal, wenn ich dort bin, gehe ich in dieses eine Herrenbekleidungsgeschäft, wo sie maßgeschneiderte Hemden zu einem fairen Preis anbieten. Ich muss dazu sagen: Mein Körper ist ein bisschen eigenwillig. Mir passt irgendwie nichts von der Stange, zumindest nicht gut. Mein Oberkörper ist mittelgroß, meine Arme sind XXL, und mein Hals ist XS. Außerdem sind meine Schultern schief und ein Arm ist länger als der andere. Um einen Schneider zu zitieren: »Ihr Körper ist nach oben hin recht verschoben.« Na, vielen Dank!

Dann entdeckte ich eines Tages diesen Herrenausstatter. Es war für mich wie ein Glückstreffer. Als ich das letzte Mal dort war, habe ich ein neues Hemd bestellt. Es dauert immer ein bisschen, bis man die Stoffe ausgesucht hat und der Schneider die Maße genommen hat, also kommt man ins Gespräch. Der Schneider, er heißt Ryan, war faszinierend.[78] Er war aus Nashville hergezogen, um »Anzüge zu schneidern«. Ich wusste nicht einmal, dass das ein Beruf ist. Anzüge sind seine Leidenschaft. Er ist der Meinung, dass Männer Geld, Zeit und Material verschwenden, wenn sie im Laufe ihres Lebens ein Dutzend billiger, minderwertiger Anzüge kaufen, obwohl sie eigentlich nur ein oder zwei hochwertige, gut gemachte, maßgeschneiderte Anzüge brauchen. Im Moment arbeitet er in diesem Geschäft, aber sein Traum ist es, nur noch Anzüge zu nähen.

Immer, wenn ich einem Menschen wie ihm begegne, sagt mir etwas in mir unterschwellig: »So sieht ein Mensch aus, der nach dem Bild Gottes geschaffen wurde.« Und für alle, die Augen haben, zu sehen – ich denke, dass er Gott verherrlicht.

Das ist es, was wir in Jesus von Nazareth sehen. Die meisten von uns sehen Jesus nicht auf diese Weise, als einen Arbeiter, der wirklich gut in seinem Job war. Aber das war er. Er hatte einen Beruf.

Erinnern wir uns: Bevor er ein bekannter Rabbi wurde, war er mindestens zwei Jahrzehnte lang im Verborgenen als *tekton* tätig. Er arbeitete sechs Tage in der Woche hart und ruhte sich dann am Sabbat aus, als Ausdruck der Anbetung. Und dann ging das Ganze von vorn los.

Wenn Jesus heute käme, könnte er Software-Ingenieur oder Deutschlehrer oder Autor von historischen Romanen oder Automechaniker oder Journalist sein. Mit anderen Worten, er könnte genauso gut das tun, was du tust. Er könnte in deinem Haus oder deiner Wohnung leben, deinen Beruf ausüben, deine Ausbildung und deine Fähigkeiten haben, und nichts davon würde ihn davon abhalten, rund um die Uhr im Reich Gottes zu leben.[79]

Jesus nachzufolgen heißt einfach, sich immer wieder zu fragen: »Wenn Jesus an meiner Stelle wäre, wenn er in meiner Stadt leben würde, wenn er meinen Beruf hätte, meine Ausbildung, mein Gehalt, meine Familie, wie würde er leben?«

Das ist *die* Frage.

Für Menschen, die Jesus folgen, ist das Leben nichts anderes als die Suche nach einer guten Antwort.

In der Nachfolge geht es darum zu lernen, wie man ein Mensch wird, der richtig gut darin ist, Ebenbild Gottes zu sein.

Und wie man seine *beiden* Berufungen umsetzt: nämlich die, Menschen zu Jüngern zu machen, und die, Kultur zu schaffen.

In meiner Kirche haben wir Gruppen für frisch Verheiratete, weil wir wirklich glauben, dass die Ehe wichtig ist und dass wir gute Ehepartner sein müssen, wenn wir Jesus nachfolgen wollen. Und das ist großartig.

Aber warum haben wir keine Gruppen für »neu eingestellte Buchhalter« und »neu eingestellte Investmentbanker« und »neu eingestellte Feuerwehrleute«? Denn wenn wir wirklich glauben, dass das, was wir tun, *wichtig* ist, und wenn wir Jesus nachfolgen wollen, dann müssen wir gute Buchhalter und gute Investmentbanker und gute Feuerwehrleute sein.

Verstehst du deine Arbeit als einen wesentlichen Teil deiner Nachfolge Jesu und als die wichtigste Weise, wie du an seinem Werk der Erneuerung beteiligt sein kannst?

Wenn nicht – du solltest es tun.

Zu lernen, wie man eine wirklich gute Mutter oder ein guter Vater für seine Kinder wird, und zu lernen, wie man ein wirklich guter Jünger von Jesus wird, *ist genau dasselbe.*

Zu lernen, wie man eine wirklich gute Drehbuchautorin in Hollywood und eine wirklich gute Nachfolgerin von Jesus wird, *ist genau dasselbe.*

Zu lernen, wie man ein wirklich guter Mitarbeiter bei einem Automobilhersteller und ein wirklich guter Jünger von Jesus wird, *ist genau dasselbe.*

Ahnst du, worauf ich hinauswill?

Ja, Jesus ist das Musterbeispiel dafür, wie Gott aussieht. Wenn du wissen willst, wie Gott ist, schau dir Jesus von Nazareth an. Aber das Geheimnis der Inkarnation ist, dass Jesus auch das Musterbeispiel dafür ist, wie echtes, wahres *Menschsein* aussieht.

Jesus ist der Sohn Gottes *und* er ist ein Sohn Adams.

Wenn du wissen willst, wie ein Mensch, der ganz und gar wach und lebendig ist und der als Kanal für die Liebe des Schöpfergottes über die Welt herrscht, in Fleisch und Blut aussieht – dann schau dir Jesus an.

• • •

Nehmen wir uns ein paar Minuten Zeit, um über das Leben und die Arbeit von Jesus nachzudenken, denn ich denke, das könnte die Art und Weise verändern und prägen, wie wir über *unser* Leben und *unsere* Arbeit denken.

Eine der ersten Geschichten, die wir über Jesus im Neuen Testament lesen, dreht sich um seine Taufe. Es ist diese Schlüsselszene, bei der Jesus von Johannes dem Täufer im Jordan untergetaucht wird und nach dem Auftauchen erlebt, wie der Himmel aufreißt und Gottes Stimme sagt: »Du bist mein geliebter Sohn, an dir habe ich große Freude.«[80]

Nun war »Sohn Gottes« nicht nur ein Ausdruck dafür, dass Jesus eine besondere Beziehung zum Vater hatte, obwohl das zweifellos zutrifft. Aber in den hebräischen Schriften war »Sohn Gottes« ein Name für Israel und später für den Messias, den Repräsentanten Israels, eine königliche Gestalt am Horizont, die Israels Geschichte zu ihrem Höhepunkt führen sollte und mit der das Reich Gottes beginnen würde.

Die Taufe ist für Jesus also ein wichtiger Wendepunkt in seinem Leben, an dem er unglaubliche Klarheit darüber bekommt, wer er ist und wozu er berufen ist. Zweifellos hatte Jesus schon Jahre vorher, während er in Nazareth aufwuchs, eine Vorstellung davon, aber seine Taufe ist *der* Moment – hier wird sein Lebensauftrag öffentlich bestätigt.

Und Jesus – frisch ausgerüstet mit einer Berufung, mit einem Ruf von Gott – zieht los, »um die Botschaft Gottes zu predigen. ›Jetzt ist die Zeit gekommen‹, verkündete er. ›Das Reich Gottes ist nahe!‹«[81]

Innerhalb kürzester Zeit spricht es sich überall herum, dass es da einen Rabbi namens Jesus gibt, der radikale, aufrüttelnde, gefährliche, aufregende neue Dinge predigt, der Kranke heilt, Dämonen austreibt, sich gegen die religiöse Elite stellt und, wie manche behaupten, sogar Tote auferweckt. Manche meinen sogar, er sei mehr als ein Rabbi, er sei ein Prophet oder sogar der Messias. Und manche meinen, er könnte noch mehr sein als das …

An seinem zweiten Arbeitstag geht Jesus sehr früh am Morgen aus dem Haus, um zu beten. Seine Jünger finden ihn ein paar Stunden später und sagen: »Alle fragen nach dir.« Sprich, für mein Land würde das heißen: »CNN hat angerufen, sie wollen eine Reportage machen. Oprah wartet draußen. Die *New York Times* fragt an wegen eines Kommentars.«

Sie erwarten, dass Jesus sagt: »Klar. Machen wir alles.« Aber stattdessen sagt er: »Wir müssen auch in die anderen Städte gehen, damit ich auch dort predige; denn dazu bin ich gekommen.«[82]

So hört sich ein Nein bei Jesus an.

Warum sollte Jesus eine solche Gelegenheit ausschlagen?

Jesus wusste, wozu er berufen war, und auch, wozu er *nicht* berufen war.

Er war nicht nur nach Kapernaum berufen. Er war in die Region Galiläa und später nach ganz Israel berufen. »Und so zog er durch das ganze Gebiet von Galiläa, predigte in den Synagogen und trieb bei vielen Menschen Dämonen aus.«[83] Und während er im ganzen Norden Israels so seinem Auftrag nachgeht, verwendet der Autor des Markusevangeliums immer wieder dieses eine Wort, wenn er die Reaktion der Menschen auf die Begegnung mit Jesus beschreibt – *ekplesso*. Es wird mit »erstaunt« oder »verwundert« oder »überwältigt« übersetzt.[84] Die Menschen sind außer sich. Sie staunen Bauklötze über das, was Jesus kann. Einer der Beobachter drückt es so aus: »Es ist alles wunderbar, was er tut.«[85]

Etwa drei Jahre nach Beginn seines Wirkens heißt es: Jesus »richtete ... sein Angesicht fest darauf, nach Jerusalem zu gehen.«[86] Man kann sich das so vorstellen, als ob man die Zähne zusammenbeißt und seinen Kurs verfolgt, ohne nach rechts oder links zu schauen. Jesus ist fest entschlossen, in die Hauptstadt zu gehen und – was damit unweigerlich einhergeht – seinen Tod und seine Auferstehung zu erleben. Das ist der Höhepunkt seiner »Karriere«. Und als er endlich dort ankommt, nach drei Jahren wachsenden Zulaufs, betet er dieses nachdenklich stimmende Gebet zu seinem Vater:

> »Ich habe dich verherrlicht auf der Erde; das Werk habe ich vollbracht, das du mir gegeben hast, dass ich es tun sollte.«[87]

Im Johannesevangelium lauten die letzten Worte von Jesus: »Es ist *vollbracht*.«[88]

Wie konnte Jesus das sagen? Es gab doch noch so viel zu tun! Die Welt war immer noch ein Scherbenhaufen – ein einziges schwarzes Loch von Leid und Not. Seine Jünger hatten sich verkrochen. Die Gemeinde in Jerusalem bestand an einem guten Tag aus gerade mal hundertzwanzig Leuten. Das Neue Testament war noch nicht einmal geschrieben. Die religiöse Elite war Jesus gegenüber feindselig eingestellt. Er war ein Feind des Staates. Überall herrschte krasse Ungerechtigkeit. Und er sagte: »Job erledigt«?

• • •

Von Jesus können wir eine Menge über Arbeit lernen. Schockierend, ich weiß.

Dazu einige Beobachtungen.

Erstens: **Jesus arbeitete auf atemberaubende Weise zielgerichtet.**

Das haben wir heute nötiger als je zuvor. Denn wir leben in einer Welt, die ein kluger Kopf unserer Zeit als »iWorld«[89] bezeichnet hat – die Zeit der iPhones, der sozialen Medien, des allgegenwärtigen Internets, der zehnspurigen Autobahnen, der Kreditkarten und Expresslieferung über Nacht und dieses bösen Dämons namens Mikrowelle. So fühlen wir uns immer hin- und hergerissen zwischen einer Million verschiedenen Dingen. Und am Ende sind wir gestresst, müde, mit unseren To-do-Listen im Rückstand, verspannt, empfindlich, medikamentenabhängig oder koffeinsüchtig.

Wir versuchen, zu viel zu tun.

Um zielgerichtet zu handeln, müssen wir wissen,
wozu wir von Gott berufen sind
und wozu wir *nicht* berufen sind.

Wir müssen verinnerlicht haben, wer wir sind und wer wir *nicht* sind.

Eine meiner Lieblingsszenen im Johannesevangelium ist ein Bericht über Johannes den Täufer – der seinen Job übrigens auch richtig gut machte –, wie er sich den Fragen einiger skeptischer Religionsvertreter aus Jerusalem stellt. Es war klar, dass Gott seine Hand über diesen jungen Propheten hielt, aber die Leute wussten nicht so genau, in welche Kategorie sie ihn einordnen sollten. Und so fragten sie ihn Löcher in den Bauch.

»Bist du Elia?«

»Nein.«

»Bist du der Prophet (ein anderer Name für den Messias)?«

»Nein.«

»Wer bist du dann? Sag es uns.«

Da zitierte Johannes einen anderen Propheten, Jesaja: »Ich bin eine Stimme, die in der Wüste ruft: ›Ebnet den Weg für das Kommen des Herrn!‹«[90]

Es fällt auf, dass er zunächst bestätigt, wer er *nicht* ist. Es ist genauso wichtig, zu wissen, wer man nicht ist und wozu man nicht berufen ist, wie zu wissen, wer man ist und wozu man berufen ist. Denn je klarer dir deine Identität und deine Berufung sind, desto besser kannst du dich auf das konzentrieren, wozu Gott dich berufen hat.

Es beginnt damit, dass du Ja sagst zu Gottes Berufung für dein Leben. Und dann sagst du Nein zu allem anderen.

Sei du selbst. Das wahre Du, das Gott geschaffen hat. Und versuch nicht, jemand anderes zu sein.

Jeder von uns kommt mit einem Ziel, einer Bestimmung, einer *Berufung* in diese Welt. Aber allzu oft wird diese Berufung von unserer Angst oder Verunsicherung gekapert. Oder sie wird durch unsere Prägung zerschlagen – vielleicht durch einen gewalttätigen Vater oder gehässige Mitschüler in der Mittelstufe. Oder sie ist schon halb tot, weil die Wirtschaft im Keller ist. Oder sie wird verdrängt von unserem Neid, der uns wünschen lässt, wir wären jemand anderes.

Die meisten von uns verbringen Jahre ihres kurzen, vergänglichen Lebens mit dem Versuch, jemand zu sein, der sie nicht sind.

Wir versuchen, so zu sein wie unser Mentor oder unsere Heldin oder ein Ideal, das wir anstreben, oder so zu sein, wie unsere Eltern oder Gleichaltrige es von uns erwarten, oder das zu sein, was unsere Freunde für cool halten – und wir drehen uns im Kreis und verlieren die Kontrolle, bis wir nirgendwo sonst landen als am Ende unserer Kräfte.

Es gibt ein altes rabbinisches Sprichwort, das hier zitiert werden soll. Als der legendäre Rabbi Sussja ein alter Mann war, sagte er Folgendes: »In der kommenden Welt wird man mich nicht fragen: ›Warum bist du nicht Mose gewesen?‹ Man wird mich fragen: ›Warum bist du nicht Sussja gewesen?‹«[91]

Unsere Aufgabe ist es nicht, in irgendeine Schablone zu passen oder der Welt etwas zu beweisen. Unsere Aufgabe ist es, herauszufinden, als wen Gott uns gemacht hat, und dann dieser Mensch zu *sein.*

Normalerweise ist die Berufung Gottes kurz und knapp. Sie umfasst nur ein paar Dinge. In meinem Fall: Menschen zu jüngern, aus der Bibel zu lehren, zu schreiben und dafür zu sorgen, dass meine Familie dabei nicht auf der Strecke bleibt. Das ist das, wozu ich Ja sage. Das bedeutet, dass ich zu anderen Dingen immer wieder Nein sagen muss.

Wenn man Pastor ist, bringt das eine Menge Erwartungen mit sich. Die Leute wollen nicht nur, dass ich die Gemeinde leite, sondern auch, dass ich eine Vision vermittle, jeden Sonntag vierzig Minuten lang in TED-Talk-Qualität über irgendwas Wichtiges spreche, mich jede Woche mit fünfzig verschiedenen Leuten zum Kaffee treffe, für ein gutes Klima im Mitarbeiterteam sorge, dreihundert Leute als Mentor begleite, jeden Morgen die Bibel auf Griechisch und Hebräisch lese, tausend Bücher im Jahr durcharbeite, ein paar Mal am Tag in den sozialen Medien auftauche, einen Blog schreibe, ab und zu ein Buch herausbringe, die perfekte Ehe führe, eine Vorzeigefamilie habe, mich für soziale Gerechtigkeit in meiner Nachbarschaft engagiere – ach ja, und dass ich »gesund« bleibe.

Also, all das ist großartig. Ein Superpastor würde das mit Bravour meistern. Aber ich bin kein Superpastor. Ich bin John Mark. Offensichtlich kann ich das nicht alles in meinem kleinen Leben unterkriegen.

Also sage ich ständig *Nein*.

»John Mark, du solltest diesen neuen Absolventen als Mentor begleiten.«

»Nein.«

»Warum nicht?«

»Ich begleite bereits drei Leute, und für mehr habe ich keine Kapazität.«

»Aber er ist fantastisch!«

»Tut mir leid.«

»John Mark, du solltest diesen neuen Dienst in unserer Gemeinde einführen.«

»Das ist eine großartige Idee, aber damit hat mein himmlischer Arbeitgeber mich nicht beauftragt.«

»Hey, Mister Wichtig und sein Team sind gerade in der Stadt, und sie wollen den Abend mit dir verbringen – sie könnten dir mehr Follower verschaffen.«

»Ich würde ja gerne, aber ich bin dazu berufen, mich um meine drei Kinder zu kümmern, und heute Abend bauen wir im Wohnzimmer zusammen eine Höhle.«

…

Um es mit den Worten Jesu auszudrücken: Du musst herausfinden, was der Vater dir aufgetragen hat – und dann genau das tun.[92]

Und dafür musst du die Kunst erlernen, Nein zu sagen. Und zwar zu guten Dingen. Ein kluger Mann – das war der französische Schriftsteller Voltaire – hat einmal gesagt: »Das Gute ist der Feind des Besten.«

Manche von uns tun viel Gutes, aber kommen nie dazu, das Beste zu tun. Denn wenn wir in die »Tyrannei des Dringlichen«[93] geraten, schieben wir das auf, was wirklich wichtig ist. Wenn du zu allem Ja sagst, sagst du zu nichts richtig Ja. Die Arbeit, die dein himmlischer Vater dir aufgetragen hat, wird auf die lange Bank geschoben, ganz unten auf die To-do-Liste gesetzt. Das ist eine Tragödie, denn damit bringst du die Welt um deinen dringend benötigten Beitrag.

Darf ich dir die Erlaubnis geben, Nein zu sagen?

Habe ich die Berechtigung dazu?

Wahrscheinlich nicht, aber egal. Ich gebe sie dir trotzdem. Diese Woche hast du die Freiheit, Nein zu sagen. Das ist sozusagen deine Hausaufgabe.

Wir müssen lernen, rücksichtslos Nein zu sagen zu allem, wozu wir nicht berufen sind.

Wenn du ein tolles Angebot bekommst, für das du eigentlich keine Zeit hast – sag *Nein*. Wenn du deinen Wochenplan machst – sag *Nein*. Wenn du dich im Januar hinsetzt, um das kommende Jahr zu planen – sag *Nein*. Und sag Nein zu guten Dingen. Nicht, weil du ein egoistischer Idiot bist und dir niemand etwas bedeutet, sondern weil du weißt, wer du bist, und weil du den Auftrag des Vaters erfüllen willst.

• • •

Das ist also die erste Erkenntnis, die ich für mich aus dem Leben von Jesus ziehe: auf eine atemberaubende Weise zielgerichtet zu arbeiten.

Was ich auch bei Jesus beobachten kann, ist die hohe Qualität seiner Arbeit. Nichts, was er tat, machte er beiläufig oder nachlässig. Was er anpackte, machte er wirklich, wirklich gut.

»Es ist alles wunderbar, was er tut.« Dieser Satz fasziniert mich. Wenn du herausgefunden hast, was das ist, wozu du berufen bist, und dann zu allem anderen Nein sagst, dann befreit dich das, diese eine Sache wirklich, wirklich gut zu machen – und das wiederum öffnet dir Türen, um mehr von dem zu tun, was du so gut machst.

Es gibt in der hebräischen Weisheitsliteratur eine Zeile, die ich sehr mag: »Kennst du jemanden, der gute Arbeit leistet? Er wird erfolgreich sein und Königen statt einfachen Leuten dienen.«[94]

Wenn man gut ist in dem, was man tut,
landet man vor Königen.

Es sollte uns nicht überraschen, dass die Arbeit, die Jesus tat, überragend war. Schließlich ist er die Verkörperung des Schöpfergottes. Schau dich um. Die Schöpfung ist unglaublich. Gott macht keine billige, minderwertige, halb gare Arbeit. Er ist nicht bequem. Er stellt keinen Schrott her. Er legt Wert auf Exzellenz, Kunstfertigkeit und Qualität von Material und Design. Und das liegt nicht daran, dass er ein Perfektionist wäre. Obwohl ich stark vermute, dass er die Perfektion an sich ist … Es liegt daran, dass er *Liebe* ist. Die ganze Exzellenz der Schöpfung ist ein Akt der großzügigen, kreativen, sich selbst verschenkenden Liebe für die Welt.

Eine echte, authentische Wertschätzung von Exzellenz wurzelt nicht in Gier, Narzissmus oder Materialismus – das ist die Stimme des Dualismus. Sie wurzelt in der *Liebe*, in der Liebe zu Gott und zu anderen. In dem Wunsch, Gott und seiner Welt gut zu dienen.

Warst du schon einmal in einer europäischen Kathedrale? In einer der wirklich großen? Notre-Dame in Paris? Westminster Abbey in London? Dem Kölner Dom? Einige dieser Kathedralen wurden über Generationen hinweg gebaut. Und wenn man sie genau betrachtet, stellt man fest, dass jeder Winkel mit reichhaltigen, schmückenden Details versehen ist. Sogar ganz oben an der Decke. Sogar die Ecken der Kathedrale, die niemand sehen kann. Und warum? Wenn du vor tausend Jahren Handwerker gewesen wärst, warum hättest du all diese Mühe und Energie in etwas gesteckt, das niemand wirklich sieht?

Vielleicht, weil Gott es sieht.

Vielleicht, weil es für ihn sogar wertvoll ist.

Dorothy Sayers, diese feurige, rebellische britische Schriftstellerin, die vor mehr als einem halben Jahrhundert lebte, erklärte:

> Die Ansprache der Kirche an einen intelligenten Tischler beschränkt sich gewöhnlich darauf, ihn zu ermahnen, in seiner Freizeit nicht betrunken und unordentlich zu sein und sonntags in die Kirche zu gehen. Die Kirche sollte ihm stattdessen besser sagen, dass die allererste Forderung, die seine Religion an ihn stellt, die ist, dass er gute Tische bauen soll.[95]

Fantastisch.

Exzellenz heißt nicht, dass man überall der Beste sein muss.

Im Zeitalter der Globalisierung ist der Wettbewerb hart, oft grausam und gnadenlos. Und dank der sozialen Medien fühlt sich niemand von uns auch nur annähernd so cool wie alle anderen. Tatsache ist, dass es immer jemanden geben wird, der schlauer ist, begabter oder einfach besser als du.

Tut mir leid, ich weiß, das ist nicht sehr inspirierend. Aber du weißt auch, dass ich recht habe.

Der Apostel Paulus hat es so formuliert: »Gott ist gnädig und hat uns unterschiedliche Gaben geschenkt.«[96]

Wir haben also alle Gaben, aber wir haben nicht alle die gleiche Dosis an Begabung. Manche haben mehr, andere haben weniger. Und das ist in Ordnung. Es ist nicht deine Aufgabe, die oder der Beste auf deinem Gebiet zu sein. Deine Aufgabe ist es, einfach die beste Version deiner selbst zu sein.

Mein Mentor in Sachen Lehre ist ein Typ namens Mike.[97] Er nahm mich unter seine Fittiche, als ich etwa fünfundzwanzig Jahre alt war, und ich habe viel von ihm gelernt. Ein brillanter Kerl. Ich glaube, er könnte vierzig Minuten lang über die soziale Dynamik von Ameisenvölkern sprechen, und alle würden an seinen Lippen hängen. So klug, belesen, kantig und witzig ist er.

Ich werde nie ein so guter Lehrer sein wie Mike. Ich arbeite doppelt so lange an meinen Vorträgen wie er, und sie sind am Ende nur halb so gut wie seine. Und das ist auch okay so. Denn ich bin nicht dazu berufen, so gut zu sein wie Mike oder womöglich besser als er. Ich soll einfach nur gut darin sein, ich selbst zu sein. Gut darin sein, meinen Hintergrund, meine Erfahrung, meine Ausbildung, meinen Verstand, meine Fähigkeiten oder meinen Mangel an Fähigkeiten zu nehmen, jeden Tag zur Arbeit zu gehen und das Beste daraus zu machen.

Und gleichzeitig gilt auch: Wenn wir wirklich exzellent in etwas werden wollen, braucht das Zeit. Und Disziplin. Und Energie. Sehr viel davon.

Der Grafikdesigner Frank Chimero erzählt eine Geschichte vom Chefkoch eines renommierten Restaurants in New York City namens *Momofuku*. Eines Tages sah er, wie sein Souschef einen Arbeitsschritt hastig übersprang, und fuhr ihn hart an: »So arbeiten wir hier nicht. Wir machen die Dinge auf die lange, intensive, unclevere Art.«[98]

Auf die lange, intensive, unclevere Art.

Unglaublich gut.

Aber die lange, intensive, unclevere Art zu arbeiten braucht eine Menge Zeit. Und noch länger dauert es, darin richtig gut zu werden. Das braucht Jahre. Nein, Jahrzehnte. Ein Leben lang lernen und trainieren und üben und diszipliniert sein und permanent nach Exzellenz streben – und das Ganze verstehen als einen Akt des *avad*, als Anbetung und Dienst für Gott.

Einer meiner besten Freunde heißt Robbie. Er ist Designer bei Adidas. Wir wohnen mit einem Dutzend anderer Leute in derselben Gegend und teilen unser Leben rund um das Evangelium,[99] sodass ich fast täglich beobachten kann, wie er lebt. Robbie ist einer der Top-Designer seiner Firma. Wenn du jemals Adidas-Schuhe getragen hast, ist die Wahrscheinlichkeit sehr hoch, dass Robbie sie entweder entworfen hat oder zumindest daran beteiligt war. Und Robbie liebt seinen Job. Er ist dabei wie ein kleines Kind beim Spielen.

Neulich hat er mir sein Zeugnis aus der fünften Klasse gezeigt. Seine Noten waren in Ordnung, aber ganz unten stand eine Notiz der Lehrerin: »Weniger Sportschuhe zu zeichnen, könnte sich als vorteilhaft erweisen.« Echt! Er hat sich das eingerahmt und über den Schreibtisch gehängt. Das erwachsene Pendant zu: »Ätsch, dir werd ich's zeigen!«

Diese Geschichte begeistert mich. Wahrscheinlich, weil sie zu meinem eigenen Wunsch passt, meinen Grundschullehrern zu zeigen, wie viel besser ich bin, als sie mir damals prophezeit haben. Robbies Zeugnis ist amüsant, aber es zeigt auch, dass er seit der fünften Klasse an seinen Fähigkeiten gefeilt hat. Ist es da ein Wunder, dass er jetzt, in seinen Dreißigern, einer der Besten auf seinem Gebiet ist? Er dient Königen …

In den frühen 90er-Jahren führte ein deutscher Psychologe im Auftrag der Elite-Musikhochschule in Berlin eine Studie durch. Er fand heraus, dass die besten Musiker nicht die mit dem größten angeborenen Talent waren, sondern diejenigen, die viel, viel mehr übten als alle anderen. Er setzte die Zahl für die Beherrschung eines Instruments auf zehntausend Stunden an. Seitdem wurde seine Studie Dutzende Male in jedem erdenklichen Fachbereich wiederholt, und das Ergebnis war immer dasselbe:

Zehntausend Stunden. So lange dauert es, bis man wirklich gut in etwas wird.

Selbst wenn du übst bis zum Geht-nicht-mehr, bis du wirklich gut bist, dürfte es ein Jahrzehnt dauern.[100] Bist du bereit, so hart zu arbeiten? Und so lange?

• • •

Einer meiner Lieblingsdesigner ist ein Mann namens Charles Eames – ja, ich liebe Design! Jedenfalls studierte Eames Architektur und begann direkt nach dem Studium mit dem Designen von Möbeln. Nach einer frustrierenden Unterbrechung, dem Zweiten Weltkrieg, nahm er seine Arbeit als Möbeldesigner wieder auf. Sein Traum war es, herauszufinden, wie man Sperrholz – dieses billige, leicht erhältliche, robuste Material, mit dem er während des Krieges gearbeitet hatte – so formen kann, dass Stühle daraus entstehen können. Sein Ziel war ein erschwingliches, aber gut gemachtes, modernes Design für die Massen an Kunden in der Nachkriegszeit. Das war es, wozu er Ja sagte. Aber es dauerte Jahre. Jahre, in denen er am Rande des Bankrotts jonglierte. Jahre, in denen er nebenher als Kulissenmaler in Hollywood jobbte, um die Rechnungen bezahlen zu können. Jahre des Scheiterns. Jahre, in denen er sich abmühte.

Irgendwann lebte er dann mit seiner Frau in Pasadena. Sie waren aus dem Mittleren Westen hergezogen, um den Traum vom formbaren Sperrholz doch noch zu verwirklichen. Sie mieteten eine billige Wohnung, und er arbeitete an seiner Erfindung: einer Maschine zum Formen von Schichtholz. Er nannte sie die »*Kazam!*-Maschine« – eine Maschine, die das bisher Unmögliche möglich machen würde. Eine Wunderwerk-Maschine.

Er durfte in der Wohnung eigentlich nicht daran arbeiten, also schmuggelte er das gesamte Material nachts heimlich hinein. Irgendwann brauchte er mehr Strom, und so spannte er ein schwer isoliertes Kabel aus dem Fenster, kletterte auf den Telefonmast und steckte den Stecker direkt in den Transformator. Und er baute seine *Kazam!*-Maschine in seinem Wohnzimmer, mit Holzresten und einer Fahrradpumpe. Ich schwöre dir, das habe ich mir nicht ausgedacht. Am Ende funktionierte sie, und sein *Eames LCW Chair* aus dem Jahr 1946 gewann den Preis für das beste Design des 20. Jahrhunderts.[101]

Ich habe so einen Stuhl in meinem Wohnzimmer stehen. Und ich muss sagen, er ist wirklich etwas ganz Besonderes.

Was ich mit alldem eigentlich sagen will, ist:

Mach dein Ding, mach es gut, und tu es als Dienst für die Welt und zu Gottes Ehre.

Dieser letzte Aspekt ist der Schlüssel. Denn unsere Welt ist geprägt von der Sucht nach Erfolg. Wenn wir wirklich gut in etwas werden, besteht die Gefahr, dass wir es tun, um uns selbst zu ehren und uns selbst zu dienen und nicht der Welt, dass wir es für den eigenen Ruhm tun anstatt zu Gottes Ehre. Es passiert so leicht, dass begabte Menschen in Stolz, Überheblichkeit, schamlose Selbstdarstellung und Selbstverherrlichung verfallen. Das ist schwach.

Wenn du wirklich gut bist in dem, was du tust, brauchst du es nicht überall herauszuposaunen. Wir werden es merken. Schöne Dinge haben es nicht nötig, nach Aufmerksamkeit zu heischen.

Gott ist auf der Suche nach Menschen, denen er mehr »Gnade« schenken kann, auch im Sinne von Ehre. Er sucht Menschen, die mit Ehre umgehen können – Ehren-haft, würdevoll. Denn Gott sucht Menschen, mit denen er die Welt regieren kann. Und du könntest einer davon sein.

Stell dir mal vor, wir als Gottes Leute wären dafür bekannt, dass wir die besten Handwerker und die weisesten Geschäftsführer und die gebildetsten Lehrer und die kreativsten Künstler und die genialsten Schriftsteller und die bescheidensten, zurückhaltendsten, bodenständigsten, treusten und liebevollsten Menschen sind? Ich glaube, das würde Gott sehr glücklich machen.

• • •

Zum Schluss: Mein Schwager Steve, der Designer, hat vor einiger Zeit ein Interview für die amerikanische Modekette J. Crew gegeben. Eine Frage war: »Hast du eine Design-Philosophie, die den Maßstab für deine Arbeit setzt?«

Seine Antwort:

> Gutes Design bedeutet, unser Bestes zu geben. Es bedeutet, hart daran zu arbeiten, Schönheit in die Welt zu bringen. Wenn ich etwas sehe, das brillant ist, bin ich oft am Boden zerstört – auf die beste Art und Weise. Ich komme auch immer wieder auf die Idee zurück, dass wir mit der Fähigkeit geschaffen wurden, etwas zu erschaffen, und darin zeigt sich, dass unser Gott ein ausgesprochen großzügiger Gott ist. Wenn ich ein neues Projekt abgeschlossen habe, bin ich fast beschämt, und wenn ich dann mit einem breiten und leicht dümmlichen Grinsen im Gesicht dastehe, spüre ich Gottes Gegenwart und seine Anerkennung.

Tja, dem gibt es nichts hinzuzufügen.

Der Acker ist verflucht

Okay, jetzt ist es an der Zeit, ein wirklich großes Fass aufzumachen.

Dieses ganze Gerede von Arbeit ist nämlich ein bisschen unrealistisch. Sehr unrealistisch, um genau zu sein. Denn eine Theologie der Arbeit, die im Garten Eden verwurzelt ist, ignoriert das Offensichtliche: Wir leben nicht mehr im Garten Eden.

Meine Adresse lautet nicht Euphratpromenade 197. Der Name meiner Frau ist nicht Eva. Und ich pendle nicht nackt zwischen meinen Jobs als Gärtner und Tiernamenerfinder.

Die Welt, die ich mein Zuhause nenne, ist alles andere als ein Garten.

Gottes ursprüngliche Vision für Adam und Eva war, dass sie als König und Königin unter seiner großzügigen, liebevollen Autorität über die Erde herrschen, das Potenzial der Welt ausschöpfen und es für Gottes *kavod* und das Gedeihen der Menschen umgestalten sollten. Eine traumhaft schöne Vision. Nur leider von kurzer Dauer.

Auf 1. Mose 2 folgt leider 1. Mose 3:

Die Schlange war das listigste von allen Tieren, die Gott, der Herr, erschaffen hatte. »Hat Gott wirklich gesagt«, fragte sie die Frau, »dass ihr keine Früchte von den Bäumen des Gartens essen dürft?«

Das ist übrigens einer der Gründe, warum viele Menschen die Bibel nicht ernst nehmen: Eine sprechende Schlange? Echt jetzt?

Wenn du das auch so siehst, leg dein Vorurteil mal für einen Moment beiseite. Wir müssen uns klarmachen, dass diese Geschichte Tausende von Jahren alt ist. Wahrscheinlich gab es sie schon mindestens ein Jahrtausend lang als mündliche Überlieferung, bevor sie aufgeschrieben wurde.

Ist es Dichtung? Eine Erzählung? Eine Metapher? Wörtlich gemeint?

Diese Fragen gehen am Entscheidenden vorbei. Denn was sofort ins Auge springen sollte, ist, dass die Schlange – diese Verkörperung des Bösen – ein Tier ist.

Erinnern wir uns:

**Der Mensch sollte über die Tiere herrschen.[102]
Doch er ließ sich von der Schlange beherrschen.**

Wie konnte das passieren? Eine katastrophale Umkehrung der Schöpfungsordnung: Ein Tier – dem Adam einen Namen gegeben hatte! – herrschte über *sie*. Das ist das genaue Gegenteil von dem, was eigentlich passieren sollte. Der Mensch sollte den Garten bewahren – über ihn wachen und ihn schützen –, aber stattdessen ließ er sich von der Schlange verleiten, eine wertvolle Ressource des

Gartens – den Baum der Erkenntnis von Gut und Böse – zu missbrauchen. Adam war der erste König der Welt und tragischerweise einer, der seinem Auftrag nicht nachkam.

Und die Folgen sind bis heute katastrophal. Gott kam nach Eden auf der Suche nach seinem König und seiner Königin. Und wo waren sie? Sie versteckten sich im Gebüsch. Der Ort, der einst die reinste Wonne[103] gewesen war, ein Ort der Sicherheit, der verletzlichen Offenheit und der Schönheit, war nun ein Ort der Angst, der Scham und des Bedauerns. Und der Schöpfer, der sich bis jetzt durch Kreativität und Kraft, durch Großzügigkeit, Freiheit und Liebe ausgezeichnet hatte, tat etwas Seltsames, das gar nicht zu ihm passte: Er *verfluchte* sein Ebenbild.

Adam und Eva wurden mit unterschiedlichen Flüchen belegt.

Zur Frau sagte Gott: »Mit großer Mühe und unter Schmerzen wirst du Kinder zur Welt bringen.«[104]

Der Fluch für Eva bezog sich also aufs Kinderkriegen. Was ursprünglich eine gute Anstrengung war – ein gesundes Gespür für schöpferische Energie –, war nun zu einer großen Mühe geworden. Ich war schon bei drei Geburten dabei, und glaubt mir, diese Formulierung ist mehr als passend.

Dann sagte Gott zu Adam:

> »Der Ackerboden soll deinetwegen verflucht sein. Dein ganzes Leben lang wirst du dich abmühen, um dich davon zu ernähren. Dornen und Disteln werden auf ihm wachsen, doch du musst dich vom Gewächs des Feldes ernähren. Dein ganzes Leben lang wirst du im Schweiße deines Angesichts arbeiten müssen, um dich zu ernähren – bis zu dem Tag, an dem du zum Erdboden zurück-

kehrst, von dem du genommen wurdest. Denn du bist aus Staub und wirst wieder zu Staub werden.«[105]

Der Mann ist in seiner Beziehung zum Boden verflucht. Was einst lebensspendend war, ist jetzt anstrengend, hart und schwierig. Es gibt »Dornen und Disteln« – heftige Schmerzen – in allem, was wir mit unseren Händen anfassen.

Sowohl die Familie als auch der Ackerboden sind vom Schöpfer selbst verflucht.

Hier lohnt es sich aber, genau darauf zu achten, was gesagt wird. Viele Menschen verstehen diesen Text so, dass die Arbeit der Fluch ist. Absolut daneben! Was hatten wir weiter oben? Arbeit ist ein *Segen.* »Gott segnete sie und gab ihnen den Auftrag: Herrscht …«

Die Arbeit ist genauso wenig ein Fluch, wie Kinder es sind. (Keine bissigen Kommentare von gestressten Eltern an dieser Stelle!)

Der Ackerboden ist verflucht. Und das Kinderkriegen auch. Das ist etwas anderes.

Mit »Fluch« ist hier kein Voodoo-Zauber gemeint. Es bedeutet, dass es infolge der Sünde zu weitreichenden, irreversiblen und toxischen Veränderungen in der Erfahrung von Familie und Arbeit gekommen ist.

Was einmal pure Freude war – Arbeit und Familie –, bringt jetzt viel Frustration und Mühe mit sich.

Sowohl das Kinderkriegen als auch die Landwirtschaft werden jetzt schmerzhaft – verbunden mit Wehen oder mit körperlicher Plackerei. Und das Bild der Dornen und Disteln gilt symbolisch für die gesamte Kulturarbeit. Alle menschlichen Bemühungen um

Zivilisation und Kultur sind jetzt mit einem nagenden Gefühl der Unzufriedenheit behaftet. Müdigkeit, Burn-out, Rückenschmerzen, Ibuprofen, Zoff, Rechtsstreitigkeiten, Gier, Verschwendung, Armut, Ungerechtigkeit, der Wunsch nach mehr Urlaub – all das sind Folgen von Evas und Adams Biss in die Frucht.

Es kann sein, dass du mit dem, was du gern tust, oder vielleicht sogar mit dem, wozu du berufen bist, nichts oder nicht genug verdienen kannst. Deshalb musst du es entweder aufgeben oder dir einen »Broterwerb« suchen und deine Berufung in deiner Freizeit verwirklichen. Oder du hast einen Job, den du magst, aber die Kollegen sind anstrengend. Und das Getratsche und Geläster, die Ellbogenmentalität und die Kaltblütigkeit der Wirtschaft belasten deine Seele.

Nur wir in den reichen Industrienationen können überhaupt so denken. In der Dritten Welt – auch bekannt als Mehrheit der Weltbevölkerung, denn der Großteil unserer fast acht Milliarden Menschen auf der Erde lebt dort – leben die Leute von der Hand in den Mund. Dort schuften die Menschen oft den ganzen Tag auf einem kleinen Fleckchen Land, um genug Nahrung herauszuholen, damit sie einfach nur überleben können. Wer Ambitionen hat, zieht in die Städte und landet dort meist am Fließband in irgendeiner Fabrik. Kaum etwas könnte entmenschlichender sein. Denn hier ist der Arbeiter vom Produkt abgekoppelt. Es gibt also nach einem langen Arbeitstag kein Gefühl von Stolz oder Leistung. Der Einzelne ist im Grunde ein lebendes Rädchen in einer Maschine, das in einem heißen, muffigen, tristen Raum festsitzt und auf die Uhr an der Wand starrt, die tickt, tickt, tickt, tagein, tagaus.

Selbst in der sogenannten Ersten Welt enden viele Menschen als Angestellte von multinationalen Unternehmen. Sie haben kein Gefühl der Verbundenheit mit dem Produkt, das sie herstellen, oder der Gemeinschaft, der sie dienen, keine Stimme, keinen Einfluss, keine Mitsprachemöglichkeit – nur eine hässliche, zweckmäßige Arbeitsnische mit einer Leuchtstoffröhre über dem Kopf und einer Tätigkeit, die sich belanglos anfühlt.

Und im Westen kommt hinzu, dass sich die bisherige Mittelschicht mehr und mehr auflöst. Ein Journalist sagte kürzlich, wir bewegen uns auf eine dystopische Zukunft mit einem »Feudalismus der digitalen Welt« zu, in dem eine technologisch versierte, gebildete Minderheit über die Masse der Mindestlohnbeschäftigten im Dienstleistungssektor herrscht.[106]

Überall auf der Welt herrscht in der Arbeitswelt das Gefühl vor, dass »es nicht so ist, wie es sein sollte« – ungerechte Arbeitsethik, geschlechtsspezifische Diskriminierung, Kinderarbeit, Menschenhandel, die wachsende Kluft zwischen Arm und Reich … Es überrascht nicht, dass rund siebzig Prozent der Amerikaner ihrer Arbeit »nicht engagiert« oder sogar »innerlich distanziert« gegenüberstehen[107], was auch als »Quiet Quitting« Schlagzeilen gemacht hat.

Siebzig Prozent.

Die Mehrheit der Menschen wacht also morgens auf und denkt: »Ich sollte was anderes machen.« Oder: »Noch drei Tage bis zum Wochenende.«

Das liegt daran, dass wir eigentlich dazu geschaffen wurden, in Gottes Auftrag zu herrschen: als seine Könige und Königinnen, in Partnerschaft mit dem Schöpfer. Aber stattdessen herrschen wir jetzt für uns selbst, immer auf der Suche nach dem besten Angebot, ohne Rücksicht auf Verluste für die Erde oder ihre Bewohner.

Das *selem*, das Ebenbild Gottes, das den Garten bebauen und auf der ganzen Erde ausbreiten sollte, wurde stattdessen aus dem Garten vertrieben und treibt nun die Welt in den Ruin.

Wir können Eden nur noch im Rückspiegel erahnen.

Trotzdem suchen so viele von uns ihre Identität und sogar ihren Wert in ihrer Arbeit. Egal, wie sie aussieht. Und das ist nicht grundsätzlich nur schlecht. Wer wir sind und was wir tun, ist untrennbar miteinander verbunden, das sagte ich ja schon. Aber wenn wir unsere Identität daran festmachen, was wir tun, und dann in einem Job oder in Lebensumständen feststecken, die wir ätzend finden, bewegen wir uns auf ganz dünnem Eis.

● ● ●

Eine der ersten Geschichten, die wir nach dem Debakel von Eden lesen, handelt von einem Bauprojekt in einer Stadt namens Babel.[108] Wir lesen hier: »Als die Menschen nach Osten zogen, fanden sie eine Ebene im Land Schinar.«

Das ist gut. Der Mensch beginnt, sich über die Erde auszubreiten. Adams Söhne und Töchter wurden dazu aufgerufen, »die Erde zu füllen«. Die Geschichte geht also erst mal in die richtige Richtung. Aber dann geht alles den Bach runter.

> Und sie sagten zueinander: »Lasst uns Ziegel formen und sie brennen!« Die Ziegel verwendeten sie als Mauersteine und den Asphalt als Mörtel.

Faszinierend. Sie haben eine brandneue Technologie erfunden – den Ziegelstein. Ein riesiger Sprung nach vorn in der Zivilisation. Jetzt können sie einfacher, schneller und höher bauen.

»Auf«, sagten sie, »wir wollen eine Stadt errichten mit einem Turm, der bis in den Himmel reicht – ein Denkmal unserer Erhabenheit! Es wird verhindern, dass wir uns über die ganze Welt zerstreuen.«

Stopp mal. Augenblick. »Uns über die ganze Welt verstreuen« – das ist doch eine gute Sache. Es ist das, was sie tun sollten. Ihre Berufung. Aber in einem Akt der Rebellion sagen sie: »Nein, wir bleiben lieber hier und bauen eine Stadt mit einem Turm, der bis in den Himmel reicht.«

Das ist interessant. Der Himmel ist dort, wo Gott ist. Sie suchen also in diesem Bauprojekt – in der Arbeit – eine Pseudo-Spiritualität, einen Sinn und ein Ziel, das nur in Gott selbst gefunden werden kann.

Und das alles als Denkmal der eigenen Erhabenheit. Sie suchen in der Arbeit nach Identität und Status. Ein Bewertungssystem, um sich mit anderen in ihrem Umfeld zu vergleichen.

»Wie hoch ist euer Turm noch mal?« – »Was? Nur so klein ...«

Natürlich ist diese Geschichte eine Katastrophe. Hybris führt immer zu Streit und Unfrieden und schließlich zur Implosion. Am Ende »zerstreute der Herr die Menschen über die ganze Erde und sie konnten den Bau der Stadt nicht beenden«.

Aber sind wir nach wer-weiß-wie-vielen Jahrtausenden der sogenannten Entwicklung überhaupt anders? Irgendwie besser?

Alle paar Jahre wird der Rekord für das höchste Gebäude der Welt gebrochen. Im Moment ist es der *Burj Khalifa* in Dubai, der 828 Meter in die Luft ragt. Aber wenn du dieses Buch liest, wird es vermutlich schon ein anderes Gebäude sein.[109]

Was will ich damit sagen? Dass wir Menschen dazu neigen, in unserer Arbeit eine Bedeutung zu suchen, die wir nur in Gott finden.

Wenn wir unsere Arbeit von Gott abkoppeln, wird die Arbeit selbst zu einer Art Gott.

Das nennt man auch *Workaholismus*. Arbeit kann genauso süchtig machen wie jedes andere Rauschmittel. Auch wenn sie manchmal hart, schwierig und frustrierend ist – das Gefühl, etwas erreicht oder erworben zu haben, das Gefühl, ein weiteres Stockwerk auf den ganz persönlichen Turm zu Babel draufgesetzt zu haben, ist ein Kick, nach dem viele von uns süchtig sind.

Die Technologie macht es uns heute leichter denn je, arbeitssüchtig zu werden. Wir müssen uns nicht mehr ins Auto, aufs Fahrrad oder in die U-Bahn setzen und ins Büro fahren. Wir müssen nur noch unser Handy in die Hand nehmen oder unseren Laptop aufklappen, und das Büro kommt zu uns. Es ist, als würde man sich eine Nadel in die Vene stecken – man weiß, dass es gefährlich ist, aber es fühlt sich so gut an.

Workaholismus ist mehr als eine Sucht. Es ist eine Art fehlgeleitete Anbetung, eine Suche nach Sinn und Zweck in dem, was wir tun. Das ist das Heimtückische und Selbstbetrügerische an der Arbeit – sie kann zu viel des Guten sein. Vielleicht ist das, was du tust, gut. Sogar großartig. Deine Arbeit dient dem Wohl von Menschen, ist lebenswichtig für die Welt. Aber das Motiv, warum du sie tust, ist völlig daneben.

Ich glaube, auf kaum einen Beruf trifft das so sehr zu wie auf meinen. Ich habe die Illusion schon vor langer Zeit aufgegeben, dass ich jemals aus einer reinen Motivation heraus handeln könnte. Es passiert mir so schnell, dass ich das Richtige tue – Bibelkurse gebe, ein Buch über Gott schreibe, ein neues Projekt in der Gemeinde starte, mich für Gerechtigkeit einsetze, was auch immer Gutes tue –, aber aus den völlig falschen Beweggründen. Für mich selbst, für Geld, dafür, dass die Leute mich toll finden – alles, was mein angeknackstes Herz sich so einfallen lässt. Ich vermute, dass ich nicht der Einzige bin, der gelegentlich eine zweifelhafte Motivation für seine Arbeit hat.

Sicher gibt es Menschen, die arbeiten hart, weil sie damit Gott anbeten, ihre Liebe zu Gott zum Ausdruck bringen und der Welt dienen wollen. Und gleichzeitig gibt es Leute, die genauso hart arbeiten, aber unbewusst denken: »Wenn ich nur diesen Deal abschließen oder diesen Erfolg einheimsen oder diese Beförderung ergattern oder als Was-auch-immer berühmt werden könnte, dann wäre ich glücklich.«

Wir wiederholen die Geschichte von Babel. Auch wir streben danach, einen Turm zu bauen, der bis in den Himmel reicht!

Auch wir suchen nach Identität, Wert und Bedeutung in unserer Arbeit.

• • •

Vielleicht trifft das alles auf dich gar nicht zu und du denkst: »Was steigern sich die Leute so in ihre Arbeit rein? Ich finde meinen Job einfach nur ätzend.« Dann ist dein Turm zu Babel vielleicht nicht deine Arbeit, sondern irgendwas in deiner Freizeit. Möglicherweise heißt dein Motto »Leben fürs Wochenende«.

Wie schon gesagt: Für viele Menschen ist die Arbeit ein Mittel zum Zweck. Wir tun sie, damit wir etwas anderes tun können. Das Ziel ist es, mit so wenig Aufwand und Energie wie möglich so viel Geld wie möglich zu verdienen, damit wir die Arbeit hinter uns lassen und uns ins Vergnügen stürzen können. Damit wir tun können, was wir gern tun. Und genau wie in der Arbeit suchen viele Menschen in der Erholung, im Spiel oder in der Freizeit nach einem Gefühl von Wert und Identität.

»Ich bin Sportlerin.«

»Ich bin Musiker.«

»Ich bin Reiterin.«

»Ich bin ein Bücherwurm.«

»Ich bin Bloggerin.«

»Ich bin ein Outdoorfreak.«

Wir hungern alle nach Identität, Wert und Zugehörigkeit. Und dieser Hunger ist durchaus nicht schlecht. Er steckt von Geburt an in jedem Menschen, weil er von *Gott* in uns hineingelegt wurde. Aber wenn wir unsere Identität, unseren Wert und unsere Zugehörigkeit in Dingen suchen, die wir zum Spaß tun, anstatt in Gott und bei seinem Volk, dann machen wir die Musik oder den Sport oder die Mode oder das Angeln oder was auch immer wir lieben, zu einem kleinen Gott, einem Götzen. Und am Ende bleiben wir hohl und leer zurück.

Wenn wir Identität und Wert in unserem Tun suchen statt bei Gott, erschaffen wir uns Götzen.

Es ist egal, ob der Götze deiner Wahl nun dein Job oder eine Freizeitaktivität oder eine Mischung aus beidem ist, am Ende landest du in der Desillusionierung.

Denn egal, wie gut du deine Arbeit machst, es wird nie gut genug sein.

Jedes Mal, wenn du ein Unkraut im Garten ausjätest, kommen drei neue nach. Arbeit ist nichts anderes als eine nie endende To-do-Liste. Wir haben ständig das Gefühl, im Rückstand zu sein. Das ist anstrengend, und die Jahre unseres Lebens vergehen dabei wie im Flug.

Und mit der Erholung ist es nicht besser. Denn was immer es ist – dieser lang ersehnte Urlaub, das Wellness-Wochenende, das romantische Candle-Light-Dinner, das Konzert deiner Lieblingsband, das Surfen auf der perfekten Welle –, es wird viel zu schnell vorbeigehen und es wird nie ganz perfekt sein. Am Ende spürst du immer eine Leere. Denn wir sind so geschaffen, dass es uns erfüllt, einen wertvollen Beitrag in dieser Welt zu leisten, und wenn wir nur noch konsumieren, fühlen wir uns nach einer Weile leer – egal, wie groß der Genuss auch sein mag. Zurück bleibt dieses nagende Gefühl: Wozu das alles?

In der Bibel gibt es ein ganzes Buch zu diesem Thema: das Buch Prediger. Ironischerweise wurde es von einem König geschrieben. Einem Herrscher. Einem Mann, der wirklich gut angefangen hatte – als potenzieller Ersatz für Adam –, der aber dann sehr, sehr schlecht endete. Er machte den Fehler, überall nach Befriedigung zu suchen, nur nicht bei Gott. Das Buch Prediger ist im Grunde eine einzige Tirade darüber, dass »alles sinnlos ist« und dass das, was der Mensch sucht, »unter der Sonne« – ein Euphemismus für dieses Leben abseits von Gott – nicht zu finden ist.

Der Autor des Buchs versucht es mit *allem*. Bildung, Lachen, Spaß, Vergnügen, Hedonismus, Erfolg, Reichtum – alles. Auch mit Arbeit.

Hören wir mal, wie er loslegt …

> Da wurde mir das Leben vollständig verleidet, denn es ist alles so sinnlos, als wolle man den Wind fangen … Ich verzweifelte fast, als ich mir alle Mühe und Arbeit vor Augen hielt, die ich mir hier auf der Erde gemacht hatte. Denn es ist so: Ein Mensch müht sich ab, gibt Weisheit, Einsicht und sein ganzes Geschick daran, etwas zu erreichen. Dann aber muss er alles, was er erreicht hat, einem Menschen hinterlassen, der nichts dafür getan hat. Das ist völlig sinnlos und ungerecht. Was hat der Mensch letztendlich von seiner schweren Arbeit und von all seinen Sorgen? Er müht sich ab, jeden Tag leidet er, seine Arbeit bringt ihm nur Ärger ein, und selbst nachts findet er keine Ruhe mehr. Es ergibt keinen Sinn.[110]

Bei so einem Text kann man schon Depressionen bekommen, oder?

Deshalb ist es wichtig zu betonen: Was hier beschrieben wird, ist ein Bild der Arbeit »unter der Sonne«. So sieht Arbeit aus, wenn wir sie nicht im »Schatten des Höchsten«, also ohne Gott, tun. Es wäre wünschenswert, dass unsere Perspektive als Christen sich hier drastisch unterscheidet. Aber ich glaube, wir alle können den Frust dieses Königs schon irgendwie nachvollziehen.

Irgendwann wird das meiste von dem, was wir geleistet haben, von der Geschichte weggespült werden – manches früher, manches später. Das Buch, das du gerade liest, wird sich vielleicht ein paar

Jahre lang gut verkaufen. Wer weiß, vielleicht erreicht es sogar einen Platz auf einer Bestsellerliste (okay, wahrscheinlich nicht). Aber selbst wenn das der Fall sein sollte, wird sich in ein oder zwei Jahrhunderten niemand mehr daran erinnern, und noch mal zwei Jahrhunderte später wird es buchstäblich zu Staub zerfallen sein.

Wenn es mir nur um mich selbst geht, wird alles irgendwann sinnlos und zur Enttäuschung.

Wenn dieses Leben alles ist, was es gibt, dann hat der König recht. Alles ist sinnlos – ein Versuch, den Wind zu fangen. Zum Glück geht es mir *nicht* um mich selbst (okay, okay, ich geb's ja zu … es geht mir zum Teil schon um mich selbst), und dieses Leben ist *nicht* alles, was es gibt. Die Auferstehung winkt schon aus der Ferne. Aber trotzdem fühlt sich das Leben manchmal ein bisschen sinnlos an. Oder zumindest wie eine kleine Enttäuschung.

• • •

Das gilt insbesondere für meine Generation. Ich gehöre zur Generation der Millennials, auch Generation Y genannt, die von der *Huffington Post* als Generation GYPSY[111] bezeichnet wurde.

Die Generation unserer Großeltern wuchs während der großen Wirtschaftskrise auf und erlebte dann den Zweiten Weltkrieg. Für sie war es schon das höchste der Gefühle, überhaupt einen Arbeitsplatz zu haben. Sicherheit war ein hohes Ziel, das alle anstrebten. Wenn sie die Miete bezahlen und das Essen auf den Tisch stellen konnten, waren sie glücklich.

Die Generation unserer Eltern ging einen Schritt weiter. Sie wollten mehr als einen festen Job, von dem sie die Rechnungen bezahlen konnten. Sie wollten Geld verdienen. Möglichst viel. Sachen kaufen. Spielen. In exotische Länder reisen.

Aber meine Generation schießt weit darüber hinaus. Wir geben uns nicht mit einem gut bezahlten Job, einem schönen Auto und einer gelegentlichen Urlaubsreise zufrieden. Wir wollen nicht weniger, als dass unsere Träume wahr werden. Wir wollen *Erfüllung* in unserer Arbeit finden. Und wir haben die Chance dazu. Wir sind Kinder des Wohlstands.

Wenn man Gefrotzel darüber hört, dass Millennials noch mit dreißig zu Hause wohnen, sich oft danebenbenehmen, unzuverlässig und unreif sind und außerdem viel zu viel reisen, klingt es so, als sei das ein neues Phänomen. Dabei haben sich die Kinder von Reichen schon immer so verhalten.[112]

Aber natürlich stufen wir uns selbst nicht als wohlhabend ein. Ich wurde in eine klassische Mittelschicht-Familie hineingeboren und wuchs in einem unspektakulären Vorort in Kalifornien auf. Aber wenn ich ehrlich bin, war ich ein privilegiertes Kind. Ich war und bin immer noch reich. Denn Wohlstand bedeutet, Optionen zu haben. Und die hatten und haben wir mehr als jede andere Generation vor uns. Das ist gut *und* schlecht, je nachdem, wie man es sieht.

Jahrtausendelang machten die Menschen genau das, was ihre Eltern schon vor ihnen getan hatten.

Wenn dein Vater König war, wurdest du auch König. Wenn er Bauer war, wurdest du Bauer, normalerweise auf demselben Fleckchen Erde. Das galt für so ziemlich alle Berufe.

Ein Freund von mir heißt mit Nachnamen Buckstaber. Das ist abgeleitet von einem alten deutschen Wort für »Schriftsetzer«. Sein

Ururgroßvater war Schriftsetzer. Und vor ihm sein Vater. Und dessen Vater vor ihm.

Wenn du mit Nachnamen Schmidt heißt, war irgendein Ururahn wahrscheinlich Schmied.

Was ich damit sagen will: Die meisten Menschen im Laufe der Geschichte und auch heute noch konnten und können sich nicht aussuchen, womit sie ihren Lebensunterhalt verdienen. Das ist ein Luxus der Reichen. Meine Gemeinde engagiert sich sehr stark in Simbabwe, das einmal ein Land mit erheblicher Wirtschaftskraft war – man nannte es den »Brotkorb Afrikas«. Bis ein despotischer *Herrscher* namens Mugabe an die Macht kam. Er hat das Land komplett ruiniert. Die meisten Menschen dort denken: »Wie kann ich überleben?«

Aber wir im Westen haben genau das gegenteilige Problem. Wir haben so viele Möglichkeiten, dass es uns fast überwältigt – die Qual der Wahl. Ich könnte Pastor, Schriftsteller, Architekt, Designer, Restaurantbesitzer, Journalist sein – alles Mögliche. Und ich bin dankbar für all diese Möglichkeiten.

Zu viel Auswahl kann auch lähmend wirken.
Was, wenn wir das Falsche wählen?

Und wenn wir uns schließlich für einen Beruf entscheiden, sind unsere Erwartungen so, so hoch. Für Oma war es ausreichend, ein Essen auf den Tisch stellen zu können. Für Papa genügte ein schöner Fernseher, um sich abends ein Fußballspiel anzusehen. Aber nicht für uns. Wir wollen etwas tun, das wir lieben.

Und nur um das noch mal klarzustellen: Ich bin voll dafür, dass wir tun, was wir lieben. Ich schreibe dieses Buch nicht zuletzt auch, um dir einen ordentlichen Tritt in den Hintern zu verpassen, damit du deinen Träumen nachjagst. Ja, das ist ein Luxus der Reichen – also lasst ihn uns nutzen!

Aber selbst wenn wir erfolgreich sind, gibt es ein paar Dinge zu beachten (Achtung, was jetzt kommt, ist nicht gerade Pep Talk):

Erstens: Unsere Träume zu verwirklichen, wird wahrscheinlich viel länger dauern, als wir es erwarten. Jahre, wenn nicht Jahrzehnte ausdauernder, harter Arbeit. Ich erinnere hier noch mal an die Sache mit den zehntausend Stunden. Es wird wochenlange, ja sogar monatelange Phasen geben, in denen du schon morgens im Bett denkst: »Noch so ein Tag …«

Es gibt einen Grund, warum Geduld bald der Vergangenheit angehören wird. Sie ist brutal hart.

Zweitens: Andere Menschen werden viel besser sein als wir. Egal, wie klug oder fleißig oder begabt oder charismatisch wir sind, es wird immer jemanden geben, der besser ist als wir. Wenn nicht heute, dann morgen.

Und dank der sozialen Medien haben wir jetzt eine neue Möglichkeit, uns gegenseitig damit zu quälen. Imagepflege lässt uns viel erfolgreicher aussehen, als wir tatsächlich sind. Wir präsentieren die Schokoladenseite unseres Lebens und kehren alles andere unter den Teppich. Wir sehen die Menschen meist aus der Ferne. Und da sieht es so aus, als seien sie alle irre erfolgreich. Aber in Wirklichkeit beißen sie sich genauso durch wie wir. Nur sehen wir die Realität nicht. Wir sehen einen Instagram-Post. Und was die Sache noch schlimmer macht, wir leben in einer Kultur des Promikults, in der nur die Geschichten einer mickrigen Minderheit erzählt werden, Geschichten von ein paar wenigen Menschen, die schon in jungen

Jahren sehr erfolgreich waren, sodass wir uns noch minderwertiger fühlen.

Drittens – und bitte steigt jetzt nicht aus, der deprimierende Teil ist fast vorbei, versprochen –: Wenn wir es endlich »geschafft« haben und tatsächlich erfolgreich sind, ist es nie ganz so großartig, wie wir gehofft haben. Und falls doch, dann ist dieses euphorische Gefühl, dass ein Traum wahr geworden ist, nur von kurzer Dauer. Es hält nie sehr lange an.

Die meisten von uns leben daher mit einem tiefen Gefühl der Enttäuschung und Desillusionierung.

Zwei Soziologen haben dafür diese Formel gefunden: »Glück = Realität minus Erwartungen«[113].

Das ist eine wissenschaftliche Art zu sagen, dass wir alle Erwartungen haben. Wenn du deine eigenen Erwartungen *übertriffst*, stehen die Chancen gut, dass du glücklich wirst. Aber wenn dein Leben nicht deinen Erwartungen entspricht, dann wirst du wahrscheinlich unglücklich sein, egal wie erfolgreich du bist.

Diese Gleichung ging gut auf für Oma und Opa, die gerade eine Wirtschaftskrise und einen Krieg hinter sich hatten. Aber sie liefert ein miserables Ergebnis für eine Generation von Träumern mit völlig überzogenen Erwartungen.

Worauf ich hinauswill – und danke, dass du bis hierhin weitergelesen hast –, ist Folgendes: Wir sollten *erwarten*, dass unsere Arbeit eine ambivalente Angelegenheit ist, gut *und* schlecht. Wir sollten damit rechnen, dass einige unserer Träume in Erfüllung gehen *und* dass wir ein wenig enttäuscht werden. Wir sollten erwarten, dass unsere Arbeit uns ein Gefühl von Sinn und Ziel gibt *und* dass wir regelmäßig frustriert sind von dem, was wir tun.

Glück oder Zufriedenheit, oder was auch immer wir in der Arbeit oder in der Freizeit suchen, können wir nicht finden, ohne dass Gott ins Spiel kommt.

Das ist die schlechte Nachricht.

Hier kommt die gute: Was, wenn Gott es so eingerichtet hat? Was, wenn das alles Gottes Idee war? Was, wenn er damit etwas Besonderes im Schilde führt?

Schließlich war *er* derjenige, der den Ackerboden verflucht hat. Wir haben gesündigt, das stimmt, aber *er* hat den Acker verflucht.

Warum sollte er das tun? Warum sollte ein liebevoller, großzügiger Schöpfer seine eigene Schöpfung verfluchen? Ist er grausam? Sadistisch? Psychopathisch? Nachtragend? Einfach nur niederträchtig?

Hier ist meine Theorie: Ich glaube, der Fluch ist Gottes Liebe durch die Hintertür. Seine Barmherzigkeit inkognito.[114] Denn der Fluch treibt uns zu Gott.

Gäbe es den Fluch nicht, den Gott auf die Familie und den Ackerboden gelegt hat, würden wir das, was wir suchen, in unserer Arbeit oder unserer Freizeit suchen, und wir würden es finden. Aber nichts könnte katastrophaler sein, als wenn Gottes Ebenbilder ihre Identität, Zugehörigkeit und sogar Zufriedenheit finden würden, nur ohne Gott.

Zum Glück wird das nie passieren.

Ob wir nun auf die Familie schauen – Ehe, Kinderkriegen, Partnerschaft, Beziehungen, Tradition. Oder auf den Ackerboden – Arbeit, Job, Karriere, das, was wir uns leisten oder kaufen. Oder auch auf die Freizeit – Spiel, Hobby, Musik, Essen, Trinken, Urlaub, Wellness, Sport. Nichts von diesen Dingen – so fantastisch sie auch sein mögen – wird jemals das Leben hervorbringen, nach dem wir uns sehnen. Zumindest nicht für sich genommen.

All diese Dinge sollen uns letztlich zu jemandem hintreiben.

Aber glaube jetzt bitte nicht, dass ich in eine dualistische, asketische Weltanschauung abdriften will, als ob wir alle unsere Arbeit aufgeben, als Eremiten in die Wüste gehen und rund um die Uhr in einer Höhle beten sollten. Nein. Oft finden wir diesen Jemand nämlich dort, wo wir ihn am wenigsten erwarten – in unserer Arbeit und in unserer Freizeit.

Nehmen wir noch mal die Geschichte vom Garten Eden: Gott kommt zu Adam und Eva, die sich im Gebüsch verstecken. Direkt nachdem sie es gründlich vermasselt haben. So ist Gott nun mal. Er steht nicht abwartend da, die Arme verschränkt, wütend und schweigsam, und wartet darauf, dass Adam zur Vernunft kommt. Nein, er kommt zu unseren Ur-Eltern, mitten hinein in ihr Chaos, ihre Scham und ihr Versagen.

Oft erwarten wir, Gott zu finden, wenn wir *zu ihm* gehen – in der Kirche, im Gebet oder in Exerzitien. Und dort ist er ganz sicher auch. Er ist Gott. Er ist überall. Aber er ist auch da, wo wir ihn oft gar nicht erwarten – im Büro, in der Küche, in einem schwierigen Meeting, im Biologieunterricht, zwischen Wäschebergen, im Versuch, all die unbezahlten Rechnungen zu bezahlen … Dann ist er auch da.

Für die meisten von uns ist der letzte Ort, an dem wir erwarten, Gott zu finden, der Job, den wir grässlich finden. Aber was, wenn das einer der ersten Orte ist, an denen wir suchen sollten? Ich wette, Gott ist dort.

Gott tut das, was er immer tut: Er rettet uns.

Was wäre, wenn unsere Arbeit – selbst das, was daran hart, schwierig und frustrierend ist – einer der Orte wäre, an dem Gott erlösend an uns wirkt – wenn nicht sogar *der* Ort schlechthin? Mit erlösend meine ich nicht nur »aus der Hölle in den Himmel retten«. Wir wissen hoffentlich inzwischen alle, dass das nur der Anfang ist. Ich meine, dass Jesus uns *neu* macht und in die Menschen verwandelt, die wir schon immer sein sollten – Könige, Königinnen, Herrschende über die Welt –, um uns auf das vorzubereiten, was kommen wird.

Denn für alle, die zu Jesus gehören, ist Eden der Ort, von dem wir kommen, *und* der Ort, zu dem wir gehen.

Doch bevor wir unser Ziel erreichen, müssen wir noch einen weiteren Zwischenstopp einlegen …

Teil 2

RUHE

Ich bin keine Maschine

Meine Gemeinde, die *Bridgetown Church* in Oregon, hat mich vor ein paar Jahren beinahe das Leben gekostet.

Ich war dreiundzwanzig, als wir die Gemeinde gründeten. Was weiß man schon mit dreiundzwanzig? Aber vom ersten Tag an hatte Gott dort etwas Einmaliges vor. Viele Menschen kamen zu Jesus. Noch mehr Menschen haben ihr Leben durch den Lebensstil von Jesus umkrempeln lassen. Das Wachstum war explosiv.

Gemeindegründung ist eine Mischung aus einem Silicon-Valley-Start-up und dem D-Day. Einfacher gesagt, es verlangt einem jede Menge ab.

Das erste Jahr war anstrengend, aber faszinierend. So etwas hatte ich noch nie erlebt, geschweige denn mitgestaltet.

Das zweite Jahr war anstrengend, aber gut.

Das dritte Jahr war anstrengend. Sonst nichts. Einfach nur anstrengend.

Im vierten Jahr war ich am Eingehen. Mit gerade mal siebenundzwanzig stand ich kurz vor einem Nervenzusammenbruch. Gestresst. Ständig beim Arzt. Dauernd krank. Unentwegt im Clinch mit meiner Frau. Wütend auf die Welt. Das lodernde Feuer der Anfangszeit bestand für mich nur noch aus einem winzigen Flämmchen und einer großen Menge Rauch. Mein Herz war kurz davor zu streiken.

Meine Frau Tammy und ich hatten damals noch keine Kinder, also war ich unentwegt am Arbeiten. Ich wachte jeden Morgen um sechs Uhr auf, las und betete ein wenig und arbeitete dann bis etwa 22 Uhr. Sechs Tage die Woche. Wenn ich dann meinen freien Tag hatte, war nicht mehr viel von mir übrig. Wir nannten ihn meinen Erholungstag. Ich verschlief den halben Vormittag, und wenn ich aufstand, war ich meist schlecht gelaunt. Den Rest des Tages verbrachte ich damit, aufzuholen, was liegen geblieben war – Besorgungen, Rechnungen, dies und das in der Wohnung. Im Grunde habe ich auch an diesem Tag gearbeitet, nur ohne Bezahlung. Und dann sind wir shoppen gegangen und haben uns Sachen gekauft. Ist das nicht das, was man tut, wenn man ein gutes Gehalt bekommt? Manchmal schauten wir uns noch einen Film an, aber meistens stritten wir, und dann gingen wir wieder schlafen. Mein freier Tag war der schlimmste Tag der Woche. Ohne Ausnahme.

Du kannst nur eine gewisse Zeit so leben, bis etwas in deiner Seele kaputtgeht. Du verlierst einen Teil deiner Menschlichkeit.

Ein Teil des Problems war, dass ich meinen Job liebte (ich liebe ihn immer noch). Und als Pastor kann man es leicht darauf schieben, dass Gemeindearbeit halt so ist – eine To-do-Liste, die sich bis ins Unendliche erstreckt. Aber die Wahrheit ist: Ich bin ein Workaholic. Ich liebe meinen Job *zu* sehr. Wie viele Menschen habe auch ich mein eigenes Babel errichtet, indem ich meine Identität und mein Selbstwertgefühl an meiner Arbeit festmachte. Und dieser Weg führte direkt in die Dunkelheit und über die Klippe.

Und dann stand ich da, Ende zwanzig, auf dem besten Weg in ein Burn-out, dachte darüber nach, den Job hinzuschmeißen, den ich früher so geliebt hatte, und war einfach nur unglücklich. Da stieß ich auf ein kleines Buch eines jüdischen Mystikers über den Sabbat.[115] Ich las es. Dann las ich es noch mal. Und dann ein drittes Mal. Ich sage diesen Satz wirklich nicht gern: »Dieses Buch hat mein Leben verändert!«, weil er so abgedroschen klingt. Aber dieses Buch *hat* mein Leben verändert. Zum ersten Mal begann ich, die Kunst des Sabbats zu praktizieren, eine Kunst, die so alt ist wie die Schöpfung selbst.

In 1. Mose 2, am Ende der Schöpfungsgeschichte, heißt es: »So wurde die Schöpfung des Himmels und der Erde mit allem, was dazugehört, vollendet. Am siebten Tag vollendete Gott sein Werk und ruhte von seiner Arbeit aus.«[116]

Wie bereits gesagt, beginnt die Schöpfungsgeschichte damit, dass Gott arbeitet, und sie endet damit, dass er ausruht. Nach sechs Tagen der Welterschaffung ist es vollbracht. Das Universum ist vollendet.

Und du glaubst, *deine* Woche war produktiv?

Dann lesen wir, dass Gott ausruhte.

Hey, das solltest du jetzt unbedingt mitbekommen: *Gott* ruhte aus.

Gott, der keinen Schlaf, keinen freien Tag und keinen Urlaub braucht, der nicht müde, erschöpft oder unausstehlich wird, dem kein anderes Wesen im ganzen Universum gleicht: dieser Gott ruhte aus.

Auch auf die Gefahr hin, wie eine kaputte Schallplatte zu klingen, möchte ich daran erinnern: Wir sind nach seinem Bild geschaffen.

Wir sind dazu geschaffen, der Welt zu spiegeln und zu demonstrieren, wie Gott ist.

Gott arbeitet, also arbeiten wir. Gott ruht aus, also ruhen wir aus.

Arbeit und Erholung stehen in einer symbiotischen Beziehung zueinander. Wenn wir nicht lernen, uns auszuruhen, werden wir nie lernen, gut zu arbeiten. Und umgekehrt. Ich bin der Meinung, das Gegenteil von Arbeit ist nicht Ruhe – es ist Schlaf. Arbeit und Ruhe sind Freunde, keine Feinde. Sie sind wie Braut und Bräutigam. Zusammen ermöglichen sie ein erfülltes, ausgewogenes Leben.

Der Sabbat ist nicht nur ein Tag, an dem wir nicht arbeiten, sondern ein Tag, an dem wir uns an dem freuen, was ein hebräischer Dichter als »das Werk unserer Hände« bezeichnet hat.[117] Wir freuen uns an dem Leben, das wir in Partnerschaft mit Gott gestaltet haben, wir freuen uns an der Welt, die uns umgibt, und wir freuen uns an Gott selbst. Der Sabbat ist ein Tag, an dem wir es uns in unserem Lieblingssessel bequem machen, auf die Arbeit der letzten sechs Tage zurückblicken und einfach nur genießen.

Das Wort »ruhen« in 1. Mose 2 heißt im Hebräischen *schabat*, woher auch das Wort »Sabbat« stammt. Es bedeutet im Wesentlichen »aufhören« oder »beenden« oder »vollständig sein«, aber es kann auch mit »feiern« übersetzt werden.

Im Judentum wird die Kunst des Sabbats seit Jahrtausenden praktiziert. Wir können eine Menge davon lernen. Juden sprechen viel über *menuha* – ein weiteres hebräisches Wort, das mit »Ruhe« übersetzt werden kann, aber eine ganz besondere Art der Ruhe meint. Es geht hier nicht nur um ein Nickerchen auf der Couch, sondern um eine Ruhe, die zugleich ein Fest ist. Das Wort wird oft auch mit »Glück« übersetzt. Für die Juden ist *menuha* etwas, das sie sich schaffen. Es geht nicht nur darum, dass sie an einem Tag der Woche aufhören zu arbeiten und die Füße hochlegen. Es geht darum, eine Umgebung, eine Atmosphäre, zu schaffen, in der sie ihr Leben, ihre Welt und ihren Gott genießen können. Es ist mehr eine Art des Seins als ein Zeitfenster von vierundzwanzig Stunden.

Wir alle brauchen hin und wieder ein wenig *menuha*. Und dafür ist der Sabbat da.

Der Sabbat ist ein Tag, an dem ich Gott meine ganze Aufmerksamkeit schenke.

Es ist ein Tag, an dem ich nur für meine Familie und meine Freunde da bin.

Der Sabbat ist ein Tag ohne To-do-Liste. Es ist ein Tag, an dem ich nichts erledige und dabei *kein* schlechtes Gewissen habe.

Es ist ein Tag, an dem ich mein Telefon ausschalte, keine Mails lese und mich einfach mal niemand erreichen kann.

Der Sabbat ist kein Tag, an dem ich kaufe oder verkaufe – um *mehr* zu haben. Es ist ein Tag, um zu genießen, was ich *schon* habe.

Es ist kein Tag zum Trübsalblasen.

Der Sabbat ist ein Tag zum Freuen und Genießen – eine Feier des Lebens in Gottes sehr guter Welt.

Nach sechs Tagen, an denen Gott daran gearbeitet hatte, ein Universum zu gestalten, ruhte Gott aus. Und damit hat er in die Schöpfung einen Rhythmus eingebaut. Wir arbeiten sechs Tage lang, und dann ruhen wir einen Tag aus. Und dieser Rhythmus von Arbeit und Ruhe ist für unser Menschsein genauso wichtig wie Nahrung, Wasser, Schlaf oder Sauerstoff. Er ist überlebensnotwendig. Mehr noch, er ist dafür da, dass es uns gut geht. Ich bin keine Maschine. Ich kann nicht sieben Tage die Woche arbeiten. Ich bin ein *Mensch*. Ich kann nur sechs Tage arbeiten und dann einen Tag ausruhen, genau wie der Gott, dessen Bild ich trage.

Nachdem Gott ausgeruht hatte, heißt es: »Und Gott segnete den siebten Tag und erklärte ihn für heilig, weil es der Tag war, an dem er sich von seiner Schöpfungsarbeit ausruhte.«[118]

Hier gibt es zwei faszinierende Worte, die ich genauer unter die Lupe nehmen möchte: »segnete« und »heilig«.

»Segnen« heißt auf Hebräisch *barak*. In der Schöpfungsgeschichte ist *barak*, ein Segen, die lebensspendende Fähigkeit, etwas zu zeugen – *mehr Leben* zu schaffen.

In 1. Mose lesen wir dreimal, dass Gott diesen *barak* verteilt:

- Zunächst segnet Gott seine Geschöpfe – das Tierreich – und sagt: »Seid fruchtbar und vermehrt euch. Füllt die Erde.«
- Dann segnet er die Menschen und sagt genau dasselbe: »Seid fruchtbar und vermehrt euch. Füllt die ganze Erde.«
- Und dann segnet er den siebten Tag.

Er segnet also die lebenden Geschöpfe. Dann segnet er den Menschen. Und schließlich segnet er einen *Tag*? Wie soll das funktionieren?

Der Sabbat hat die lebensspendende Fähigkeit, etwas zu zeugen – die Welt mit Leben zu erfüllen.

Wir können unsere Arbeit noch so sehr lieben oder unsere Work-Life-Balance perfektionieren, am Ende der Woche sind wir trotzdem müde. Unsere Akkus sind leer. Aber Ruhe lädt uns wieder auf – mit Energie, Kreativität, Vision, Kraft, Optimismus, Schwung, Klarheit und Hoffnung. Ruhe ist lebensspendend.

Denn Gott hat den Sabbattag gesegnet.

Das war also das erste Wort. Betrachten wir noch eins. Als Nächstes lesen wir, dass Gott den Sabbat für »heilig« erklärt. Im Hebräischen ist das ein gewichtiges, ernstes Wort – *kadosh*. Normalerweise wird dieses Wort für Gott verwendet.

Gott ist *kadosch*. Er ist heilig.

Die Rabbiner legen viel Wert auf das Prinzip der ersten Erwähnung. Einfach gesagt bedeutet das: Wenn etwas zum ersten Mal in der Bibel vorkommt, dann ist das quasi eine Definition. Hier wird festgelegt, wie man dieses Wort auch in allem, was folgt, versteht.

Und an dieser Stelle lesen wir das Wort *kadosch* zum ersten Mal in der Bibel. Und was erklärt Gott hier als *kadosh* – als heilig?

Zeit.

Das ist verblüffend. Man sollte meinen, dass Gott nach der Erschaffung der Welt einen heiligen *Ort* schaffen würde – einen Berg oder einen Tempel oder einen Schrein. Schließlich hat jede andere Religion einen heiligen Ort. Der Islam hat Mekka. Der Hinduismus hat den Ganges. Das Heidentum hat Stonehenge. Der Fußball hat das Wembley-Stadion.

> Unser Gott hat keinen heiligen *Raum*, er hat eine heilige *Zeit* – den Sabbat.

Dieser Gott ist nicht in der Welt des Raumes zu finden – in einem Tempel, auf dem Gipfel eines Berges, an einer Quelle, einer Statue oder einem Gedenkstein. Er ist in der Welt der Zeit zu finden.

Heschel sagte: »Die Sabbate sind unsere großen Kathedralen.«[119]

Es gibt eine Hierarchie der Zeit. Nicht alle Momente sind gleich. Manche Momente sind viel, viel besser als andere.

Sechs Tage lang ringen wir mit der Welt des Raums – der harten Arbeit, eine Zivilisation zu schaffen. Aber am Sabbat genießen wir die Welt der Zeit. Wir werden langsamer, atmen tief durch und nehmen alles in uns auf.

Wir drücken die Slow-Mo-Taste.

Gestern war bei uns in Portland der erste warme, sonnige Tag des Jahres – es waren über 20 Grad. Das ist im Frühling eher eine Seltenheit hier. Deshalb bedeutet das bei uns de facto eine stadtweite Party. Ich hatte einen vollen Tag, aber zwischendurch war ich mal kurz zu Hause und hatte noch zehn Minuten Zeit, bevor ich wieder losmusste. Also setzte ich mich auf die Terrasse, in die Sonne, zog mein Hemd aus und fuhr innerlich runter. Was ich erreichen wollte, war, dass sich diese zehn Minuten wie zehn Stunden anfühlen sollten.

So ein Tag ist der Sabbat. Es ist ein Tag, an dem es darum geht, jede Sekunde auszukosten. Weil er heilig ist.

Ist das deine Vorstellung von Heiligkeit?

Leider denken viele von uns bei Heiligkeit nur an das, was wir *nicht tun*. Wir betrinken uns nicht, schlafen uns nicht durch die Gegend oder sehen uns keine Filme an, die erst ab achtzehn freigegeben sind (außer sie handeln von Jesus oder Russell Crowe spielt mit). Das ist ja einerseits sehr gut, aber es ist auch einseitig. Heiligkeit hat nämlich auch eine aktive Seite. Es geht darum, was wir *tun*.

• • •

Später, im zweiten Buch der Bibel, gibt es eine fesselnde Geschichte über Mose und die Israeliten in der Wüste. Sie sind am Verhungern, und deshalb schickt Gott ihnen diese seltsame neue Nahrung, das Manna. Es fällt buchstäblich jeden Morgen vom Himmel, und alles, was sie tun müssen, ist, hinauszugehen und es einzusammeln. Mit einer Ausnahme. Am sechsten Tag fällt doppelt so viel vom Himmel. Und am siebten Tag – dem Sabbat – nichts. Der Himmel ist leer.

Das Volk ist verwirrt, als es am sechsten Tag aufwacht und eine zusätzliche Lebensmitteltüte vorfindet. Da sagt Mose: »Morgen ist ein Ruhetag, der heilige Sabbat für den Herrn. Deshalb kocht und backt heute, so viel ihr wollt. Und was übrig bleibt, könnt ihr für morgen aufbewahren.«[120]

Der heilige Sabbat für den Herrn.

Der Ausdruck »heilig *für* den Herrn« findet sich in der gesamten Bibel. Er kann auch mit »dem Herrn geweiht« übersetzt werden. Der Sabbat ist also ein ganzer Tag, der heilig, herausgenommen und Gott geweiht ist.

Der Sabbat ist nicht einfach nur ein freier Tag. Es ist ein Tag der Ruhe und der Anbetung.

Wenn ich Sabbat halte, lasse ich alles, was ich tue, durch dieses Raster laufen: Ist es Ruhe? Ist es Anbetung? Wenn die Antwort auf beide Fragen ja lautet, dann genieße ich es. Ist die Antwort nein, dann verschiebe ich es auf den nächsten Tag.

Denn der Sabbat ist *nicht* dasselbe wie ein freier Tag.

Hey, dieser Unterschied ist echt zentral!

An einem freien Tag arbeitest du nicht für deinen Arbeitgeber, aber du arbeitest. Du kaufst ein, gehst zur Bank, mähst den Rasen, renovierst deine Wohnung oder schreibst an deinem Science-Fiction-Roman weiter …

Aber am Sabbat ruhst du. Und du betest Gott an. Sonst nichts.

Deshalb erklärte Mose den Israeliten, wie sie sich auf den Sabbat vorbereiten konnten. Dass sie backen und kochen und sich für den Tag der Ruhe bereit machen sollten. Stell dir den Sabbat wie einen wichtigen Feiertag vor. Niemand von uns wacht an Heiligabend auf und denkt: »Hm, mal sehen, was wir heute so machen …« Nein, wir bereiten uns darauf vor. Das Gleiche gilt für Ostern, den Geburtstag oder den Hochzeitstag – wir planen und bereiten uns vor, kaufen vorher alles Wichtige ein und freuen uns schon tagelang darauf.[121]

In unserer Familie beginnt der Sabbat am Freitagabend bei Sonnenuntergang und dauert dann bis zum Ende des Samstags, deshalb ist am Freitagnachmittag immer viel los. Wir putzen das Haus, arbeiten die To-do-Liste ab, gehen auf den Markt und planen den kommenden Tag. Und dann endlich kommt er.

Gesegnet und heilig.

• • •

Diese Welt hat einen Rhythmus. Sechs Tage lang herrschen wir und arbeiten und mühen uns ab und schwitzen und ringen und kämpfen mit dem Ackerboden. Aber dann treten wir einen Schritt zurück, und für vierundzwanzig Stunden halten wir Sabbat, genießen die Früchte unserer Arbeit, freuen uns an Gott und seiner Welt, feiern das Leben, ruhen uns aus und beten an.

Der Schöpfergott lädt uns dazu ein, dass wir uns ihm in diesem Rhythmus anschließen – uns auf diesen Wechsel von Arbeit und Ruhe einlassen. Und wenn wir seine Einladung nicht annehmen, spüren wir die Konsequenzen. Müdigkeit. Burn-out. Ängste. Depressionen. Arbeitswut. Verkümmerte Beziehungen. Ein geschwächtes Immunsystem. Niedriges Energielevel. Wut. Anspannung. Chaos. Verwirrung. Leere. Das sind die Anzeichen für ein Leben ohne Ruhe.

Vielleicht ist das der Grund, warum der Sabbat später *angeordnet* wird. Als Israel am Fuße des Berges Sinai steht, kommt Gott in einer Wolke aus Feuer, Rauch und Blitzen herab auf den Berg. Und dann verkündet Gott mit einer Stimme, die einem kalifornischen Erdbeben gleicht, seinem Volk die Zehn Gebote. Seine Vision für Menschlichkeit ist auf *zehn* Gebote reduziert – so wenige, dass jedes Kind sie an den Fingern abzählen kann.

Und welches ist wohl das längste und ausführlichste Gebot? Das Sabbatgebot. Ihm wird mehr Platz eingeräumt als allen anderen. Gott beginnt mit den Worten: »Denke an den Sabbat.«[122]

Der Sabbat ist also etwas, das man leicht vergisst. Es ist leicht, in dieses Rund-um-die-Uhr-*Go-go-go*-Hamsterrad hineingezogen zu werden, das wir das moderne Leben nennen. Wir sollen uns an den Sabbat erinnern.

Und wie? Indem wir ihn »heiligen«.

Der Sabbat *ist* heilig, aber er ist auch etwas, das wir heilig *halten* müssen. Es ist leicht, ihn zu entweihen, zu entwerten. Es passiert leicht, dass er nur ein weiterer Tag im Hamsterrad wird. Ein weiterer Tag, an dem wir in das alltägliche Muster zurückfallen – arbeiten, kaufen, verkaufen, wiederholen. Wir müssen den Sabbat heilig halten – über ihn wachen, ihn behüten, ihn behandeln wie eine zarte Pflanze.

Wenn du dich jetzt fragst, warum du dir all diese Mühe machen solltest, dann hat Gott am Ende seines längsten Gebots eine Antwort für dich:

> Denn in sechs Tagen hat der Herr den Himmel, die Erde, das Meer und alles, was darin und darauf ist, erschaffen; aber am siebten Tag hat er geruht. Deshalb hat der Herr den Sabbat gesegnet und für heilig erklärt.

Für Gott ist sein Sabbatgebot also direkt in der Schöpfung begründet.

Viele Leute sind der Meinung, wir seien »befreit« vom Sabbat, weil das Sabbatgebot ein Teil der Thora oder des Gesetzes ist. Als ob der Sabbat nur eine legalistische Regel wäre, an die wir Menschen nur so lange gebunden waren, bis Jesus kam. Was für ein tragisches Missverständnis.

Klar stimmt es: Wir sind nicht mehr an die Thora gebunden. Und es ist auch korrekt, dass das Sabbatgebot als einziges der Zehn Gebote im Neuen Testament nicht direkt wiederholt wird (was übrigens nicht bedeutet, dass es nicht mehr gültig wäre).

Jesus sagt etwas Wichtiges über den Sabbat: »Der Sabbat wurde *für* den Menschen geschaffen.«[123] Und das bedeutet, dass der Sabbat immer noch eine weise Ordnung ist. Keine Regel, die wir stur einhalten müssen, sondern ein Geschenk[124] – vom Schöpfer an seine Geschöpfe.

Im Neuen Testament gibt es kein Gebot, etwas zu essen, Wasser zu trinken oder acht Stunden pro Nacht zu schlafen. Es ist einfach weise, so zu leben, wie der Schöpfer den menschlichen Körper und die Welt eingerichtet hat.

Du kannst den Sabbat übergehen – das ist keine Sünde. Es ist einfach nicht klug.

Du kannst Sand essen – das ist keine Sünde. Es ist einfach nur dumm.

Du kannst tagelang wach bleiben wie Josh Lyman in *The West Wing*[125]. Probier's aus. Gott ist dir deshalb nicht böse. Aber wenn du das lange genug machst, wirst du sterben.

• • •

Mir stellen sich die Nackenhaare auf, wenn ich höre, wie die Leute darüber streiten, ob wir den Sabbat halten müssen oder nicht und, wenn ja, an welchem Tag. Manche sagen, am Samstag wie die Juden, andere sagen, am Sonntag wegen der Auferstehung, wieder andere meinen, jeder Tag sei in Ordnung. Aber all dieser Streit geht am Wesentlichen vorbei. Im Kern geht es darum, dass der Schöpfer die Schöpfung auf eine bestimmte Weise eingerichtet hat, nämlich so, dass sie gedeiht – also auch, dass du und ich gedeihen. Und wenn wir den Sabbat halten, dann greifen wir auf Gottes Rhythmus zurück, auf seine geniale Idee, wie wir Menschen gut leben können.

Technisch gesehen dauert der Sabbat von zwanzig Minuten vor Sonnenuntergang am Freitagabend bis zum frühen Samstagabend. Der jüdische Tag geht nämlich immer von Sonnenuntergang bis Sonnenuntergang. Aber die meisten Anhänger von Jesus halten den Sabbat am Sonntag, weil es der Tag der Auferstehung ist und der Tag, an dem wir zum Gottesdienst zusammenkommen. Für mich als Pastor ist der Sonntag allerdings ein Arbeitstag. Und zwar ein besonders anstrengender. Ich stehe früh auf und bereite mich auf einen Marathontag vor. Mein letzter Vortrag oder meine letzte Predigt ist abends um zwanzig Uhr. Wenn ich also gegen dreiundzwanzig Uhr nach Hause komme, dann krieche ich zur Tür rein.

Nicht wörtlich. Das war eine Metapher.

Wir halten also unseren Sabbat von Freitagabend bis zum frühen Samstagabend, aber nur, weil es in unserem Leben so am besten funktioniert. Ich glaube nicht, dass es eine Rolle spielt, welchen Tag man nimmt. In der Schöpfungsgeschichte steht nicht Freitag oder Samstag, sondern nur »der siebte Tag«. Und der Apostel Paulus sagt: »Für manche Leute sind bestimmte Tage von besonderer Bedeutung. Für andere wieder sind alle Tage gleich. Jeder soll so leben, dass er mit voller Überzeugung dazu stehen kann.«[126] Vermutlich haben sich die Menschen zu allen Zeiten darüber gestritten. Für uns passt die Zeit von Freitagabend bis Samstagabend einfach gut.

Der Sabbat ist in unserer Familie mit Abstand der Höhepunkt der Woche. Meine beiden jüngsten Kinder, Moses und Sunday, haben noch kein besonders gutes Zeitgefühl. Morgen, übermorgen, nächste Woche – es ist alles so ziemlich gleich für sie. Und so fragen sie mich jeden Morgen mit einem großen, hoffnungsvollen, kindlichen Strahlen: »Ist heute Sabbat?« Mein Größter, Jude, hat schon seine eigene Uhr. Er zählt die Tage rückwärts. Noch drei Tage bis zum Sabbat. Noch zwei Tage. Morgen ist es so weit!

Und das überrascht mich nicht.

In der Schöpfungsgeschichte ist der Sabbat der Höhepunkt im Sieben-Tage-Zyklus.

Es ist der siebte Tag, nicht der dritte oder vierte. Er ist keine Pause, in der wir uns erholen, um dann wieder an die Arbeit gehen zu können. Wenn überhaupt, dann ist es genau umgekehrt. Er ist das Ziel, auf das die ganze Woche zuläuft. Der Höhepunkt ist ein ganzer Tag, den wir der Anbetung widmen dürfen. So wie die Arbeit, wenn sie richtig gemacht wird, ein Akt der Anbetung ist, so auch die Ruhe. Wir können unsere Ruhe zu einem Ausdruck der Anbetung Gottes machen.

Wir können sogar zu Gottes Ehre ausruhen. Wenn wir die Welt, wie Gott sie gedacht hat, genießen – mit einer Tasse Kaffee, einem Nickerchen in der Hängematte, einem guten Essen, Zeit mit Freunden –, dann verherrlichen wir damit Gott. Denn es weckt ein Bewusstsein für die Gegenwart des Schöpfers und all die Schönheit, die uns umgibt. Und wenn wir all das in einer Haltung der Dankbarkeit tun, wenn wir zulassen, dass die Schönheit unserer Welt und unseres Lebens uns dazu bringt, Gott zu erkennen und ihn zu lieben, dann wird die Ruhe zum Gottesdienst, zur Anbetung.

Aber auch wenn es am Sabbat darum geht, den Gott nachzuahmen, der arbeitet und dann ruht, ist es doch auch ein Tag, an dem wir uns daran erinnern, dass *wir nicht Gott sind.* Wir nehmen uns einen Tag frei, und die Welt kommt gut ohne uns aus.

Wir sind nicht so wichtig, wie wir denken.

Der Sabbat ist ein Tag, um diese Tatsache anzunehmen, sie zuzulassen, sie uns zu eigen zu machen und sie zu feiern. Am Sabbat feiern wir, dass wir nicht Gott sind. Wir feiern unsere Grenzen und unseren Gott.

Wir feiern unsere Schwäche und unsere Sterblichkeit, um unseren Gott der Stärke und Unsterblichkeit und grenzenlosen Macht zu feiern. Um bei ihm und in ihm zu ruhen.

Deshalb ist der Sabbat ein Ausdruck des Glaubens. Wir glauben daran, dass es einen Schöpfer gibt und dass er gut ist. Wir sind seine Schöpfung. Das hier ist seine Welt. Wir leben unter seinem Dach, trinken sein Wasser, essen sein Brot, atmen seine Luft.

Am Sabbat nehmen wir also nicht nur einen Tag frei von der Arbeit, sondern wir nehmen Abstand von allem, was uns an der Arbeit stresst. Wir geben Gott alle unsere Ängste und Anspannung, unsere Hektik und unseren Frust. Wir lassen los.

Wir hören auf zu herrschen und die Erde zu bebauen und sind einfach da. Wir erinnern uns an unseren Platz im Universum. Damit wir niemals vergessen: Es gibt einen Gott. Und das bin nicht ich.

Anti-Pharao

Okay, bleib noch dran. Wir haben gerade mal an der Oberfläche des ganzen Sabbat-Themas gekratzt. Jetzt kommt der wirklich gute Teil.

Wir haben im letzten Kapitel bei Mose auf dem Berg Sinai und den berühmten Zehn Geboten aufgehört. Aber die Bibel hat noch viel mehr über den siebten Tag zu sagen.

Jeder, der schon ein Weilchen in christlichen Kreisen unterwegs ist, hat vermutlich schon mal das Wort *Thora* gehört. Wenn wir von der Thora sprechen, meinen wir normalerweise die ersten fünf Bücher der Bibel, das erste bis fünfte Buch Mose, auch bekannt als Genesis, Exodus, Levitikus, Numeri und Deuteronomium.

Die Zehn Gebote sind nur der Anfang der Thora. Alles in allem gibt es 613 Gebote. Sie haben einen schlechten Ruf als kleinliche Regeln, aber in Wirklichkeit sind sie eher ein Manifest dafür, wie Israel als Volk Gottes leben sollte.

Wahrscheinlich weißt du das schon. Aber hier kommt etwas, was du vielleicht noch nicht weißt: In Wirklichkeit gibt es in der Bibel *zwei* Thoras.[127]

Die erste stammt vom Berg Sinai, und sie ist das, was wir im 2. und 3. Buch Mose lesen. Sie richtet sich an eine Generation, die frisch aus Ägypten kam und noch den Lehm der Ziegelgruben unter den Fingernägeln hatte. Gott spricht vom Gipfel des Berges und entwirft eine Vision, wie seine Leute in seiner neuen Welt menschlich miteinander umgehen können.

Aber leider vermasseln sie es. Königlich.

Sie halten sich nicht an seine Gebote, sondern wiederholen die alte, lahme, unkreative Geschichte von Adam und Eva noch einmal – sie sündigen. Und so wandern sie weiter durch die Wüste, anstatt direkt aus Ägypten in das von Gott versprochene Land zu ziehen. Vierzig Jahre lang. Bis alle tot sind, die rebelliert haben.

Das passiert, wenn Gottes Volk sündigt – wenn wir Gottes Thora, seine Weisung, ignorieren, abtun oder ablehnen. Wenn wir unser eigenes Ding machen.

Wir wandern. Durch die Wüste. Wir stehen da mit kaputtem GPS und einem fiesen Sonnenbrand. So kann man nicht leben, geschweige denn sterben.

Aber zurück zur Geschichte vom Volk Israel. Vier Jahrzehnte später ist die erste Generation gestorben, und eine neue Generation ist bereit, das verheißene Land zu betreten. Die Zukunft ist ein unbeschriebenes Blatt. Sie stehen an der Schwelle zu etwas Erstaunlichem.

Das ist die Zeit, in der das 5. Buch Mose entstand.[128] Der Name *Deuteronomium* geht auf zwei griechische Wörter zurück: *deutero* bedeutet »zwei« und *nomos* »Gesetz«. Es kann entsprechend mit »das zweite Gesetz« oder »die zweite Thora« übersetzt werden. Es handelt sich im Wesentlichen um eine Predigt. Mose, der jetzt ein sehr alter Mann ist und nur noch wenige Tage zu leben hat, wiederholt die Thora für diese junge, noch grüne und unerfahrene

Generation. Und wie die meisten alten Männer erzählt er Geschichten, die wir bereits kennen, insbesondere die Geschichte vom Berg Sinai.

Deshalb finden wir in der Bibel zwei Versionen des Sabbatgebots. Eine in 2. Mose 20 und eine zweite in 5. Mose 5. Sie sind fast identisch.

Fast.

Sie beginnen so:

> Halte den Sabbat, indem du ihn heiligst, wie der Herr, dein Gott, es befohlen hat. Sechs Tage in der Woche sollst du arbeiten und deinen alltäglichen Pflichten nachkommen. Der siebte Tag aber ist ein Ruhetag für den Herrn, deinen Gott. An diesem Tag darf kein Angehöriger deines Hauses irgendeine Arbeit verrichten. Das gilt für dich, deine Söhne und Töchter, deine Sklaven und Sklavinnen, deinen Ochsen, deinen Esel und dein übriges Vieh sowie für alle Fremden, die bei dir wohnen. Alle deine Sklaven und Sklavinnen sollen ausruhen, so wie auch du ausruhst.[129]

Also, für alle unter euch, die ihren Ochsen wirklich zwingen wollen, sieben Tage die Woche zu arbeiten – sorry, nennt mich einen gesetzlichen Erbsenzähler, aber das kommt nicht infrage. Keinesfalls.

In beiden Fassungen des Gebots ist der erste Teil mehr oder weniger identisch. Je nach Übersetzung sogar wortwörtlich gleich. Aber sie *enden* unterschiedlich.

Auf dem Berg Sinai heißt es:

> Denn in sechs Tagen hat der Herr den Himmel, die Erde, das Meer und alles, was darin und darauf ist, erschaffen; aber am siebten Tag hat er geruht. Deshalb hat der Herr den Sabbat gesegnet und für heilig erklärt.[130]

Am Sinai ist das Sabbatgebot also in der Schöpfungsgeschichte begründet. Wir ruhen, weil Gott ruhte. Aber in 5. Mose endet es so:

> Denk daran, dass du selbst einmal Sklave in Ägypten warst und dass der Herr, dein Gott, dich mit großer Macht und gewaltigen Taten aus dem Land geführt hat. Deshalb hat dir der Herr, dein Gott, befohlen, den Sabbat zu halten.[131]

Das ist eine neue Wendung. Hier wird die Schöpfung nicht mehr erwähnt. Stattdessen ist das Sabbatgebot in der Geschichte des Exodus verankert.

Auf dem Sinai ist der Sabbat eine Lebenskunst. Es geht darum, sich in den Rhythmus der Schöpfung einzugrooven. In 5. Mose ist der Sabbat ein Akt des Widerstands gegen den Pharao und seine Sklaventreiber.

Am Sinai ist es eine Art, Ja zu Gott und seiner Welt zu sagen. Im Deuteronomium ist es eine Art, Nein zu Ägypten und seinem System zu sagen.

Am Sinai ist es eine Einladung, sich Gott in seiner Freude anzuschließen. In Deuteronomium ist es eine Warnung davor, sich mit dem alten Lebensstil in Ägypten zu identifizieren.

Es war der Alttestamentler Walter Brueggeman, durch den ich erstmals auf diese Sichtweise aufmerksam wurde. Ein echter Augenöffner.

• • •

Warum in aller Welt sollte Moses es für nötig halten, ehemalige Sklaven davor zu warnen, in die Sklaverei zurückzukehren? Weil Israel anfällig war für Amnesie, Gedächtnisschwund.

Das sind wir alle. Es ist leicht, die Vergangenheit zu vergessen. Erst recht für die nachfolgende Generation. Und so ist der Sabbat ein Tag der Erinnerung.

Am Sinai schaut das Volk zurück nach Eden,
in 5. Mose geht der Blick zurück nach Ägypten.

Und Ägypten ist ein Ort, an den man nie wieder zurückkehren möchte.

In Ägypten waren die Hebräer Sklaven. Und eins ist klar: Sklaven haben keinen Sabbat. Sklaven sind etwas weniger als Menschen. Eine Ware, die man kaufen und verkaufen kann. Ihr Wert besteht allein darin, wie produktiv sie sind. Sie arbeiten den ganzen Tag.

Tag für Tag für Tag.

Bis sie sterben.

Ruhe ist keine Option für einen Sklaven. Ruhe ist ein Nebenprodukt der Freiheit. Keine Freiheit, keine Ruhe.

Das Reden über endlose Arbeit ohne Ruhepausen zieht sich wie ein roter Faden durch die Exodus-Geschichte.

»Was fällt euch eigentlich ein, dass ihr die Leute von ihrer Arbeit abhaltet? Geht wieder an die Arbeit!«[132]

»Nun haltet ihr die anderen auch noch von der Arbeit ab.«[133]

»Ladet ihnen noch mehr Arbeit auf, damit sie etwas zu tun haben.«[134]

Da gingen die Aufseher und Vorarbeiter zu den Israeliten und sagten: »Wir sollen euch vom Pharao ausrichten, dass er euch ab jetzt kein Stroh mehr liefern lässt. Geht und seht selbst, wo ihr Stroh herbekommt. Ihr müsst jedoch genauso viele Ziegel herstellen wie bisher.«[135]

Die Aufseher trieben sie an: »Ihr müsst jeden Tag genauso viele Ziegel herstellen wie früher, als wir euch das Stroh noch gaben!«, verlangten sie.[136]

Doch der Pharao entgegnete ihnen: »Ihr seid einfach nur faul! Deshalb sagt ihr: ›Lass uns ziehen, damit wir dem Herrn Opfer bringen können.‹ Geht und macht euch wieder an die Arbeit! Ihr bekommt kein Stroh, aber ihr müsst trotzdem genauso viele Ziegel herstellen wie früher.«[137]

Das sind übrigens nur die Stellen aus *einem* Kapitel.

Der Pharao ist unerbittlich und unnachgiebig. Dieses quasigöttliche Abbild des Sonnengottes Re ist ein Tyrann. Unbarmherzig und grausam. Egal, wie viel du produzierst, es ist nie genug. Du lebst unter dem bedrohlichen Schatten der täglichen Quote.

Mehr! Mehr! Mehr!

Und es war nicht nur der Pharao, der nach mehr und mehr schrie. Es war das ägyptische Wirtschaftssystem als Ganzes. Die Israeliten stellten nicht einfach nur Ziegel her. Sie stellten diese

Ziegel her, um damit Vorratsstädte zu bauen.[138] Ganze Städte für den Pharao und seine Oligarchie, um ihr überflüssiges Zeug zu lagern.

Ägyptens Gier war räuberisch, unersättlich. Es gab nie genug Brot, genug Wein, genug Waren, genug Dienstleistungen, genug Ziegel.

Ägypten war ein System des Mehr.

Und es war ein System, das auf Sklavenarbeit basierte. Der verschwenderische, opulente, hedonistische Lebensstil des Pharaos lässt sich nur auf dem Rücken von billigen Arbeitskräften ermöglichen, was eine nette Umschreibung für Sklaverei ist.

Wenn heutige Ökonomen ein Diagramm für die Weltwirtschaft zeichnen, sieht es genauso aus wie die Pyramiden des Pharaos – ironisch, nicht? Damit eine winzige Minderheit den ägyptischen – nein, den amerikanischen – Lebensstil leben kann, braucht es die Massen am unteren Ende, die für so gut wie nichts arbeiten. Billige Arbeitskräfte bedeuten billige Kleidung, billige Lebensmittel, billige Waren und Dienstleistungen, billiges Benzin, billige Technologie und so weiter.

Sklaverei klingt sehr nach dreißig Prozent Rabatt.

Wir sagen nicht umsonst: »Dieses Hemd hab ich für 'nen Appel und 'n Ei bekommen.« Es ist beunruhigend, wie zutreffend diese Aussage ist. Alles, was wir genießen, kostet etwas. Und wenn es uns nichts kostet, kostet es jemand anderen etwas, der nicht mehr bekommt als 'nen Appel und 'n Ei – wenn überhaupt.

• • •

Der Pharao ist wohlauf und quicklebendig. Auch in dir.

Der Geist des Pharaos herrscht auch in unserer modernen Welt und treibt uns erbarmungslos an.

Er ist das Schuldgefühl in deinem Bauch, die Stimme in deinem Hinterkopf, die schreit: »Arbeite härter, arbeite schneller, arbeite länger. Sei produktiv! Effizient! Du bist nur so gut wie das, was du schaffst. Mach mehr Ziegelsteine in kürzerer Zeit!«

Der psychische Missbrauch, den der Pharao betreibt, ist wie Folter für den Verstand.

Und es ist nicht nur der Geist des Pharaos, der unsere Welt heimsucht. Sein Wirtschaftssystem floriert noch immer. Wir nennen es nicht mehr Ägypten. Wir nennen es Kapitalismus oder Freihandel oder Konsumismus oder Black Friday oder 0,7-Prozent-Finanzierung oder Globalisierung. Und es ist allgegenwärtig. Man kann keine Straße mehr entlanggehen, an keiner Supermarktkasse stehen oder das Internet öffnen, ohne dass Ägypten einem zuruft: »Kauf mehr, besitze mehr, habe mehr! Wen kümmert es, woher es kommt? Wen kümmert es, was es die Menschen unter dir kostet? Du arbeitest hart. Du verdienst es. Du hast noch nicht genug!«

Nun, ich bin nicht antiamerikanisch. Ich habe kein Problem damit zu sagen, dass ich ein Kapitalist und kein Marxist bin. Aber im Ernst, es wird langsam absurd.

Die Israeliten sind nicht die Einzigen, die zu Amnesie neigen. Einige von uns wollen nach Ägypten zurückkehren. Wir vermissen es. Ägypten ist zwar ätzend, wenn man Hebräer ist, aber es ist wirklich nett, wenn man beim Pharao im Palast sitzt.

Ein bisschen Pharao steckt in jedem von uns. Unser endloses Verlangen nach mehr. Und mit diesem Verlangen kommt die Rastlosigkeit. (Ich bin in meinem Buch *Das Ende der Rastlosigkeit* tiefer in dieses Thema eingestiegen.)

Erinnerst du dich? Bevor ich anfing, den Sabbat ernst zu nehmen, war mein freier Tag der schlimmste Tag der Woche. Das hatte viele Gründe. Einer davon: Ich war süchtig nach der Droge der Produktivität – diesem stimulierenden, prickelnden Gefühl, etwas geschafft zu haben. Es gibt nichts, was vergleichbar wäre. Deshalb war ich so auf Leistung getrimmt.

An meinem freien Tag hatte ich Entzugserscheinungen. Ich hatte ein schlechtes Gewissen – egal, wie hart ich die Woche über gearbeitet hatte, ich hörte die Stimme des Pharaos in meinem Kopf: »Faul, faul, faul!« Die Versuchung, einfach nur meine E-Mails zu checken, jemandem kurz eine wichtige SMS zu schicken, schnell im Büro vorbeizuschauen oder an meiner Predigt oder Vorträgen fürs Wochenende zu arbeiten – sie war überwältigend. Die Sirenen von Homer sind nichts gegen die Anziehungskraft Ägyptens.

Und es war nicht nur mein Wunsch, mehr zu produzieren, sondern auch, mir mehr anzuschaffen. Wenn ich nicht in Versuchung war, meine E-Mails zu checken, dann erlag ich meist der Verlockung, shoppen zu gehen. Ich war der Unterdrückte und der Unterdrücker zugleich, Sklave und Sklaventreiber in einem. Ich war zurück im Ägypten des Pharaos.

Am Sabbat geht es darum, Ägypten hinter sich zu lassen und in die Freiheit zu kommen.

Es geht um die Befreiung von der erstickenden Herrschaft des Pharaos.

• • •

Die Amerikaner arbeiten heute viel mehr als in früheren Jahrzehnten. Eine Studie, die ich kürzlich gelesen habe, besagt, dass die durchschnittliche Wochenarbeitszeit zwischen 1973 und 1990 von 41 auf 47 Stunden gestiegen ist. Das ist nicht schlecht, aber im gleichen Zeitraum ist die Zeit, die für Erholung aufgewendet wird, um 37 Prozent gesunken.

Das ist zum großen Teil der Technologie geschuldet. Sogenannte »arbeitszeitsparende Geräte« haben die Zahl der Arbeitsstunden in die Höhe schnellen lassen. Früher musste man ins Büro oder auf die Baustelle gehen, um zu arbeiten. Jetzt brauchst du nur noch dein Handy vom Nachttisch zu nehmen.

Erinnert ihr euch noch, wie es war, als wenige Jahre nach der Jahrtausendwende das Blackberry zum ersten Mal auf den Markt kam? (Für die Jüngeren unter uns: Das war so etwas wie das erste Smartphone. Aber kein Vergleich zu euren iPhones.) Die Leute nannten es »Crackberry« (in Anlehnung an das englische »to crack up«, was so viel wie »durchknallen« oder »verrückt werden« bedeutet). Und es gab all diese Diskussionen über die Gefahren, wenn man zu jeder Tages- und Nachtzeit arbeiten und rund um die Uhr online sein kann. Es galt als verrückt, E-Mails am Esstisch oder von der Couch aus abzurufen.

Irre, oder?

Warum diskutiert da heute keiner mehr drüber? Es ist schlimmer denn je. Ich glaube, es wurde ein Waffenstillstand ausgerufen, weil die Amischen[139] keine Chance gegen den globalen militärisch-industriellen Komplex von Apple, Twitter und Co. haben (sagte er sarkastisch, während er auf seinem *MacBook Pro* tippte und alle paar Minuten twitterte).

Wir müssen anfangen, über Technologie zu reden. Ich gehöre nicht zu den Amischen. Ich wurde sogar im Silicon Valley geboren. Und ich finde, Technologie bringt eine Menge Gutes. Und trotzdem muss ich sagen: Es gibt Sünden der Technologie.

Jede Generation hat ihre blinden Flecken. Und mir wird langsam klar, dass hier einer unserer blinden Flecke liegt.

Wir müssen wieder lernen, abzuschalten, den Stecker zu ziehen, die Verbindung zu kappen, eine Pause einzulegen und nur an *einem* Ort gleichzeitig zu sein.

Wir vergessen, dass wir keine Maschinen sind. Wir können nicht rund um die Uhr arbeiten.

In einer Welt des Workaholismus, der Nonstop-Technologie, der Amazon.de-Drohnenlieferungen und des nicht enden wollenden Konsumwahns, in einer Welt der opulenten Verschwendung und des Wellness-Hypes, in der wir den amerikanischen Traum umdeuten in »Golfspielen in Florida« oder »mit dem Maserati durch Beverly Hills düsen«, ist es wichtiger denn je, unser Leben wieder auf den ursprünglichen Rhythmus von Arbeit und Ruhe einzustellen. Unterforderung und Überforderung rauben uns gleichermaßen die Fähigkeit, Gott und seine Welt zu genießen.

Unterforderung und Überforderung bewirken gleichermaßen, dass wir weniger menschlich werden.

Wir arbeiten also mehr denn, und wir haben mehr denn je.

Amerika macht über 22 Prozent der Weltwirtschaft aus, obwohl wir nur 4 Prozent der Weltbevölkerung stellen.[140] Kalifornien allein gibt über zwei Billionen Dollar pro Jahr aus – das ist mehr als das gesamte Bruttoinlandsprodukt von Italien. Dabei leben in Kalifornien 37 Prozent weniger Menschen als im Land der Pasta und der teuren Mode. Ein Wirtschaftswissenschaftler erklärte es so: »Das ist ein Beweis für die überlegene, erstklassige Produktivität des amerikanischen Arbeiters.«[141] Aha. So kann man es auch ausdrücken.

Seit 1950 hat sich das Pro-Kopf-Einkommen der Amerikaner verdreifacht. Die durchschnittliche Größe eines amerikanischen Hauses ist um rund hundert Quadratmeter gestiegen, von etwa 120 auf 220 m^2. Aber die durchschnittliche Größe der Familie hat sich fast halbiert – von 4,32 auf 2,58 Personen.

Doch trotz dieses exponentiellen Wachstums sind wir so unglücklich wie eh und je. Es ist sogar noch schlimmer geworden. Wir geben jedes Jahr etwa 250 Milliarden Dollar für verschreibungspflichtige Medikamente aus. Antidepressiva sind nach Cholesterinsenkern das am zweithäufigsten verschriebene Medikament in den USA. Jeder Zehnte nimmt Antidepressiva ein, egal, in welcher Altersgruppe man das erhebt. Auf die gesamte Lebenszeit bezogen ist es eher jeder Vierte.[142] Psychische Erkrankungen nehmen explosionsartig zu. Bipolare Störung, Schizophrenie, ADHS – die Zahlen schnellen in bisher ungekannte Höhen.[143]

Abraham Heschel hatte recht, als er sagte: »In der Liebe zur Arbeit liegt das Glück, in der Liebe zum Gewinn das Elend.«[144]

Um das Ganze zusammenzufassen:

Wir *arbeiten* mehr als je zuvor.

Wir *haben* mehr als je zuvor.
Und wir sind *unglücklich*.
Wir sind zurück in Ägypten.

• • •

Mose ruft die Israeliten auf, sich daran zu erinnern, dass sie in Ägypten Sklaven waren. Eigentlich ein seltsamer Aufruf, oder? Sklaven vergessen doch nicht, dass sie Sklaven waren, genauso wenig wie Veteranen aus dem Irak vergessen, dass sie durch die Hölle gegangen sind. Der afroamerikanische Sklavenhandel liegt mehr als zwei Jahrhunderte zurück, aber er ist noch frisch in unseren Köpfen, eine offene Wunde in unserer Kultur. Und das muss auch so sein. Denn er war grauenhaft.

Das Gebot lautet nicht nur, sich zu erinnern, dass sie Sklaven waren, sondern auch, dass sie Sklaven *waren*. Im Sinn von: »Jetzt seid ihr es nicht mehr!« Das ist leider leicht zu vergessen.

Genau wie Israel vergessen auch wir, dass der Pharao tot ist. Es gibt keine Sklaventreiber mehr. Keine Quoten mehr, die wir erfüllen müssen. Wir sind frei. Wir müssen nicht sieben Tage die Woche schuften. Unser Wert hängt nicht mehr an dem, was wir leisten. Das Ziel der Arbeit besteht nicht darin, Geld zu verdienen, um noch mehr Dinge zu kaufen. Es besteht darin, mit dem Schöpfergott bei der Gestaltung der Welt zusammenzuarbeiten und dann einen Schritt zurückzutreten und sich an unserer Welt zu freuen, die immer mehr dem Garten gleicht.

Der Sabbat ist ein Akt der Rebellion gegen die Sucht nach mehr Leistung und mehr Besitz.

Ein Akt des Widerstands gegen den Pharao und sein System. Der ägyptische Kreislauf von Ziegelherstellung und Vorratsstädtebau ist unendlich. Der Sabbat ist ein Weg, das Suchtmuster zu durchbrechen, mehr erreichen und mehr anhäufen zu müssen – und dann das Ganze von vorn. Es ist Widerstand gegen die endlose, rastlose Plackerei von Arbeitssucht und Konsumismus.

Der Sabbat ist eine Möglichkeit, »Genug jetzt!« zu sagen.

Genug gearbeitet. Arbeit ist eine gute Sache, aber sie ist nicht die Hauptsache. Es gibt mehr im Leben als Produktivität. Es gibt auch das Vergnügen. Der Sabbat ist ein Weg, unsere Sucht nach Leistung zu durchbrechen. An einem Tag in der Woche legen wir jegliche Arbeit aus der Hand – nicht nur die Arbeit, für die wir bezahlt werden. Wir halten sogar Abstand von dem Gedanken an Arbeit.

Genug angesammelt. Wir brauchen nicht mehr, als wir schon haben. Der Sabbat ist ein Weg, unsere Sucht nach Konsum, nach immer mehr Besitz, zu durchbrechen. Brauchen wir wirklich *noch* ein Paar Schuhe?

Also, Sachen zu besitzen ist nicht grundsätzlich schlecht – wir wollen hier nicht in einen Dualismus verfallen. Gott hat die Welt geschaffen, und er hat sie als sehr gut bezeichnet. Essen, Trinken, ein Zuhause, Kleidung, ein Auto – das sind keine schlechten Dinge. Aber sie werden zum Problem, wenn wir immer mehr davon haben wollen.

Psychologen sprechen gern von der hedonistischen Tretmühle. Vereinfacht gesagt: Je mehr man bekommt, umso mehr will man haben.

Hedonismus – das gute Leben – ist eine Tretmühle. Wir arbeiten die ganze Zeit daran, glücklich zu werden, und kommen doch nicht vom Fleck. Als ob wir ständig vorangehen, aber nichts erreichen.

Wir kommen nie an. Wir haben nie das Gefühl, dass wir *genug* haben. Der Konsum ist ein Dieb, ein Bandit. Er nimmt mehr, als er gibt. Denn für jede Sache, die man bekommt, entdeckt man zehn weitere Dinge, die man auch noch will.

So ergeht es mir jedes Jahr im Januar, gleich nach Weihnachten. Ich kaufe mir alles Mögliche, meistens Klamotten. Aber dann stelle ich fest, dass ich noch so viele Sachen *nicht* habe. Ich kaufe eine Jeans, und dann brauche ich ein neues Paar Schuhe, das zu meiner Jeans passt, was bedeutet, dass ich auch noch einen neuen Gürtel brauche, denn meiner ist schwarz und meine neuen Schuhe sind braun. Aber wenn ich schon dabei bin, kann ich auch gleich ein neues Hemd kaufen, denn ich könnte wirklich mal wieder eins gebrauchen. Und während ich im Laden bin, springt mir diese Uhr ins Auge … und schon sind wir wieder im Hamsterrad.

Der Sabbat sagt uns: »Genug!«
Und: »Ich bin kein Sklave mehr. Ich bin frei.«

Der Sabbat ist eine Linie im Sand. Ein Schuss vor den Bug. »Bis hierher und nicht weiter.« Nicht mehr Arbeit, nicht mehr Zeug, nicht mehr *Mehr*.

Genug ist genug.
Ich muss nicht mehr arbeiten.
Ich muss nicht mehr kaufen.
Ich muss nicht mehr verkaufen.
Ich muss nicht in der Firma aufsteigen.
Ich muss mir die Liebe meines Vaters nicht verdienen.
Ich muss nichts beweisen.
Ich muss nicht die perfekte Punktzahl erreichen.

Ich brauche keinen weiteren Stempel in meinem Reisepass.

Ich brauche keinen weiteren Stellplatz in meiner Garage.

Ich muss nicht jünger oder schöner sein oder knackigere Bauchmuskeln haben (obwohl, Mann, das wäre schon nett).

Ich muss meine Kinder nicht ständig zum Ballett oder zum Fußball kutschieren.

Ich muss nicht jeden glücklich machen.

Ich muss nicht alles bekommen, was ich will.

Es gibt keine Quote. Die einzigen Sklaventreiber sind die in meinem Kopf. Mein Wert ergibt sich nicht aus dem, was ich produziere, und meine Freude und mein Frieden steigen und fallen nicht mit meinem Nettovermögen. Der Pharao ist tot. Ägypten war gestern. Ich bin kein Sklave mehr.

Ich bin frei.

Und ich gehöre jetzt zu einem anderen Reich, mit einem anderen König.

• • •

Der Sabbat ist ein Akt des Widerstands gegen den Pharao, und er ist ein Akt der Ausrichtung auf Jahwe[145], den Gott Israels.

Jahwe ist kein Workaholic. Er ist ein Gott, der einen Sabbat hält, einen Sabbat schenkt, einen Sabbat anordnet. Ein Gott, der arbeitet, und ein Gott, der ruht.

Der Sabbat ist ein Weg, Ja zu Jahwe zu sagen. Die Stimme des Pharaos zum Schweigen zu bringen, uns von der Anziehungskraft Ägyptens zu befreien und unser Leben auf Jahwe, den Gott der Ruhe, einzustellen.

Der Sabbat ist ein Weg, uns daran zu erinnern und niemals zu vergessen, dass das, wonach wir uns sehnen, ja, wonach wir lechzen, nicht in der Welt des Raumes zu finden ist, sondern in der Welt der Zeit – in Gott selbst. Das bedeutet nicht, dass wir die Welt des Raums abwerten sollen. Nein, diese Welt ist gut. Es geht nur darum, ihr den richtigen Stellenwert zu geben. Die Welt und all die Dinge darin sind Geschenke, die wir genießen können, keine Götter, die wir anbeten sollen.

Das ist es, was Götzendienst ausmacht – das menschliche Streben, das Göttliche auf eine Ware zu reduzieren – etwas aus Holz oder Stein, etwas, das man kaufen und verkaufen kann, etwas, das man besitzen oder haben – und infolgedessen auch verlieren – kann. Götzendienst ist es, wenn wir von der Schöpfung etwas erwarten, was wir nur vom Schöpfer bekommen können.

Gott ist keine Ware. Er ist Geist. Nicht greifbar, aber real. Unsichtbar, aber wahr.

Er lässt keine Götterbilder von sich aufstellen. Das, was Gottes Bild am nächsten kommt, sind wir: die Träger seines Ebenbilds.

Und für Jahwe sind wir keine billigen Arbeitskräfte. Wir sind Partner.

Es gibt keine Quoten, keine Vorratsstädte. Es gibt einen Garten.

Jahwe ist nicht der Pharao. Er ist viel mehr so wie Jesus.

Herr über den Sabbat

Für Jesus war der Sabbat ein Tag, an dem er in Schwierigkeiten geraten konnte. Denn er war ein bisschen ein Unruhestifter. Ein Störenfried. Der Menschensohn hatte nämlich auch eine schelmische Seite. Schließlich wird kein Mensch gekreuzigt, weil er es allen Leuten recht macht.

In allen vier Evangelien lesen wir in einer Story nach der anderen, wie Jesus sich mit den Pharisäern – dieser engstirnigen, gesetzesfixierten Gruppe von religiös Konservativen – anlegte, und zwar rund um das Thema Sabbat. Der Stein des Anstoßes war dabei (fast) immer, dass Jesus am Sabbat heilte. Ist es in Ordnung, am siebten Tag zu heilen? Oder nicht? Mit anderen Worten: Ist Heilen Arbeit? Oder ist es Ruhe?

Markus, einer der Biografen von Jesus, erzählt außerdem noch von einer Begebenheit, als Jesus und seine Jünger am Sabbat durch ein Kornfeld gingen. Die Jünger »fingen an, Weizenähren abzureißen« – das Äquivalent zum Naschen im ersten Jahrhundert. Die Pharisäer schnüffelten derweil herum und beobachteten Jesus aus der Ferne. Als sie sahen, dass die Jünger Körner mampften, sagten sie zu Jesus: »Das dürfen sie nicht! Es ist gegen das Gesetz, am Sabbat zu arbeiten und Getreide zu ernten.«[146]

Dürfen sie nicht?

Das Naschen war also gegen das Gesetz?

Nun, in der Thora gibt es kein Gesetz gegen das Abpflücken von Ähren. Alles, was die Thora sagt, ist: »An diesem Tag sollst du nicht arbeiten.«[147] Aber das ist ein bisschen unkonkret, oder? Ich meine, was genau ist Arbeit? Das ist schwieriger zu definieren, als man denkt.

Und noch frustrierender ist es, Ruhe zu definieren.

Ruhe ist uneindeutig: Was für manche Menschen an Folter grenzt, ist für andere total entspannend.

Nehmen wir zum Beispiel das Thema Sport. Ich jogge gern. Ist Laufen Arbeit oder Erholung? Für manche Menschen ist Laufen lebensspendend, so hilfreich wie eine Therapiesitzung und noch dazu kostenlos. Aber für andere ist es eine Mischung aus Guantanamo und einer Zahnwurzelbehandlung.

Was ist mit Gartenarbeit? Ich persönlich finde Gartenarbeit ätzend. Selbstverständlich schätze ich gesunde, natürliche und lokal angebaute Lebensmittel, besonders, wenn jemand anders sie anbaut. Aber ich kenne viele Leute, die für ihr Leben gern gärtnern. Für sie ist es entspannend.

Was ist mit Kochen? Unter die Dusche gehen? Spazierengehen? Klavierspielen? Ist das Arbeit oder Erholung?

Das ist unklar. Manches ist eindeutig Arbeit – wie ins Büro gehen oder das Baugerüst für ein Haus aufstellen oder Wäsche waschen. Und manches ist eindeutig Erholung – wie schlafen oder in der Hängematte entspannen oder in schönem Ambiente ein leckeres Essen genießen.

Aber es gibt eine ganze Menge Dinge, die in die nebulöse Mitte fallen. Wenn es also unklar ist, können wir uns fragen: Fördert es das Leben? Fühlt es sich für mich wie Erholung an oder wie Anbetung? Wenn ja, dann tu es.

Diese Art von Freiheit und Spielraum und Elastizität bringt Pharisäer auf die Palme. Pharisäer sind Regelmenschen. (Ich muss es wissen, ich bin auch einer.) Wir halten die Pharisäer gern für bigotte, kleingeistige Fanatiker, und bis zu einem gewissen Grad waren das viele von ihnen auch, aber sie hatten anfangs ein gutes Herz. Die Gruppierung war im Exil entstanden – als Israel in Babylon war. Aber selbst nachdem die Israeliten wieder nach Jerusalem zurückgekehrt waren, wurde ihr Land schnell wieder erobert. Zu Jesu Lebzeiten stand Israel unter der bedrückenden Herrschaft der Römer. Die Juden waren zwar wieder in ihrem Land, aber sie waren irgendwie immer noch im Exil. Und jeder wusste, warum. Weil sie Gottes Gesetz gebrochen hatten. Die Grundphilosophie der Pharisäer lautete deshalb: Wenn das Brechen der Thora uns diesen Schlamassel eingebrockt hat, dann ist es nur logisch, dass wir nur durch das Halten der Thora aus dieser Misere herauskommen. Entsprechend zwanghaft waren sie auf die Thora bedacht.

Um sicherzugehen, dass sie nicht doch versehentlich irgendein Gebot übertraten, taten sie etwas, das man »einen Zaun um die Thora bauen« nennt. Sie nahmen ein Gebot aus der Thora, wie z. B. »Denk an den Sabbat und heilige ihn«, und fügten zusätzliche Gebote hinzu. Sie bauten einen Zaun darum, um sicherzugehen, dass sie es nicht aus Versehen brachen.

Während ich das schreibe, befinde ich mich an der Küste von Oregon, in einem wunderbaren kleinen Städtchen namens Pacific City. Direkt vor meiner Tür liegt *Cape Kiwanda*, eine natürliche Felsformation, die Hunderte von Metern in die Luft und weit in den Pazifik hinausragt. Es ist mein Lieblingsplatz in Oregon. Wenn man auf die Spitze des Kaps klettert, steht dort ein Schild mit der Aufschrift »Gefahr! Halten Sie Abstand zur Felskante«. Und etwa drei Meter vom Rand der Klippe entfernt gibt es einen Zaun, nur für den Fall, dass jemand das Schild nicht sieht. Da ich zu denen gehöre, die nie auch nur daran denken würden, direkt an die Felskante zu treten, ist mir rätselhaft, wozu dieser Zaun da ist.

In ähnlicher Weise nahmen die Pharisäer das Gebot »Denke an den Sabbat« und bauten einen Zaun darum. Sie fügten Dutzende und Dutzende von Regeln hinzu. Sie teilten Arbeit in neununddreißig Kategorien ein. Wie weit man gehen durfte, wie viel Gewicht man tragen durfte, was man kochen durfte und so weiter.

Zur Zeit von Jesus gab es das schriftliche Gesetz der Thora mit seinen 613 Geboten. Darüber hinaus gab es noch das mündliche Gesetz, die Mischna, und die enthielt weitere 1 500 Regeln. Eintausendfünfhundert!

Manche Menschen mögen Regeln wirklich sehr.

Wenn die Pharisäer fragten, warum die Jünger etwas taten, das »gegen das Gesetz« ist, meinten sie nicht, dass die Jünger die Thora brechen. Das würde Jesus nie zulassen. Sie verstoßen gegen die Mischna. Aber für Jesus war die Mischna nur ein Haufen Zusatzregeln – manche gut, manche nicht so gut, aber alle von Menschen gemacht, nicht von Gott.

Die Antwort, die Jesus gibt, ist tiefgründig. Zuerst verweist er auf die Geschichte aus 1. Samuel 21, in der König David und seine

Männer aus Hunger – verbotenerweise – die geweihten Brote aus dem Haus Gottes aßen. Und dann erklärt er:

> »Der Sabbat wurde zum Wohl des Menschen gemacht und nicht der Mensch für den Sabbat. Und deshalb ist der Menschensohn auch Herr über den Sabbat!«

Manche Menschen interpretieren Jesus hier falsch. Wir lesen diese vielen Geschichten, in denen Jesus mit den Pharisäern über den Sabbat streitet, und kommen vielleicht auf den Gedanken, Jesus sei gegen den Sabbat. Als ob der Sabbat legalistisch wäre oder nur Teil des Gesetzes. Aber vergessen wir nicht: Der Sabbat geht dem Gesetz um Tausende von Jahren voraus. Er ist viel eher ein Rhythmus in der Schöpfung als eine Regel in einem Buch.

Die Wahrheit ist: Der Sabbat ist unamerikanisch, unmodern, unbequem, und wir hätten gern eine Ausrede, um ihn abschreiben zu können.

Doch Jesus kämpft hier nicht gegen den Sabbat. Er kämpft nur gegen ein falsches Verständnis dieses Ruhetags. Denn die Pharisäer haben aus den Augen verloren, worum es beim Sabbat geht. Sie sind nicht mehr im Einklang mit dem, was Gott am Herzen liegt. Und Jesus ruft sie zurück zu den Wurzeln des Sabbats.

Der Sabbat ist mehr ein Rhythmus der Schöpfung und eine Lebenskunst als ein Regelwerk.

Ja, es gibt Regeln im Leben. Manche Regeln sind gesund. »Fahr auf der rechten Straßenseite« ist eine fantastische Regel (es sei denn, du bist gerade in England oder in sonst einem Land mit Linksverkehr unterwegs). »Spiel nicht mit dem Feuer« ist eine weitere wichtige Regel. Solche Regeln sind lebensspendend.

In meiner Familie gibt es Regeln für den Sabbat. Regeln dafür, was wir tun und was wir nicht tun.

Was wir tun:

- Ausschlafen.
- Dinge, die uns *wirklich* entspannen.
- Uns Zeit nehmen zum Bibellesen.
- Beten.
- Uns durch den Tag futtern.
- Die Natur genießen – wir gehen spazieren, in den Park oder machen manchmal auch eine kleine Wanderung.
- Zeit mit engen Freunden und der Familie verbringen.

Was wir nicht tun:

- Kaufen oder verkaufen (außer Lebensmittel, die wir direkt verzehren, denn wir gehen gerne zum Brunchen oder Eisessen).
- Unsere Handys oder Computer einschalten.
- Unsere Mail-Accounts öffnen oder etwas auf Social Media posten (weil unsere Handys und Computer *ausgeschaltet* sind).
- Besorgungen machen oder Dinge im Haus erledigen.
- Über Dinge sprechen, die schwer oder traurig sind oder die Streitpotenzial bergen – dafür gibt es sechs andere Tage in der Woche.
- Über Dinge reden, die wir erledigen müssen. Wir erholen uns sogar vom *Gedanken* an Arbeit.

- Eine Zeitschrift lesen oder eine Website besuchen oder in ein Geschäft gehen, das die Lust auf *mehr* wecken würde – denn am Sabbat haben wir *genug*.

Aber all diese »Regeln« sind nicht erdrückend oder starr. Sie sind biegsam und flexibel und großzügig. Es sind die Regeln eines Handwerks, einer Disziplin, einer Kunstform.

Schließlich ist *schabat* in der Schöpfungsgeschichte ein Verb.

Ausruhen ist etwas, das wir *tun*.

Es ist eine Fähigkeit, die wir verfeinern können. Und genau wie beim Surfen, Kochen oder Oboespielen ist niemand auf Anhieb Profi darin. Es braucht Zeit und Übung.

• • •

Vielleicht ist dieses Thema Sabbat ganz neu für dich. Ich hoffe und bete, dass du nach der Lektüre dieses Buches anfängst, den Sabbat zu entdecken. Mein Leben hat sich dadurch enorm verändert, und ich denke, das könnte bei dir auch so sein. Aber eine kleine Warnung vorweg: Am Anfang könnte es ein wenig schwierig werden. Es könnte sich seltsam anfühlen, fremd, sogar frustrierend.

Vor ein paar Jahren habe ich angefangen, an Triathlons teilzunehmen. Da gab es diesen Typen in unserer Gemeinde, Brian, der früher Profi-Triathlet gewesen war. Er hatte einen Körper wie ein griechischer Gott und war so freundlich, mich zu trainieren (leider habe ich keinen Körper wie ein griechischer Gott). Das Entscheidende, was er mir beibrachte, war, die Schrittfrequenz beim Laufen von langen, langsamen, schweren Schritten auf kurze, schnelle, leichte Schritte zu ändern. Und dann hat er mir beigebracht, meinen Laufschritt an meinen Radfahrmodus anzupassen, sodass ich, wenn ich vom Rad absteige, einfach im gleichen Rhythmus weiterlaufe. So einfach sich das anhört, so schwer war es, das zu ändern. Es ist nie leicht, einen neuen Rhythmus zu lernen, aber die Mühe lohnt sich.

Brian hatte eine Menge Regeln – Kinn hoch, auf den Fußballen laufen, gerader Rücken, Augen nach vorne, Arme leicht angewinkelt und so weiter. Aber er war kein gesetzlicher Hirni. Er war ein Trainer. Er wollte, dass ich in die beste Form meines Lebens komme und besser schwimmen, Rad fahren und laufen kann.

Klar, worauf ich hinauswill?

Die Juden des ersten Jahrhunderts mussten den zweiten Teil der Antwort Jesu hören: »Der Sabbat wurde zum Wohl des Menschen gemacht und nicht der Mensch für den Sabbat.« Sie verstanden es genau umgekehrt wie wir heute. Der Sabbat ist keine kalte, willkürliche Regel, die wir befolgen müssen. Er ist eine lebensspendende Kunstform, die wir einüben dürfen.

Aber ich würde behaupten, dass wir postmodernen Menschen des einundzwanzigsten Jahrhunderts den ersten Teil der Antwort Jesu hören müssen: »Der Sabbat wurde zum Wohl des Menschen gemacht.«

Unser Problem heute ist nicht, dass wir zu viele Regeln für den Sabbat hätten, sondern dass wir überhaupt keine haben. Die allermeisten von uns gönnen sich nicht einmal einen Sabbat. Vielleicht nehmen wir uns ab und zu »freie Zeit«: ein Wochenende, einen Feiertag, einen Urlaub. Aber nur sehr wenige von uns nehmen sich tatsächlich jede Woche einen Sabbat – einen Tag, der nur der Ruhe und der Anbetung Gottes dient.

Deshalb müssen wir uns die Geschichten über Jesus und den Sabbat genauer ansehen.

Tatsächlich ist diese Geschichte noch nicht zu Ende. Nach seinem markigen Satz darüber, dass der Sabbat für den Menschen gemacht ist, ging Jesus in die Synagoge, um zu lehren. In der Synagoge war Jesus üblicherweise am Sabbat anzutreffen – mitten unter den Leuten aus Gottes Volk. An diesem speziellen Samstagmorgen war dort ein »Mann mit einer verkrüppelten Hand«. Und nun begab sich Jesus auf dünnes Eis – zumindest, was die Pharisäer anbelangte. Markus schreibt: »Seine Gegner beobachteten ihn ganz genau. Wenn er am Sabbat die Hand des Mannes heilen würde, dann könnten sie ihn anklagen.«

Aber Jesus schreckte nie vor einer Auseinandersetzung zurück. Er sagte zu dem kranken Mann: »Komm her und tritt in die Mitte.« Was auch immer Jesus vorhatte, er wollte es vor den Augen der ganzen Versammlung tun. Keine Taschenspielertricks. Alle sollten es sehen.

Jesus forderte den Mann auf: »Streck deine Hand aus.« Der Mann tat es, und die Hand wurde gesund. Für die Pharisäer war das eine ungeheuerliche Provokation, eine richtige Kampfansage. Und folgerichtig »zogen sich die Pharisäer zurück und trafen sich heimlich mit den Anhängern des Herodes, um zu planen, wie sie Jesus töten könnten«.

Mal im Ernst: Religiöse Menschen haben einen Knall.

Wie schon gesagt: Geschichten wie diese können wir leicht falsch verstehen, als ob es darum ginge, dass der Sabbat eine schlechte, gesetzliche Regel ist, die wir aufgeben müssen. Das geht am Kern der Geschichte völlig vorbei.

Jesus war weit und breit als Heiler bekannt. Heilung ist ein sichtbarer, spürbarer Ausdruck dafür, dass das Reich Gottes anbricht.

Aber ist dir schon mal aufgefallen, dass fast alle Heilungen von Jesus am Sabbat stattfanden?

Ich glaube nicht, dass das ein Zufall ist. Warum?

Jesus heilte so oft am Sabbat, weil der Sabbat ein Tag der Heilung sein soll.

Das war im ersten Jahrhundert so, und ich würde behaupten, dass es auch heute noch so ist.

Mit das Beste an seinem Wirken legte Jesus passenderweise auf den Sabbat. Denn am Sabbat geht es um die Intimität mit Gott. Und Heilung ist ein Zeichen von Gottes Liebe zu uns. Gibt es eine bessere Zeit für Jesus, um zu heilen, als den Sabbat?

In unserem Alltag müssen wir alle viel einstecken. Das Leben teilt manchmal ordentlich aus. Ich bin Pastor, aber manchmal fühle ich mich wie ein Preisboxer. Am Ende der Woche bin ich nicht nur müde, sondern fühle mich auch innerlich wund, empfindlich, voller Schmerzen, verschwollen und erschöpft.

Der Sabbat kommt an meine Tür wie ein Arzt. Oder besser gesagt: Der Herr des Sabbats kommt, um mich zu verarzten.

Ja, ich habe meine Sabbat-Regeln, aber nur, um ein Umfeld zu schaffen, in dem Jesus es leicht hat, sein heilendes Werk zu tun,

Woche
für Woche
für Woche.

Auch auf die Gefahr hin, dass ich deine eigene Kreativität damit ein bisschen behindere, möchte ich hier verraten, wie ein Sabbat für mich aussieht. Ich habe mir lange überlegt, ob ich das überhaupt schreiben soll. Denn es gibt nicht die *eine* richtige Weise, den Sabbat zu feiern. Es gibt Weisheit, ja, aber auch jede Menge Raum zum Atmen. Was für einen introvertierten Bücherwurm und dreifachen Vater lebensfördernd ist, wird es vielleicht für einen extrovertierten studentischen Instagrammer oder ein Ehepaar mittleren Alters oder einen Astronauten auf der Internationalen Raumstation nicht sein.

• • •

Aber genug der Vorrede. So sieht ein Sabbat bei mir aus:

Wie schon erwähnt ist der Freitag, der Tag vor dem Sabbat, in den Worten des Evangelisten Johannes der »Tag der Vorbereitung«[148]. Auch bei uns. Wir stellen uns auf den Sabbat ein – planen, putzen, kaufen ein, machen alles fertig –, als ob wir uns auf einen Festtag vorbereiten würden. Es ist fast so, als ob wir einmal in der Woche Weihnachten feiern. Die letzten Stunden des Freitagnachmittags sind immer ein bisschen stressig, aber auch mit viel Vorfreude gefüllt.

Kurz bevor der Sabbat beginnt, führe ich mein Sabbateinleitungsritual durch. Ich gehe in mein Arbeitszimmer zu Hause, räume den Schreibtisch leer, lege meine To-do-Liste weg, fahre den Computer runter, schalte Telefon und Handy aus und packe alles in den Schrank.

Zwanzig Minuten vor Sonnenuntergang versammelt sich dann die ganze Familie im Wohnzimmer. Wir folgen ein paar alten Sabbattraditionen: Tammy und die Kinder zünden die Sabbatkerzen an. Ich gieße den Wein ein (keine Sorge, Traubensaft für die Kinder) für den *kiddush*, einen alten Segen. Wir lesen einen Psalm und sprechen dann ein Gebet, in dem wir Gottes Geist darum bitten, dass wir den Sabbat in einer Haltung der Ruhe und Anbetung verbringen können.

Dann wird gegessen. Reichlich. Das Abendessen wurde schon vorher zubereitet, also müssen wir es nur noch auf den Tisch stellen und loslegen. Wir lassen uns Zeit. Wir sprechen über die Highlights der Woche. Manchmal haben wir Freunde oder Familie zu Besuch. Es gibt Nachschlag. Nachtisch. Noch etwas Wein.

Es ist so gut.

Nach dem Abendessen chillen wir ein bisschen. Lesen. Im Winter sitzen wir vor dem Kamin. Im Sommer gehen wir spazieren. Bevor ich die Kinder ins Bett bringe, lese ich ihnen aus der Bibel vor.

Tammy und ich sitzen meistens noch ein bisschen zusammen – Quality Time – und gehen früh ins Bett. Wir nennen das »umgekehrtes Ausschlafen«. Mein Körper hat sich jetzt an diesen Rhythmus gewöhnt, sodass ich mich am Freitagabend schon um neun Uhr abends auf den Weg ins Bett mache. Es läuft kein Fernseher und kein digitales Gerät, also ist es im Haus ruhig und friedlich.

In mir ist es ruhig und friedlich.

Am Samstagmorgen wache ich auf – wann ich will. Ich bin kein Morgenmensch, also ist es normalerweise nicht ganz so früh. Ich lasse meinen Körper einfach aufwachen, wann er will. Aber nachdem ich so früh ins Bett gegangen bin, fühle ich mich wie ein neuer Mensch.

Nach dem Aufstehen sage ich meiner Familie »Guten Morgen«, mache Kaffee (natürlich handgefiltert) und verziehe mich in mein Arbeitszimmer, um zu lesen. Ich beginne mit einem Psalm, dann lese ich in den Evangelien, anschließend ein Stück aus dem Alten Testament und zum Schluss noch etwas aus dem Neuen. Ich nehme mir Zeit. Ich bin nicht in Eile. Ich denke nach, bete, lausche. Normalerweise lese ich ein Kapitel aus Heschels Buch *The Sabbath*, bevor ich wieder auftauche.

Anschließend setze ich mich mit meinen drei Kindern auf die Couch. Wir trinken heißen Kakao und lesen noch etwas aus der Bibel. Dann sprechen wir ein Gebet und bitten Gott um seinen Segen für diesen Tag.

Früher habe ich noch ein wenig Sport gemacht, heute nicht mehr. Ich ruhe mich einfach aus.

Nach dem Duschen ziehen wir uns ein paar hübsche Klamotten an und gehen zum Brunch oder ins *Blue Star* um die Ecke, um Donuts zu essen. Jeder darf bestellen, was er oder sie will. Wir futtern uns sozusagen durch den Sabbat, und was die Auswahl angeht, ist alles erlaubt. Nach dem Brunch kommen wir nach Hause. Die Kinder machen ein Nickerchen. Tammy fährt normalerweise mit dem Fahrrad los, um mit einer Freundin einen Kaffee zu trinken. Ich nehme mir Zeit, um meine introvertierte Seite zu pflegen. Ich lese und schreibe Tagebuch und denke über die zurückliegende und die kommende Woche nach. Oft verbringe ich den größten Teil meines Nachmittags mit einem Roman auf der Couch.

Später spiele ich mit den Kindern zu Hause oder gehe mit ihnen in den Park oder was immer uns gerade lebensfördernd erscheint.

Dann, wenn der Tag zu Ende geht, machen wir etwas, was mein Sohn Moses einen »Bet-Spaziergang« nennt. Wir schlendern einfach durch die Nachbarschaft und danken Gott für die friedlichen letzten vierundzwanzig Stunden. Wenn ich dann die Treppe zu unserem Haus wieder hinaufgehe, freue ich mich schon auf den nächsten Sabbat.

Und jede Woche passiert im Laufe des Tages etwas Seltsames und Mystisches.

So gegen neun oder zehn Uhr morgens bekomme ich meine Seele zurück.

Was ist das? Ist es der Sabbat? Nur die stärkende Wirkung von Schlaf und Freizeit, gutem Essen und keiner To-do-Liste? Oder ist es mehr? Ist der Herr des Sabbats am Werk?

Ja.

Es ist beides.

Es war Jesus, der sagte – und das ist die Paraphrase seiner Worte von Eugene Peterson –:

> Bist du müde? Ausgelaugt? Ausgebrannt von Religion? Komm zu mir. Komm mit mir, und du wirst dein Leben wiederfinden. Ich werde dir zeigen, wie du wirklich zur Ruhe kommen kannst. Komm mit mir, und arbeite mit mir – schau zu, wie ich es mache. Lerne die ungezwungenen Rhythmen der Gnade. Ich werde dir nichts Schweres oder Unpassendes aufbürden. Leiste mir Gesellschaft, und du wirst lernen, frei und leicht zu leben.[149]

Jesus ist die Verkörperung des Sabbats. Er ist der siebte Tag in Fleisch und Blut. Wir können zu ihm kommen und Ruhe finden, nicht nur am Sabbat, sondern die ganze Woche über.

Der Alttestamentler Walter Brueggemann sagte: »Menschen, die den Sabbat halten, leben alle sieben Tage der Woche anders.«[150]

Der Sabbat ist nicht nur eine Pausentaste – er ist ein vollständiger, kompletter Neustart des Systems. Wir schalten ab, fahren runter, lassen den Ventilator auslaufen und starten dann neu. Der Sabbat ist eine Chance, unser Leben genau unter die Lupe zu nehmen und es auf die richtige Tonart einzustimmen. Eine Hilfe, um sicherzustellen, dass sich unser Leben um das dreht, was wirklich wichtig ist. Und wenn wir sehen, dass etwas in unserem Leben aus dem Lot geraten ist, dann wenden wir uns an Jesus, und er kommt und tut sein heilendes Sabbat-Wunder.

Wir werden müde, körperlich und seelisch. Wir brauchen mehr als eine vierundzwanzigstündige Feuerpause von der Arbeit. Wir brauchen eine Begegnung mit der heilenden Kraft Jesu.

Schließlich ist der Sabbat vor allem ein Wegweiser, der nach vorn weist, in die Zukunft.

Teil 3

EWIGKEIT

Das Leben nach dem Himmel

Wir nähern uns langsam dem Ende, aber es gibt noch eine Sache, die wir besprechen müssen, bevor wir Feierabend machen. Um deine Leselust ein bisschen zu triggern: Dieses Kapitel ist entscheidend – essenziell, lebenswichtig, absolut bedeutsam. Wenn wir das, was jetzt kommt, nicht kapieren, wird das ganze Kartenhaus in sich zusammenfallen.

Der Großteil dieses Buches war bisher rückwärtsgerichtet – auf die Schöpfung, den Garten Eden, Adam und Eva, die Frage, wie wir dahin gekommen sind, wo wir jetzt stehen. Aber der Großteil des Neuen Testaments blickt nach vorn – auf die Stadt, die dem Garten ähnelt.

Es geht nicht so sehr darum, woher wir kommen, sondern wohin wir gehen.

Es ist fast so, als ob sich die Autoren des Neuen Testaments mit einer pneumatischen Hoffnung ausstrecken und den Hals recken, um zu sehen, was hinter dem Horizont liegt.

Das alles bringt mich zu diesem Buch. Bisher ging es im Wesentlichen um Arbeit und Ruhe und darum, wie zentral beides für unser Menschsein ist.

Aber einige Fragen turnen vielleicht schon eine ganze Weile in deinem Hinterkopf herum. Was hat das alles mit der Ewigkeit zu tun? Gibt es einen Zusammenhang zwischen meiner Arbeit – meinem Job oder Beruf – und dem, was ich im ewigen Leben erleben werde?

Wie heißt es so oft unter Christen: »Diese Welt wird sowieso bald in Flammen aufgehen.« Stimmt's?

Wenn du so denkst, bist du nicht allein. Viele Christen hier im Westen sind überzeugt davon, dass Jesus wiederkommen, die Welt richten und seine Anhänger in den Himmel mitnehmen wird, wo sie für immer glücklich sein werden.

Das ist im Wesentlichen eine Theologie der Evakuierung. Sie vermittelt ein Gefühl von: »Lasst uns von hier verschwinden und woanders hingehen, wo es besser ist.«

Wenn das wahr ist, wenn das die Hoffnung von Jesus ist, dann stellt sich die Frage: Was ist der Sinn der Arbeit? Ganz zu schweigen vom Sinn der Ruhe?

Warum sollten wir unseren Job oder unsere Karriere oder unsere Berufung oder unsere Kunst oder unsere Musik oder unseren Einsatz für Gerechtigkeit oder unsere Kultur ernst nehmen, wenn am Ende alles in den kosmischen Mülleimer wandert und wir in einer Lichtjahre entfernten Galaxie landen?

Ist es nicht sinnvoller, einfach genug Geld zu verdienen, um so zu leben, wie wir wollen, dann nicht mehr zu arbeiten, viel zum Gottesdienst zu gehen und ein wenig von unserem überschüssigen

Geld für christliche Projekte zu spenden, um damit ein paar mehr Menschen in den Himmel zu bringen?

Darum geht es ja schließlich.

Oder?

Nicht ganz.

Der schreckliche Satz »Diese Welt wird sowieso bald in Flammen aufgehen« stammt aus einer falschen Auslegung des Petrusbriefs. Ich würde so weit gehen zu sagen, dieser Satz grenzt an Häresie. Zumindest ist er eine Verdrehung dessen, was Petrus tatsächlich gesagt hat. Hier sind seine Worte:

> Der Tag des Herrn wird so unerwartet kommen wie ein Dieb. Dann wird der Himmel unter schrecklichem Lärm vergehen, und alles wird sich in Flammen auflösen; und die Erde wird mit allem, was auf ihr ist, verschwunden sein.[151]

Da haben wir's! Schwarz auf weiß. Himmel und Erde werden vergehen, verschwunden sein.

Klingt ziemlich einfach. Jesus kommt zurück, und es gibt ein weltweites Hiroshima. *Game over*. Und dann: Einsatz Chor der himmlischen Heerscharen.

Ja. Nur dass Petrus in diesem Zusammenhang die Geschichte der Sintflut nacherzählt, und in dem Absatz direkt vor diesem verwendet er genau dieselbe Sprache. Er sagt, dass die Erde bei der Flut durch Wasser »vernichtet« wurde.

Aber wir kennen diese Geschichte alle. Die Erde wurde nicht in dem Sinn zerstört, dass sie vollständig vernichtet wurde oder aufhörte zu existieren. Sie wurde nur insofern ausgelöscht, wie man eine Schiefertafel abwischt. Es war ein globaler Neustart.

Am Ende wird unsere Erde nicht vollständig vernichtet, sondern rundum erneuert werden.

Deshalb schreibt Petrus weiter, dass die Erde und alles, was auf ihr getan wurde, »zutage kommen« wird. Im Griechischen heißt das Wort *heurisko*, was so viel bedeutet wie »entblößt« oder »als das gesehen, was es wirklich ist« oder »enthüllt«. Normalerweise wird das Wort mit »gefunden« übersetzt.

Es wird also ein Tag kommen, an dem alle Schichten von Schmutz und Müll, Ungerechtigkeit, Blut und Ausbeutung verbrannt werden und die Erde »zutage kommen« wird – als das erkannt werden wird, was sie *wirklich* ist, als das, was Gott von Anfang an beabsichtigt hat.

So wie die Erde einmal durch Wasser vernichtet wurde, wird sie erneut vernichtet werden, aber dieses Mal durch Feuer. Und in den Augen von Petrus ist das eine *gute* Sache.

Er schließt mit den Worten:

> Wir aber erwarten den neuen Himmel und die neue Erde, die [Gott] versprochen hat. Dort wird Gottes Gerechtigkeit herrschen.[152]

Es geht also nicht um das Ende des Zeit-Raum-Universums, sondern vielmehr um dessen radikale Heilung. Die Hoffnung von Jesus richtet sich nicht auf ein Irgendwo-anders. Es geht vielmehr um das

Hier, um genau den Planeten, den Gott vor all den Jahren geschaffen und für gut befunden hat.

Und das kann jeden Moment passieren. »Der Tag des Herrn wird so unerwartet kommen wie ein Dieb« – ein Einbrecher mitten in der Nacht. Petrus kann diesen Tag kaum erwarten.

Zugegeben, »Tag des Herrn« klingt für unsere postmodernen Ohren vielleicht etwas seltsam, aber das war im Judentum des ersten Jahrhunderts ein stehender Begriff. Juden wie Petrus und Jesus unterteilten die menschliche Geschichte in zwei Zeitalter oder Zeitabschnitte – dieses Zeitalter und das kommende Zeitalter.

Dieses Zeitalter ist geprägt von menschlicher Sünde und Rebellion – Gewalt, Ungerechtigkeit, Krankheit, Schmerz, Leid, Dämonischem und schließlich dem Tod.

Aber das kommende Zeitalter ist gekennzeichnet von einer Rückkehr nach Eden, einer Rückkehr zu dem, was schon immer sein sollte – Frieden, Gerechtigkeit, Aufblühen und ewiges Leben.

Und zwischen diesem und dem kommenden Zeitalter liegt der Tag des Herrn – eine Nahtstelle zwischen den beiden Epochen, eine drastische, weltverändernde Umwälzung des Status quo.

Der Prophet Joel sagte: »Die Sonne wird finster werden und der Mond blutrot, ehe der große und herrliche Tag des Herrn anbricht.«[153]

Das müssen wir nicht unbedingt wörtlich nehmen. Es stammt aus einer hochsymbolischen Literaturgattung, der Apokalyptik. Vielmehr können wir es so lesen: Es wird so sein, dass es die Grundfesten der Erde erschüttern wird. Alles wird sich verändern.

Und nun das Beste: Das kommende Zeitalter wird *hier* stattfinden, nicht irgendwo anders.

Hören wir mal die Vision des Propheten Jesaja über das kommende Zeitalter:

> Sieh! Ich schaffe einen neuen Himmel
> und eine neue Erde –
> kein Mensch wird noch an das Vergangene denken,
> niemand wird es sich zu Herzen nehmen.
> Freut euch vielmehr; freut euch für immer und ewig
> an dem, was ich zustande bringen werde:
> Denn ich will Jerusalem zu einer Stätte des Glücks
> und seine Bewohner zu einer Quelle der Freude
> verwandeln.
> Dann leben die Menschen in den Häusern,
> die sie *erbaut* haben,
> und essen die Früchte der Weinberge,
> die sie *gepflanzt* haben.
> Denn ... meine Erwählten werden das genießen,
> was sie *erarbeitet* haben.
> Sie werden sich *nicht vergeblich abmühen*
> und keine Kinder gebären, die gleich danach sterben,
> denn es sind Kinder von Menschen, die der Herr
> gesegnet hat.[154]

Ist dir aufgefallen, wie oft hier von Arbeit die Rede ist? (Okay, ich hab's extra hervorgehoben.)

Wenn Jesaja in die Zukunft blickt, dann sieht er uns bauen und pflanzen, essen und trinken und vor Freude fast platzen.

Das sieht doch deutlich anders aus, als viele von uns sich die Zukunft vorstellen. Die meisten Christen, die ich kenne, sehen die

Zukunft »im Himmel« als nichts anderes als ein endloses Nichtstun. Eine Kombination aus ewigem Gottesdienst und ewigem Urlaub. Das ist ein Spiegelbild der heutigen westlichen Kultur, nicht der Heiligen Schrift.

• • •

Inzwischen ist deine Vorstellung von Adam im Garten Eden hoffentlich eine andere als endloses Sonnenbaden oder faules Herumlungern im Bademantel – eher so, dass der Mensch einen Urwald in eine wunderschöne Stadt verwandelt.

**Wir wurden geschaffen, um zu arbeiten.
Und wir werden *immer* arbeiten.**

Aber bevor du jetzt darüber in Tränen ausbrichst, mach dir klar, dass diese Arbeit Teil einer Welt ohne den Fluch sein wird. Die schmerzhafte Mühe wird vorbei sein. Wir werden uns nicht mehr vergeblich abrackern. Unsere Arbeit wird anregend, herausfordernd, lohnend, begeisternd, kraftspendend, bedeutsam sein. Sie wird Spaß machen und genau darauf zugeschnitten sein, wer wir sind.

Und das wird nicht nur für unsere Arbeit gelten, sondern auch für unser Ruhen.

Eine andere Prophezeiung über das kommende Zeitalter klingt so:

> Hier auf dem Berg Zion wird der Herr, der allmächtige Gott, alle Völker zu einem Festmahl mit köstlichen Speisen

> und herrlichem Wein einladen, einem Festmahl mit bestem Fleisch und gut gelagertem Wein.[155]

Das kommende Zeitalter ist also ein Fest, eine Party, ein Feiertag mit Familie und Freunden aus der ganzen Welt. Der Prophet Joel geht sogar so weit zu sagen: »An jenem Tag werden die Berge von süßem Wein triefen und die Hügel von Milch überfließen.«[156]

Oh Mann, klingt das gut! Und bei Amos steht es so ähnlich:

> »Die Zeit wird kommen«, spricht der Herr, »in der das Korn und die Trauben schneller wachsen, als sie geerntet werden können. Dann werden die Weinberge Israels von süßem Wein triefen und überfließen ... Sie werden ihre Städte, die jetzt in Trümmern liegen,
> wieder aufbauen und darin wohnen. Sie werden Weinberge und Gärten pflanzen; sie werden ihre eigenen Feldfrüchte essen und ihren eigenen Wein trinken.«[157]

Mich beeindruckt die nahtlose Integration von Arbeit und Ruhe, Wiederaufbau und Leben in Städten, Pflanzen und Gärtnern, Essen und Trinken, ohne irgendeinen Mangel – wo die Ernte nicht einmal mit dem Wachstum und Ertrag mithalten kann, weil es so viel Überfluss gibt.

Und so werden wir *sehr* lange leben. Ewig.

Jesaja sagt es auf diese Weise:

> Dann zerreißt er den Trauerschleier, der über allen Menschen liegt, und zieht das Leichentuch weg, das alle Völ-

ker bedeckt. Hier auf diesem Berg wird es geschehen! Er wird den Tod für immer und ewig vernichten …[158]

Der Tod wird sterben, und wir werden arbeiten und ruhen – für immer. Hey, ich melde mich freiwillig!

Mir fällt auf, wie bodenständig diese prophetische Dichtung ist. Das liegt daran, dass das kommende Zeitalter hier stattfinden wird, auf der Erde.

Falls das alles in deinen Ohren etwas seltsam klingt – kein Grund, dich außen vor zu fühlen oder so, als hättest du was nicht mitgekriegt. Du bist nicht allein. Die meisten Christen, zumindest im postmodernen Westen, stellen sich die Zukunft als einen zweistufigen Prozess vor:

- Leben, hier auf der Erde, in einem Körper.
- Gefolgt von: Leben nach dem Tod, im Himmel oder in der Hölle.

Und das ist eine *wunderbare* Hoffnung für alle, die Jesus folgen.

Während ich dieses Buch schreibe, liegt mein Großvater im Sterben. All die Jahre war er ein starker, energiegeladener, erfolgreicher, naturverbundener Mensch – ein Läufer, Wanderer, Skifahrer, Entdecker. Aber aus heiterem Himmel ist er nun an einer seltenen Lungenkrankheit erkrankt, und sein Körper, für den er all die Jahre so gut gesorgt hat, lässt ihn im Stich. Vor zwei Jahren hat er sich noch von einem Hubschrauber auf den Höhen der Sierra Nevada absetzen lassen, um in Schussfahrt mit seinen Skiern die Berge runterzudüsen. Jetzt kann er nicht mal mehr eine Treppe hochlaufen. Er bekommt so wenig Luft, dass er kaum noch einen Satz flüstern kann. Es ist qualvoll zu sehen, wie er leidet.

Aber mein Opa Jack hat seinen Frieden gefunden. Weil er Jesus folgt. Und für mich ist es so tröstlich zu wissen, dass er, wenn er stirbt, in der Gegenwart Gottes sein wird. Ich muss mich nicht fürchten oder sorgen oder trauern, als ob es ein Abschied für immer wäre, wenn er geht. Denn dieses Leben ist nicht alles. Es gibt mehr. Diese Hoffnung ist von unschätzbarem Wert.

Und zugleich ist sie unvollständig.

Anders als viele von uns denken, beschreiben die biblischen Autoren die Zukunft als einen dreistufigen Prozess:

- Leben hier auf der Erde, in einem Körper.
- Gefolgt von: Leben nach dem Tod, im Himmel oder im Hades, mit oder ohne Körper, das ist nicht eindeutig.
- Gefolgt von: Auferstehung.

Und hier, Freunde, wird es interessant.

Auferstehung ist das, was *nach* dem Himmel kommt, wenn wir hierher, auf die Erde, zurückkommen.

Und zwar in einem Körper – und unseren Job, über die Erde zu herrschen, wieder aufnehmen. Ein Bibelausleger nannte es das »Leben *nach* dem Leben nach dem Tod«[159].

In der westlichen Kirche legen wir den Schwerpunkt auf die zweite Stufe – den Himmel. Aber – und das überrascht dich vielleicht – das Neue Testament sagt sehr wenig über das Leben nach dem Tod. Die verbreitete Redeweise »Wenn wir sterben, kommen wir in den Himmel« wird in der Bibel nicht verwendet. Nicht ein einziges Mal.

Meistens ist einfach die Rede von Schlaf, eine Art zu sagen, dass die Toten in gewisser Weise noch leben, aber auf die Auferstehung warten.

Aber dann lesen wir an zwei Stellen in den Briefen von Paulus, dass wir nach unserem Tod »bei Christus« beziehungsweise »beim Herrn« sein werden – der Schlaf ist also offenbar eine Metapher. Tatsächlich sind wir wach und sind uns der Gegenwart Gottes bewusst. Aber davon abgesehen sagt Paulus nicht viel, außer dass es eine wirklich gute Erfahrung sein wird.[160]

• • •

Der einzige ausführliche Abschnitt über den Himmel im Neuen Testament findet sich in der Offenbarung des Johannes. Da es sich um apokalyptische Literatur handelt, ist nicht klar, was symbolisch und was wörtlich zu verstehen ist. Aber in beiden Fällen ist Johannes' Vision vom Himmel *sehr anders* als das, was die meisten von uns sich vorstellen.

Nachdem er ein atemberaubendes Bild davon gemalt hat, wie der gesamte Himmel Gott auf seinem Thron im Zentrum des Universums anbetet, schreibt Johannes:

> [Dann] sah ich unter dem Altar die Seelen aller, die getötet worden waren, weil sie am Wort Gottes und an ihrem Bekenntnis zu Christus festgehalten hatten. Mit lauter Stimme riefen sie: »Heiliger und wahrhaftiger Herr, wie lange wird es noch dauern, bis du die Menschen, die

> dieser Welt angehören, für das Unrecht richtest, das sie uns zugefügt haben?« Da wurde jedem von ihnen ein weißes Gewand gegeben. Und es wurde ihnen gesagt, sie sollten noch eine kleine Weile Geduld haben …[161]

Keiner der Romane und Filme über den Himmel, die ich kenne, kommt da auch nur annähernd ran.

In der Offenbarung sind die Toten im Himmel und warten auf die Auferstehung, und in der Zwischenzeit schauen sie auf die Ungerechtigkeit auf der Erde, trauern und schreien zu Gott: »Wie lange noch?!« Bis …?

Bis Gott die Dinge auf der *Erde* in Ordnung bringt.

Denn anders als eine beliebte christliche Floskel es nahelegt, ist der Himmel *nicht* unser Zuhause. Die Erde ist unser Zuhause. Nicht die Erde, wie sie jetzt ist, sondern die Erde, wie sie in Zukunft sein wird. Unsere Hoffnung richtet sich nicht auf einen anderen *Ort*, sondern auf eine andere *Zeit*. Ja, als Menschen, die zu Jesus gehören, kommen wir in den Himmel, wenn wir sterben, aber wir bleiben dort nicht für immer. Wenn Jesus unser »Ticket in den Himmel« ist, wie manche Prediger sagen, dann eines für Hin- und Rückfahrt. Denn bei der Auferstehung werden wir zurückkommen.

Und diese neue Welt, in die wir zurückkehren, wird von keinem der biblischen Autoren jemals als Himmel bezeichnet.

Jesus nannte es: »Wenn Gott die Welt neu macht …«[162]

Paulus nannte es das »Reich Gottes« und das »ewige Leben«.[163]

Petrus nannte es: »[Wenn] Gott alles erneuert.«[164]

Später griff er dann die Sprache des Propheten Jesaja auf und sagte:

> Wir aber erwarten den neuen Himmel und die neue Erde, die er versprochen hat. Dort wird Gottes Gerechtigkeit herrschen.[165]

Johannes, der Verfasser der Offenbarung, sagt in Anlehnung an Jesaja und an seinen Freund Petrus: »Dann sah ich einen neuen Himmel und eine neue Erde …«[166]

Bleiben wir noch einen Moment bei dieser Zeile. Viele Menschen lesen und zitieren sie falsch. Sie taucht dreimal in der Bibel auf, also ist es ziemlich wichtig, dass wir sie richtig verstehen.

Zunächst einmal bedeutet »Himmel« hier nicht die Wohnung Gottes, sondern einfach das Himmelszelt oder das Universum. Das ist ein deutliches Echo auf 1. Mose 1,1 – den ersten Vers der Bibel –: »Am Anfang schuf Gott den Himmel und die Erde.« Johannes sagt, dass Gott in der Zukunft den Himmel und die Erde *neu erschaffen* wird.

Zweitens: Das Wort »neu« heißt auf Griechisch *kainos*. Es kann mit »erneuert« übersetzt werden. So wie wenn man ein altes, kaputtes Haus, Auto oder Möbelstück restauriert und sagt: »Es ist wie neu.« Das ist die Idee dahinter.

Es geht nicht darum, dass Gott die Erde ausrangiert und einen neuen Versuch macht. Es geht darum, dass Gott sie bis auf die Grundsubstanz abträgt, den ganzen Schrott, den Dreck und den Schmutz wegräumt und sie wie neu macht.

Und in dieser neuen und erneuerten Welt werden wir nicht im Lendenschurz auf einer Wolke abhängen und jahrtausendelang

Amazing Grace singen. (Für mich klingt das ehrlich gesagt eher nach dem anderen Ort…)

Lies in der Offenbarung nach: In den letzten beiden Kapiteln der Bibel geht es um die Zukunft – darum, worauf die gesamte Menschheitsgeschichte hinausläuft. Und die Geschichte endet nicht damit, dass wir in den Himmel kommen, sondern sie endet damit, dass der Himmel auf die Erde kommt. Wir sehen, wie Jesus und alle seine Anhänger, die gestorben sind, aus dem Himmel zurückkommen, um über die Erde zu herrschen.

Das Happy End ist nicht, dass wir in den Himmel kommen, sondern dass der Himmel auf die Erde kommt.

Die Schlussszene zeigt keine Wolken oder Harfen oder pausbäckigen Raffael-Engel, sondern eine Stadt. Eine Stadt mit Mauern und Toren und Straßen und Wohnungen und einem Fluss und einem Wald und mit Kultur. Wie bereits erwähnt, finden wir hier eine Sprache, die direkt aus der Schöpfungsgeschichte stammt[167]: ein neuer Himmel und eine neue Erde, der Baum des Lebens, nichts wird je wieder unter einem Fluch stehen, für immer und ewig herrschen.

Es ist also nicht nur eine Stadt. Es ist eine *Garten-Stadt*. Das ist es, was uns erwartet. Kein ewiger Urlaub im Himmel, sondern eine Ewigkeit, in der wir in dieser vom Schöpfer generalüberholten Welt arbeiten und ruhen und Seite an Seite mit Jesus selbst über die Erde herrschen, für immer.

Das ist die Hoffnung von Jesus.

Die Menschen der Zukunft

Und jetzt treten wir einen Schritt zurück, atmen tief durch und lassen es praktisch werden.

Das ganze Gerede über die Zukunft hat nämlich massive Auswirkungen darauf, wie wir im Hier und Jetzt arbeiten und ausruhen.

Man könnte es so formulieren: Unsere Eschatologie prägt unsere Ethik.[168]

Eschatologie ist ein Fachbegriff aus der Theologie, der so viel wie »Lehre von den letzten Dingen« bedeutet. Er leitet sich vom griechischen Wort *eschaton* ab, was »Ende« bedeutet.

Eschatologie. Theologie des Endes.

Und wie wir das Ende – das Ziel, den Höhepunkt, auf den diese ganze Geschichte hinausläuft – sehen, prägt unsere Ethik und bestimmt, wie wir heute leben.

Es prägt, was wir beruflich tun und was nicht.

Was wir schätzen und was uns egal ist.

Wofür wir Geld ausgeben und wofür nicht.

Wie viele Stunden wir pro Woche arbeiten. Wie oft wir ausruhen, Sabbat halten, Urlaub machen.

Wie wir über das Ende denken, beeinflusst massiv, wie wir im Hier und Jetzt leben.

Wenn wir glauben, das ultimative Ziel unserer Reise sei der Himmel – ein Ort oben in den Wolken, irgendwo anders, wo wir ohne Körper in einer rein geistlichen Seinsweise existieren –, dann ist es schwer, nicht das Gefühl zu bekommen, die eigene Arbeit oder unser Beruf oder der eigene Einsatz für Gerechtigkeit oder kulturelle Erneuerung in *dieser* Welt sei belanglos.

Aber wenn wir die Bibel lesen und wach werden für die Tatsache, dass unsere Hoffnung in der Auferstehung begründet ist, dass wir unterwegs sind in das kommende Zeitalter ... Das ändert alles. Vor allem, wie wir über Arbeit und Ruhe denken.

• • •

Beginnen wir mit der Ruhe.

Wie war das noch mal? Der Sabbat ist ein Gedenktag. Eine wöchentliche Erinnerung an zwei Welten – eine, die hinter uns liegt, und eine andere, die vor uns liegt. Er ist ein Wegweiser, der einerseits zurückweist in den Garten und zugleich vorausweist in die Gartenstadt.

Wenn das wahr ist, bedeutet das, dass wir nicht alles sofort erledigen müssen. Wir müssen uns nicht verausgaben, bis wir auf dem Zahnfleisch kriechen und nicht mehr viel von uns übrig ist.

Aber was ist mit *YOLO*? (*You only live once!*) Also, du lebst nur einmal. Oder?

Nein.

Nicht, wenn du Jesus folgst.

Wir haben die ganze Ewigkeit, um in Gottes Welt zu leben. Wir werden dort weiterleben – tagelang, jahrelang, jahrtausendelang! Es stimmt, Zeit ist ein kostbares Gut. Aber wir müssen damit nicht knauserig sein. Wir sind unverschämt reich. Wir haben jede Menge davon.

Und so können wir an jedem Sabbat ausruhen. Wirklich, ehrlich, voll und ganz ausruhen. Die Welt wird nicht untergehen.

Der Sabbat ist ein Einblick in das Leben, das einmal war, und in das Leben, das kommen wird.

Wir machen es uns zum Ziel, unseren Körper und unsere Seele wieder an die Welt, aus der wir ganz ursprünglich kommen, zu gewöhnen. Wir stimmen uns darauf ein, im wohltuenden Tempo von Eden zu leben. Deshalb machen wir es uns auch zum Ziel, die kommende Welt schon ein bisschen vorwegzunehmen und auszuleben, bereits jetzt so zu leben, wie wir es für immer tun werden – essen, trinken, schlafen und in allem Gottes Gegenwart genießen.

• • •

Und nun zur Arbeit.

Wenn wir Jesus nachfolgen, besteht das essenziell Wichtige darin, dass wir durch unsere Arbeit mitwirken an der Invasion des Himmels auf die Erde.

Ich denke an den Schluss von 1. Korinther 15 – das ist der längste Abschnitt über die Auferstehung und das kommende Zeitalter in der ganzen Bibel. Achtundfünfzig Verse voll dichter, kühner, komplexer, tiefgründiger, sachbezogener, bedeutungsschwerer, explosiver Eschatologie. Und das Ganze mündet in den letzten Absatz. Das ist der Schluss von Paulus' Predigt, seine praktischen Anwendungshinweise sozusagen:

> Deshalb bleibt fest und unerschütterlich im Glauben, liebe Freunde, und setzt euch mit aller Kraft für das Werk des Herrn ein, denn ihr wisst ja, dass nichts, was ihr für den Herrn tut, vergeblich ist.[169]

Für Paulus impliziert also die Auferstehung, dass unser Einsatz und das, was wir »für den Herrn tun«, nicht vergeblich sind. Davon ist nichts umsonst. Diese Dinge sind *wichtig*.

Allzu leicht denken wir, dass Paulus mit »das Werk des Herrn« und »was ihr für den Herrn tut« nur Evangelisation oder Missionsarbeit meint. Aber das sagt er gar nicht. Es ist nicht eindeutig. Es bleibt unbestimmt und offen für Interpretation.

Und ich wette, das ist volle Absicht.

Worauf ich hinauswill: Diese ganze Eschatologie – dieses ganze Gerede über die Zukunft, über die Auferstehung und das kommende Zeitalter – sollte eine gezielte, weichenstellende, inspirierende Wirkung auf unsere Arbeit im Hier und Jetzt haben.

Dazu ließe sich jetzt noch so viel sagen. Hier nur vier Gedanken, um dieses Buch ans Ziel zu bringen.

Gute Arbeit lohnt sich!

Und das gilt auch dann, wenn sie »nur« diesem Zeitalter gilt und keine Auswirkungen auf das kommende Zeitalter hat.

Was du auch tust – kochen, Häuser bauen, unterrichten, schreiben, Mutter sein, ein Projekt leiten, imkern –, wenn du es als einen Akt der Anbetung und als Ausdruck der Liebe zu Gott und als Dienst für die Menschheit tust, ist das genug.

Arbeit ist kein Mittel zum Zweck, sie ist der Zweck. Sie trägt ihren Sinn bereits in sich.

Ich kann das gar nicht oft genug betonen. Die meisten Menschen glauben nicht wirklich, dass ihre Arbeit im Hier und Jetzt von Bedeutung ist. Einfach als Arbeit an und für sich. Aber es ist so unglaublich wahr.

Wenn du nichts anderes tust, als ein Pannenauto abzuschleppen, damit jemand wieder nach Hause kommt, oder wenn du einen Kredit vermittelst, damit sich jemand ein Haus kaufen kann, oder wenn du eine Jacke verkaufst, die jemanden warm hält … dann ist das *wichtig*, an und für sich. Und es ist *genug*.

Unsere Arbeit in diesem Leben ist eine Übung für unsere Arbeit im kommenden Leben.

Zum einen ist das, was wir jetzt tun, an sich schon wichtig. Wir brauchen nichts hinzuzufügen oder es künstlich aufzupeppen. Und andererseits ist es auch eine Übung.

Dallas Willard sagte einmal, dieses Leben sei ein »Training fürs Regieren«. So banal das vielleicht klingt, aber das trifft es genau. Gerade jetzt lernen wir die Fähigkeiten, die wir in Gottes neuer Welt für immer brauchen werden.

Die Bibel beginnt damit, dass Gott den Menschen eine Berufung gibt, einen Auftrag zu herrschen, sich um seine Schöpfung zu kümmern und sie zum Blühen zu bringen. Und nach einem langen, endlos scheinenden Umweg durch die Menschheitsgeschichte endet die Bibel damit, dass diese Vision endlich in Erfüllung geht, ja, dass sie sogar darüber hinausgeht.

Die Offenbarung, das letzte Buch der Bibel, ist voll von königlicher, herrschaftlicher Sprache.

»[Er hat] uns gemacht zu einem Königtum, zu Priestern …«[170]

»Ich werde jeden, der siegreich ist, einladen, mit mir auf meinem Thron zu sitzen.«[171]

»Sie werden auf der Erde regieren.«[172]

»Sie werden … tausend Jahre lang mit ihm herrschen.«[173]

»Sie werden für immer und ewig herrschen.«[174]

Unsere Hoffnung für die Zukunft ist also nicht nur, dass Jesus das Universum regieren wird. Das auch. Aber unsere Hoffnung schließt auch ein, dass wir an seiner Seite herrschen werden. Paulus drückt es so aus: »Wenn wir mit ihm leiden, werden wir mit ihm herrschen.«[175]

Gott ist auf der Suche nach Menschen, mit denen er die Welt regieren kann. Und gerade jetzt sind wir dabei, zu solchen Menschen zu werden.

Wir sind dabei, zu lernen, wie wir Trägheit mit harter Arbeit überwinden und Arbeitssucht mit dem Sabbat bekämpfen können.

Zu lernen, wie wir mit Geld, Sex und Macht gut umgehen.

Zu lernen, wie wir im digitalen Zeitalter mit Technologie und Informationen verantwortlich umgehen.

Zu lernen, wie wir *über* der Erde leben und nicht von ihrem Gewicht erdrückt werden oder ihren Verlockungen zum Opfer fallen.

Und ich würde behaupten, dass wir hier nicht nur unseren Charakter schulen, sondern auch unsere Hände. Denn unser *Hand*werk ist wichtig.

Jesaja und Amos waren in dieser Hinsicht ziemlich deutlich. Wir werden in der kommenden Zeit Häuser bauen. Das könnte bedeuten, dass wir Architekten, Bauunternehmer, Elektriker, Klempner, Schreiner, Möbeldesigner, Innenarchitekten und so weiter brauchen werden.

Wenn du Architekt bist, deine Arbeit dir Spaß macht und du das Gefühl hast, gut darin zu sein, wer sagt dann, dass es nicht genau diese Arbeit ist, die du für immer mit Freude tun wirst?

Und wenn das zuträfe, dann schaffst du nicht nur an jedem Tag, an dem du zur Arbeit gehst und an deinen Fähigkeiten feilst, eine bessere Welt im Hier und Jetzt, sondern du erwirbst dir auch Fertigkeiten, um eines Tages in der Zukunft die beste aller Welten mitzugestalten.

Wer du hier geworden bist, wird entscheiden,
wer du in Gottes neuer Welt sein wirst.

Die Person, die du hier wirst, zu der du dich in diesem Leben entwickelst, wird ins nächste Leben mitgenommen. Der Spruch »Du kannst nichts mitnehmen« mag für materielle Dinge gelten – dein Auto oder dieses schöne Paar Schuhe –, aber er ist definitiv irreführend. Denn die Person, die du geworden bist, wirst du in Gottes Zukunft mitnehmen. Und wozu du dich entwickelst, das ist dein wertvollstes Gut.

Und nicht nur das. Hier kommt mein dritter Gedanke:

Einiges von dem, was wir hier tun, wird auch in Gottes neuer Welt Bestand haben.

Das glaube ich wirklich.

In Offenbarung 14 lesen wir, dass die Toten »von all ihren Mühen ausruhen; denn ihre guten Taten folgen ihnen nach!«[176].

Das Wort »Tat« heißt auf Griechisch *ergon*. Normalerweise wird es mit Werk oder Arbeit übersetzt, aber eine weitere Übersetzungsmöglichkeit wäre auch Berufstätigkeit.

Unsere Arbeit wird uns also folgen? Vielleicht folgt uns sogar unser Beruf über den Tod hinaus und in das kommende Zeitalter.

Später, in Offenbarung 21, lesen wir von der Garten-Stadt, und Johannes schreibt:

> Die Könige der Welt werden kommen und ihre Herrlichkeit in die Stadt bringen ... Und alle Völker werden ihre Herrlichkeit und Ehre in die Stadt bringen.[177]

Das sind rätselhafte Verse, aber sie könnten bedeuten, dass alle gute Arbeit – die Summe von jahrtausendelangem Kulturschaffen – irgendwie in das neu geschaffene Jerusalem Eingang finden wird.

Miroslav Volf, der brillante kroatische Philosoph und Theologe aus Yale, drückt es so aus:

> Die edlen Produkte menschlichen Erfindungsgeistes, alles Schöne, Wahre und Gute in den menschlichen Kulturen, werden von Unreinheit gereinigt, vervollkommnet und verklärt, um in Gottes neue Schöpfung einzugehen. Sie werden das »Baumaterial« darstellen, aus dem die verherrlichte Welt geschaffen wird.[178]

Um eins klarzustellen: Ich will damit *nicht* sagen, wenn du Textildesigner bist und einen Teppich entwirfst, wird genau dieser Teppich im neuen Jerusalem liegen. Die Erde – und alles auf ihr – *wird* »durch Feuer zerstört«.

Was ich aber sagen will, ist: Wenn ich mir die Zukunft vorstelle, dann stelle ich mir vor, in einem Haus zu leben. Ich vermute, dass es darin auch den einen oder anderen Teppich geben wird. Und ich stelle mir vor, dass ich thailändisch esse, Mandelmilch-Latte trinke, das Präludium aus der Suite Nr. 1 in G-Dur für Cello höre, Fahrrad fahre und im Flugzeug fliege und all die guten, schönen und wahren Dinge genieße, die Gottes Ebenbilder sich im Laufe der Jahrtausende unserer Menschheitsgeschichte ausgedacht haben.

Es wird all das böse, hässliche Zeug sein, was für immer verschwindet.

Ich denke an Kapitel 3 im Brief von Paulus an die Leute in Korinth. Für mich ist das so etwas wie ein Paradigma:

> Wer auf diesem Fundament aufbaut, muss sorgsam vorgehen ... Wer nun auf dieses Fundament aufbaut, kann dazu Gold, Silber, Edelsteine, Holz, Heu oder Stroh verwenden. Am Tag des Gerichts wird sich die Arbeit jedes Einzelnen im Feuer bewähren müssen. Das Feuer wird

> zeigen, von welcher Qualität das Bauwerk ist. Wenn es dem Feuer standhält, wird der, der es gebaut hat, Lohn empfangen. Doch wenn sein Werk verbrennt, wird er einen schmerzlichen Verlust erleiden. Er selbst wird zwar gerettet werden, aber nur wie einer, der mit Mühe und Not einem Feuer entkommt.[179]

So sieht Paulus den Tag des Herrn, und genau wie Petrus sieht er ihn als einen Tag des Feuers, an dem alles Hässliche vergehen und alles Schöne und Wahre als das offenbar werden wird, was es wirklich ist.

Im Kontext ist dieser Text offensichtlich ein Abschnitt über die Gemeindearbeit, über den Aufbau des Volkes Gottes. Und es mag sein, dass er auch nur darauf Bezug nimmt. Aber ich denke, man kann ihn auf jegliche Art von Arbeit übertragen.

Es gibt eine Menge menschlicher Arbeit, die, offen gesagt, am Tag des Herrn nicht bestehen wird. Sie wird es nicht in Gottes neue Welt schaffen.

Dinge wie Krieg, Gewalt, Ausbeutung der Armen, korrupte Bürokratie, übelste Verschwendung, Schädigung der Natur, Maßlosigkeit, Trunkenheit, Pornografie, Rap-Musik (kleiner Scherz, dieser letzte Punkt. Also vielleicht).

All dieses Zeug wird »verbrennen«. Und die Menschen, die sich ihr Leben lang mit »Holz, Heu oder Stroh« abgegeben haben, also mit Arbeit, die nur als Zündmaterial fürs Feuer taugt, werden trotz allem Stress und aller Energie, die sie in ihre Arbeit gesteckt haben, am Ende nichts vorzuweisen haben. Sie werden es hineinschaffen, aber nur knapp. Und mit leeren Händen.

Paulus formuliert die Hoffnung, dass etliche menschliche Arbeit das Gericht überstehen und einen Platz in der neuen Schöpfung finden wird. Dass all unsere Arbeit, die wie Gold, Silber und kostbare Steine ist, also Arbeit, auf die es ankommt, uns irgendwie – und ich habe keine Ahnung, wie genau das gehen soll – in das kommende Zeitalter folgen wird.

Gott wird einen Weg finden, die gute menschliche Arbeit zu reinigen und in seine neue Welt zu integrieren.

Der Neutestamentler N. T. Wright hat es so formuliert:

> Was du in der Gegenwart tust – indem du malst, predigst, singst, nähst, betest, lehrst, Krankenhäuser baust, Brunnen gräbst, dich für Gerechtigkeit einsetzt, Gedichte schreibst, dich um die Bedürftigen kümmerst, deinen Nächsten liebst wie dich selbst –, wird in Gottes Zukunft Bestand haben. Diese Aktivitäten sind nicht einfach nur Mittel und Wege, um das gegenwärtige Leben weniger scheußlich und ein wenig erträglicher zu machen, bis zu dem Tag, an dem wir es ganz hinter uns lassen. Sie sind Teil dessen, was wir Bauen für das Reich Gottes nennen können.[180]

Bauen *für* das Reich Gottes – mich begeistert diese Formulierung.

Wir können das Reich Gottes nicht bauen, das kann nur Jesus. Aber wir können *für* das Reich Gottes bauen. Wir können Steine bearbeiten, und Gott, der Baumeister, kann einen Weg finden, sie in sein Meisterwerk einzubauen.

Die Häuser, die mein Freund Tony in diesem Leben baut – er ist Architekt –, werden nicht ewig halten, aber wir werden in der kommenden Welt Häuser brauchen. Und jeder einzelne Entwurf, jede Idee, jede Innovation, jede neue grüne, nachhaltige Technologie, die er entwickelt, hat das Potenzial, ihm in das kommende Zeitalter zu folgen.

Wenn das in dir nicht den Wunsch weckt, wirklich gut in deinem Job zu werden, dann weiß ich auch nicht.

Alle gute Arbeit, die wir in diesem Zeitalter leisten, wird im kommenden Zeitalter belohnt.

Zwischen diesem und dem kommenden Zeitalter besteht eine viel größere Kontinuität, als die meisten von uns denken. Die Art und Weise, wie wir jetzt leben und wie wir für immer leben werden, steht in direktem Zusammenhang. Genauer gesagt besteht dieser Zusammenhang zwischen der Art und Weise, *wie* wir jetzt herrschen, und der Frage, über *wie viel* wir in der Ewigkeit herrschen werden.

Jesus hat viele seiner Gleichnisse dem Themengebiet der Arbeit entnommen – Handel, Handwerk, Geld, Management, Beziehungen zwischen Arbeitgebern und Arbeitnehmern und so weiter. Und einige enden mit einer Aussage darüber, dass die Art und Weise, wie wir jetzt arbeiten, einen direkten Einfluss darauf hat, wie wir in Zukunft arbeiten werden.

Ich denke zum Beispiel an das Gleichnis in Lukas 19 über den »vornehmen Mann« (lies: König), der auf eine lange Reise geht. Bevor er abreist, gibt er jedem seiner Diener »zehn Pfund Silber«.[181]

Als er zurückkommt, verlangt er Rechenschaft über seine Investition.

Der erste Diener kommt und sagt: »Herr, ich habe die ursprüngliche Summe verzehnfacht.«

Und was sagt der König dazu? »Ich werde dich als Statthalter über zehn Städte setzen.«

Zehnfache Summe, zehn Städte. Verantwortung jetzt, mehr Verantwortung später.

Es besteht ein Eins-zu-eins-Verhältnis zwischen der Art, wie wir jetzt arbeiten, und der Art von Arbeit, die wir in der Ewigkeit tun werden.

Wenn wir das lesen, nehmen wir natürlich an, dass »Statthalter über zehn Städte« eine Metapher ist, und das ist es wahrscheinlich auch. Aber ist es nicht genau das, was Adam von Anfang an hätte tun sollen? Herrschen? Einen Garten in Besitz nehmen und eine Stadt daraus machen?

Und wenn es keine Metapher ist?

Auch dann gilt der entscheidende Punkt: Die Belohnung für gute Arbeit in diesem Zeitalter ist nicht eine Villa und ein Maserati im Himmel, als ob Gott nichts Besseres tun könnte, als sich mit der Perversion des amerikanischen Traums durch den Kapitalismus abzufinden. Nein, in Gottes neuer Welt gibt es mehr Arbeit und mehr Verantwortung.

> In Gottes neuer Welt wird es mehr Arbeit für uns geben – begeisternde, befriedigende Arbeit.

Und das sollte uns begeistern! Vom Fluch befreite, spannende, befriedigende Arbeit. Und Verantwortung, dieses Gefühl, dass wir mit unserer Arbeit einen wichtigen Teil zum großen Ganzen beitragen.

Auch wenn sich deine Arbeit jetzt überhaupt nicht so anfühlt. Selbst wenn du bei der Stadtreinigung arbeitest oder als Handlanger auf dem Bau oder im Service eines Hotels oder im Supermarkt an der Kasse. Vielleicht gefällt dir dein Job. Vielleicht findest du ihn ätzend. Vielleicht kannst du etwas daran ändern, vielleicht nicht. Aber so oder so, du kannst deine Arbeit für einen besonderen Lohn tun.

Mir gefällt sehr, was Paulus an die Sklaven in Kolossä schreibt:

> Tut eure Arbeit mit Eifer und Freude, als würdet ihr Gott dienen und nicht Menschen. Vergesst nicht, dass der Herr euch mit dem himmlischen Erbe belohnen wird. Dient dem Herrn Jesus Christus![182]

Paulus unterstützt hier keineswegs die Sklaverei. Und selbst wenn er das täte – Sklaverei im antiken Mittelmeerraum war etwas völlig anderes als der afroamerikanische Sklavenhandel oder der Menschenhandel, der heute in Indien oder Südostasien betrieben wird. Sie basierte nicht auf der ethnischen Zugehörigkeit und bestand in der Regel nicht auf Lebenszeit. Sie war eher so, wie ich mir das Leben eines illegalen Einwanderers vorstelle, der auf einer Farm irgendwo in Kalifornien oder Texas arbeitet.

Trotzdem, einen mieseren Job kann man sich kaum vorstellen. Wahrscheinlich bestand er aus lauter banalen oder unangenehmen Dingen – Boden putzen, Geschirr abwaschen, Unkraut jäten, auf dem Feld schuften –, und das ohne jegliches Mitspracherecht.

Aber Paulus schreibt diese Sätze gezielt an die Sklaven: »Was immer ihr tut, gebt euer Bestes, denn ihr arbeitet nicht für euren menschlichen Herrn, sondern für Jesus selbst.«

Und: »Er wird euch mit dem himmlischen Erbe belohnen.«

Das bedeutet: Gott wird jede Arbeit belohnen, die in seinem Namen getan wird. Auch wenn sie nicht fromm oder sexy oder glamourös oder hip oder prestigeträchtig ist.

Auch wenn deine Arbeit nicht darin besteht, Mädchen aus der Prostitution zu retten, herrliche Musik zu komponieren, an einer Eliteuni zu unterrichten oder Filme zu drehen – eben was wir uns so als kulturell bedeutsame Arbeit zurechtfantasieren. Selbst wenn wir in der Spülküche eines billigen Restaurants schmutziges Geschirr abwaschen, es wird belohnt, solange wir es für Jesus tun – also nicht nur, um unser Gehalt zu bekommen, indem wir bis zum Ende der Schicht gerade mal das Nötigste tun, sondern indem wir es tun als Akt der Anbetung und des Dienstes an Gott und den Menschen.

Denn wenn wir jetzt mit unseren anvertrauten »Pfunden« treu sind, dann werden wir in der kommenden Welt herrschen. Wir werden endlich die Arbeit tun können, die uns Freude macht.

In der Zwischenzeit dürfen wir nicht aufgeben, nicht nachlässig sein. Denn wir steuern auf ein Erbe zu.

• • •

Ich habe gerade eine beeindruckende Geschichte gelesen über den französischen Komponisten Olivier Messiaen und sein berühmtes Stück *Quartett für das Ende der Zeit*. Er schrieb es im Winter 1941. Messiaen war von den Nazis verhaftet und im Stammlager VIII A, einem Konzentrationslager in Görlitz, inhaftiert worden. Während er dort festsaß und mit brutalen Lebensbedingungen konfrontiert war, verbrachte er viel Zeit damit, die Evangelien und die Offenbarung zu lesen. Ihn als Christen erfüllte mitten in der Hölle auf Erden dennoch irgendwie eine Hoffnung für die Welt.

Als er feststellte, dass sich noch drei andere berühmte Musiker im Lager befanden, organisierte er vier Instrumente – ein Cello mit einer fehlenden Saite, eine ramponierte Geige, eine abgenutzte Klarinette und ein Klavier, bei dem einige Tasten festhingen – und komponierte ein unglaubliches Stück Kammermusik. Der *New Yorker* nannte es später »die himmlisch schönste Musik des zwanzigsten Jahrhunderts«[183].

Sie spielten es zum ersten Mal im Januar, mitten im Konzentrationslager, vor Hunderten von Gefangenen und Wachen, in eisiger Kälte. Messiaen sagte später: »Die Kälte war unerträglich, das *Stalag* lag unter einer dicken Schneeschicht, die vier Musiker spielten auf kaputten Instrumenten … aber noch nie hatte ich ein Publikum erlebt, das so gebannt zuhörte.«[184]

Ich erzähle diese Geschichte, weil ich mir kein dramatischeres oder passenderes Bild dafür vorstellen kann, welche Art von Arbeit wir diesseits der Auferstehung leisten sollen.

Wir sind schon jetzt, in der Gegenwart, die Menschen der Zukunft.

Paulus sagt: »Wenn jemand in Christus ist, so ist er eine neue Schöpfung.«[185] Die neue Schöpfung ist jetzt da. Sie bricht durch die Risse im Asphalt, und sie beginnt mit uns.

Wir sind Vorboten – die Vorankündigung für das, was auf die ganze Welt zukommt.

Wir arbeiten also in der gegenwärtigen Welt – mitten in all dem Chaos und der Ungewissheit, dem Leid und dem Schmerz – und geben damit einen Vorgeschmack auf die zukünftige Welt, die befreit sein wird von allem Bösen und sogar vom Tod.

Und unsere Hoffnung ist folgende: Wenn wir tun, was immer wir tun, werden die Menschen unsere Arbeit sehen. Und sie werden, vor Kälte zitternd, ein wenig näher kommen, um der Musik zu lauschen.

Und vielleicht, nur vielleicht, fangen sie an zu sehen, dass sich mitten in all dem Kummer und der Leere und dem Trauma dieses Lebens etwas Neues anbahnt und bereits durch den Asphalt bricht.

Oder wie ein Lehrer, dem ich folge, es einmal ausdrückte: »Das Himmelreich steht unmittelbar bevor.«[186]

EPILOG

Eine neue Definition von Größe

Wir werden mit dem Wunsch geboren, großartig zu sein.

Wir kommen aus dem Mutterleib und schreien nach einem Leben mit Sinn und Ziel und Bedeutung. Wir wollen die Welt besser verlassen, als wir sie vorgefunden haben. Wir wollen, dass unser Name irgendwie weiterlebt, lange nachdem wir aufgehört haben zu atmen.

Wir wachsen auf und träumen von einer Lebensgeschichte, die zu erzählen sich lohnt.

Wenn man ein vier- oder fünfjähriges Kind fragt: »Was willst du werden, wenn du groß bist?«, kriegt man bestimmt nicht zur Antwort: »Ich möchte Buchhalter werden« oder »Ich denke an eine Versicherungslaufbahn« oder »Ich finde Steuerrecht interessant«.

Ein Kind, das so antwortet, würden wir zur Therapie schicken. Und zwar umgehend.

Nein, Kinder sagen Dinge wie Astronaut, Polizist oder Ballerina. Bei uns zu Hause steht Ninja gerade hoch im Kurs, dicht gefolgt von Rockstar und Jedi-Ritter.

Als Kinder haben wir den Wunsch, etwas zu tun, das wichtig ist. Wir wollen bedeutend sein.

Niemand will nur einen CO_2-Fußabdruck hinterlassen und Platz wegnehmen. Niemand will einfach nur durchs Leben gehen, arbeiten, Steuern zahlen, Dinge anhäufen und dann mit einer Eigentumswohnung und einem Netflix-Abo in Rente gehen.

Die meisten von uns wollen aus dem kurzen Augenblick, der unsere Existenz ist, *mehr* herausholen.

Im Laufe der Jahre können wir dieses Verlangen ignorieren oder unterdrücken oder verleugnen oder in den Keller sperren und aushungern, aber es ist unverwüstlich. Es wird nie ganz verschwinden. Egal, wie sehr wir versuchen, es zu unterdrücken, es ist da, von unserem ersten Atemzug an.

Denken wir mal an die Mythen der amerikanischen Kultur. Vielleicht denkst du jetzt: »Wir haben Mythen?«

Ja, natürlich.

Die Griechen hatten Zeus und Herkules und Poseidon. Wir haben Batman und Superman und die Avengers. Die Antike hatte Homers *Ilias*, wir haben *Marvel-Comics*.

Und Superhelden sind im Grunde genommen haargenau das Gleiche: menschliche Wesen mit besonderen Kräften, die den Schwachen dienen und die Welt retten.

Es ist immer und immer wieder dieselbe Grundformel. Und wir verschlingen sie. Und verfilmen sie x-fach.

Warum ist das so? Ich glaube, es liegt daran, dass diese Mythologie unser tiefstes Menschsein anspricht. Der erste Mensch war ein

König. Selbst wenn wir in bittere Armut hineingeboren werden – in uns fließt königliches Blut. Wir wurden geschaffen, um über die Welt zu herrschen.

> Der Drang nach Größe liegt in unserer DNA.

Ich würde sogar behaupten, dass der Wunsch nach Bedeutung vom Schöpfer selbst in uns hineingelegt wurde. Schließlich sind wir nach seinem Ebenbild geschaffen.

Das Problem ist, dass dieses Verlangen, das in seinem embryonalen, unschuldigen Zustand so, so richtig ist, schnell vom Ego entstellt, beschmutzt und verzerrt werden kann.

Wir entwickeln uns fort von dem Wunsch, groß zu *sein*, zu dem Wunsch, für groß *gehalten* zu werden.

Von dem Wunsch, den Schwachen zu dienen, zu dem Wunsch, von den Schwachen bedient zu werden. Vom Wunsch, die Welt zu retten, zum Wunsch, sie zu besitzen.

Die kulturelle Ikone Madonna hat es in ihrer Biografie sehr treffend ausgedrückt:

> Ich habe einen eisernen Willen, und mein ganzer Wille war immer darauf gerichtet, ein schreckliches Gefühl der Unzulänglichkeit zu überwinden … Ich überwinde einen derartigen Anfall und entdecke mich selbst als einen besonderen Menschen, und dann komme ich in eine andere Phase und denke, ich sei mittelmäßig und uninteressant … Immer wieder. Mein Antrieb im Leben kommt von dieser schrecklichen Angst davor, mittelmäßig zu sein. Und das treibt und treibt mich immer wieder an. Ich

> bin zwar jemand geworden – eine Berühmtheit. Aber ich muss immer noch beweisen, dass ich jemand bin. Mein Kampf hat nie aufgehört und wird es wahrscheinlich auch nie.[187]

Madonna gelingt es hervorragend, den Zeitgeist unserer Generation einzufangen. Wir wurden in den Wohlstand hineingeboren. Und mit dem Reichtum kommt die Freiheit zu träumen. Wenn ich einen Dollar für jeden Menschen bekäme, der von sich sagt: »Ich habe Träume«, dann könnte ich zumindest öfter essen gehen. Ist doch nicht übel, oder?

Aber so viele von uns träumen die falschen Träume. Flache, eindimensionale, blutleere Träume, in denen sich alles nur um uns selbst dreht. Wo wir die Helden sind.

Jeder will spektakulär sein.

Die Frage ist: Wie können wir in dieser Spannung leben? Zwischen unseren kindlichen Träumen, etwas Bedeutendes zu sein und zu tun, und unseren gierigen Wünschen im Erwachsenenalter nach Macht und Einfluss und Ruhm und Berühmtheit, einem weiteren Haus, einem weiteren Urlaub, einem weiteren Vorteil gegenüber dem Rest der Welt? Wie können wir an den richtigen Wünschen festhalten – sogar noch als Erwachsene – und alle anderen von uns schleudern?

• • •

Diese Frage ist nicht neu. Die Anhänger von Jesus stellen sie schon seit langer Zeit.

Eine meiner Lieblingsgeschichten in den Evangelien ist die vom Streit der Jünger, »wer von ihnen wohl der Wichtigste sei«[188]. Kannst du dir vorstellen, wie dieses Gespräch ablief?

»Ich sollte der Erste sein, ich bin der Älteste.«

»Nein, du konntest nicht mal eine Minute auf dem Wasser gehen!«

»Na, ich hab's wenigstens versucht. Du hast nur im Boot gehockt.«

»Hey, komm schon, jeder weiß, dass ich sein Lieblingsschüler bin. Ich denke sogar darüber nach, meine Memoiren zu schreiben.«

Und dann drehst du dich plötzlich um, und da steht dein Rabbi, Jesus, und sieht dich mit diesem sanften, aber doch irgendwie fragenden Gesichtsausdruck an.

Peinlich …

Aber Jesus reagiert nicht so, wie ich es erwarten würde:

> Da setzte er sich hin, rief die zwölf Jünger zu sich und sagte zu ihnen: »Wenn jemand der Erste sein will, muss er den letzten Platz einnehmen und allen dienen.«

Wichtig ist hier, was Jesus *nicht* tut. Er tadelt die Jünger nicht für ihren Wunsch, wichtig zu sein. Ich hätte erwartet, dass er jetzt Petrus und die anderen zurechtweisen würde, aber das tut er nicht. Stattdessen gibt er ihnen eine Neudefinition für Größe.

Das Wort für »Erster« kann auch mit »wichtig, bedeutend« übersetzt werden. Dann sagt Jesus hier: »Ihr wollt wichtig sein? Bedeutend? Okay, diesen Wunsch habe ich in euch hineingelegt. Ich sag euch, wie's geht: Werdet Diener.«

Das griechische Wort für »Diener« ist *diakonos*. Es bedeutet »jemand, der bei Tisch bedient«. Es kann sogar mit »Kellner« übersetzt werden, wie in einem Restaurant.

Was für ein faszinierendes Beispiel für Größe. Jesus hätte sagen können: Sei wie ein König, ein Krieger, ein Revolutionär, ein Dichter, ein Künstler – irgendwas in der Art. Aber stattdessen wählt er: Diener.

Was macht einen Diener aus? Dass er dazu da ist, anderen das Leben leichter zu machen.

Wenn wir ehrlich sind, leben die meisten von uns genau umgekehrt, mich eingeschlossen. Aber für Jesus ist das Wort »bedeutsam« gleichbedeutend mit dem Wort Diener.

Das war zur damaligen Zeit unerhört. Die Gesellschaft war klar gegliedert – vielleicht mehr noch als unsere heutige.

Juden und Nichtjuden.

Männer und Frauen.

Bürger und Nicht-Bürger.

Reiche und Arme.

Herren und Diener.

Und Diener standen ganz unten auf der sozialen Leiter. Es war eine erniedrigende, unehrenhafte Rolle.

Der griechische Philosoph Platon sagte einmal: »Wie kann ein Mensch glücklich sein, wenn er jemandem dienen muss?«[189] Er brachte damit das Ethos der damaligen Zeit auf den Punkt. Doch für Jesus besteht der Weg zum Glück, zum »wahren Leben«[190], wie Paulus es nennt, gerade darin, anderen Menschen zu dienen.

Wenn ich mich in meinem Umfeld so umschaue, fällt mir auf, dass Menschen, die egozentrisch und narzisstisch sind, in der Regel ziemlich unglücklich sind, wenn nicht sogar depressiv. Traurigerweise weiß ich das auch aus eigener Erfahrung. Und vielleicht hast du auch schon mal bemerkt, dass Menschen, die eher selbstlos sind und mehr die anderen im Blick haben, in der Regel glücklicher sind. Das ist kein Zufall. Es ist die Lehre Jesu in Aktion. Wenn wir schlecht drauf sind, ist eines der besten Dinge, die wir tun können, einem anderen zu dienen. Das ist wie eine Hintertür zur Freude. Und die steht immer offen.

Doch in der Antike dachte niemand so. Und bis heute hat sich nicht viel daran geändert. Die meisten von uns wollen wichtig, bedeutend, großartig sein, damit andere *uns* dienen. Jesus ruft uns aus diesem Denken heraus. Er sagt, echte Größe besteht darin, dass wir andere lieben und ihnen dienen.

Schließlich wurde diese Welt aus dem Schoß der Liebe Gottes geboren. Er hatte einfach zu viel davon, um sie in sich selbst zu verschließen. Am Ende quoll sie heraus. Und Gott schuf die Welt nicht, um etwas von uns zu bekommen, sondern als Geschenk für uns, damit wir uns daran freuen, darin spielen und etwas daraus machen können.

Wenn wir leben und arbeiten, um andere zu lieben, sind wir direkt im Einklang mit Gottes Herzschlag.

Und eine der besten Möglichkeiten, wie wir Menschen lieben und ihnen dienen können, ist, dass wir jeden Tag bei der Arbeit auftauchen. Und dass wir unsere Arbeit nicht tun, um voranzukommen, mehr Geld zu verdienen oder berühmt zu werden, sondern um Gott und den Nächsten zu lieben und ihnen zu dienen. Wenn wir das tun, fangen wir an, unsere Menschlichkeit zurückzugewinnen.

Das ist es, worauf Jesus im Gespräch mit seinen Jüngern hinauswill. Und um das Ganze zu verdeutlichen, fügt er noch eine kleine Demonstration hinzu:

> Dann stellte er ein kleines Kind in ihre Mitte, nahm es in die Arme und sagte zu ihnen: »Wer solch ein kleines Kind um meinetwillen aufnimmt, nimmt mich auf, und wer mich aufnimmt, nimmt meinen Vater auf, der mich gesandt hat.«[191]

Wie sieht also Größe im wirklichen Leben aus?

Ein kleines Kind auf dem Schoß von Jesus.

Machen wir uns klar: Wir sind im Galiläa des ersten Jahrhunderts. Da war es nicht wie heute. Wir leben ja in einer Zeit, die ein Journalist einmal als »Kindergarchie« bezeichnet hat – wir sind eine Nation, die von Kindern beherrscht wird.[192] Die meiste Zeit bekommen Kinder alles, was sie sich in den Kopf gesetzt haben. Zudem romantisieren wir Kinder gerne als ein Beispiel für Staunen, Unschuld und Mut.

Zur Zeit Jesu war das alles überhaupt nicht der Fall. Klar wurden Kinder von ihren Eltern damals auch geliebt, aber sie waren das unterste Glied der Gesellschaft – gleich neben den Dienern.

Und da kommt Jesus und sagt, Größe liegt darin, anderen zu dienen, und zwar den Kindern zu dienen – Menschen, die unbedeutend sind und keinen Status haben. Menschen, die am Rande der Gesellschaft stehen.

Das ist Größe.

Natürlich kapieren die Jünger nicht, was Jesus da sagt. Sie raffen es überhaupt nicht. In der nächsten Zeile lesen wir:

> Johannes sagte zu Jesus: »Lehrer, wir haben einen Mann gesehen, der in deinem Namen Dämonen austrieb. Wir haben versucht, ihn davon abzubringen, weil er nicht zu uns gehört.«

Sie sehen also jemanden, der Dämonen austreibt – und ich denke, wir sind uns alle einig, dass das eine gute Sache ist –, und sie sind eifersüchtig, unsicher, arrogant und manipulativ. Sie versuchen, sein kleines Exorzismus-Start-up im Keim zu ersticken.

Bezeichnenderweise geht es in der Geschichte direkt davor darum, dass die Jünger einen Dämon austreiben sollen, es aber nicht schaffen.

Autsch.

Die Wurzel davon ist das, was die Autoren der Bibel Neid nennen. Neid ist, wenn man lechzend auf die Geschichte eines anderen Menschen schielt. Was Gier im Blick auf Geld ist, das ist der Neid im Blick auf das Leben als Ganzes. Neid ist, wenn man einen Kollegen, ein Geschwisterkind, eine Studienfreundin oder einen Prominenten anschaut und denkt: *So ein Leben hätte ich auch gern.*

Also benutzen wir unsere Ellenbogen und machen Überstunden und geraten in Stress, und vielleicht lügen und tricksen wir sogar und kämpfen mit allen Mitteln, um die Nase vorn zu haben, aber es ist ein Teufelskreis. Denn egal wie klug oder gebildet oder begabt oder erfolgreich oder wohlhabend oder berühmt oder schön wir sind, es wird immer jemanden geben, der klüger, besser gebildet, begabter, erfolgreicher, schöner oder wohlhabender ist oder der mehr Follower oder einen flacheren Bauch hat. (Hoffentlich nicht beides.)

Fakt ist: Es wird immer jemanden geben, der es irgendwie besser hat.

Und selbst wenn wir es an die Spitze schaffen, dann wird das Leben zu einem endlosen Schachspiel, und es ist nur eine Frage der Zeit, bis wir von irgendeinem jungen Kerl, der hinter uns auftaucht, vom Thron geschubst werden.

Das ist der Grund, warum so viele von uns mit einem Gefühl von Überdruss, mit Ängsten und leichter Verbitterung oder zumindest ein bisschen desillusioniert durchs Leben gehen. Egal, was wir tun, es fühlt sich nie so an, als wäre es jemals *genug*.

Ich will hier niemanden deprimieren oder davon abhalten, die eigenen Träume zu verwirklichen – ich will nur das Offensichtliche feststellen:

Wir werden immer im Schatten von jemandem stehen. Deshalb raubt Neid uns die Lebensfreude.

Denn statt uns daran zu freuen, wer wir sind und was wir tun, und das Leben, das sich vor uns auftut, zu genießen, verzehren wir uns nach den Geschichten anderer Leute.

»Ich wünschte, ich wäre so glücklich verheiratet wie Sarah.«

»Ich wünschte, ich wäre so schön wie Anne.«

»Ich wünschte, ich hätte Toms Job.«

»Ich wünschte, ich wäre so fit wie Ralf.«

Und egal, wer wir werden oder wie viel wir erreichen, es gibt immer *irgendwen*, der uns unsere Defizite ach-so-schmerzhaft vor Augen führt.

»Wir haben einen Mann gesehen, der in deinem Namen Dämonen austrieb. Wir haben versucht, ihn davon abzubringen.«

Diese Zeile steht *direkt nach* der neuen Definition von Größe durch Jesus.

Wenn man die Geschichte bei Markus liest, ist der Übergang abrupt und unelegant. In der einen Minute demonstriert Jesus mit einem Kind auf dem Schoß, was Größe ist, und zwei Sekunden später schwärzen die Jünger einen Kerl bei Jesus an, weil er Dämonen austreibt.

Hä?

Das ist die Art des Autors zu sagen: »Sie kapieren es nicht.«

Es wäre ein Leichtes, hier ordentlich abzulästern – sich über die Jünger zu mokieren oder sie für diese eklatante Dummheit zu verspotten. Aber wie oft sind wir genauso ahnungslos und dumm! Wie oft lesen wir, was Jesus über Leiden und Selbsthingabe sagt, nicken und sagen: »Ja. Mhhm«, und dann machen wir direkt weiter mit unserer Selbstdarstellung, mit Klatsch und Tratsch und Streit darüber, wer der Wichtigste ist.

Und zum Glück macht Jesus auch diesmal seine Leute nicht zur Schnecke. Ganz gelassen sagt er: »Hindert ihn nicht! Wer in meinem Namen Wunder tut, wird nicht bald darauf schlecht von mir reden.«

Schockierend. Jesus will nicht, dass der Mann aufhört, Dämonen auszutreiben, nur damit das Ego seiner Jünger besänftigt wird.

Dann sagt er: »Wenn jemand euch auch nur einen Becher Wasser gibt, weil ihr zu Christus gehört, wird er belohnt werden.«

Offensichtlich gibt es also eine Belohnung, auf der unser Name steht. Gott wartet nur darauf, dass wir etwas tun, das eine Belohnung verdient.

Und was ist sein Beispiel für so eine Sache, die eine Belohnung verdient?

Ein Glas Wasser.

Ein kleiner, unbedeutender, wenig glamouröser Akt von Nächstenliebe und Dienst am anderen.

Wir glauben so leicht, dass wir etwas Großartiges tun müssen, um wichtig zu sein und von Gott belohnt zu werden. Etwas mit TED-Talk- oder Nobelpreis-Qualität. Etwas, das die Welt verändert.

Und hoffentlich wird Gott diese Dinge belohnen. Aber Jesus macht deutlich, dass er auch die Dinge belohnen wird, von denen niemand weiß. Die harte, alltägliche, undankbare Arbeit von Eltern, Automechanikern, Erzieherinnen, Müllmännern oder Reinigungskräften. Arbeit, die nicht viel Aufmerksamkeit erhält.

Gott belohnt auch das Kleine, Unscheinbare, für das wir in der Welt keinen Beifall erhalten.

Ehrlich gesagt, frage ich mich manchmal, ob die Dinge, die einen hohen Status haben, vielleicht doch *nicht* belohnt werden, weil es so einfach ist, das Richtige aus den falschen Gründen zu tun – wegen des Geldes oder aus Selbstüberschätzung oder um seinem Vater zu beweisen, dass er falschlag, oder um berühmt zu werden.

Vielleicht ist das nur meine Vermutung. Aber eigentlich glaube ich das nicht.

Der »Tag des Herrn«, wie ihn die biblischen Autoren nennen, wird die große Umkehrung aller Dinge sein. Der Umsturz des Status quo. Die Reichen und Berühmten könnten in der Bedeutungslosigkeit verschwinden, und die Unbekannten und Bescheidenen und Schüchternen stehen vielleicht ganz vorne auf der Bühne (wenn man sie dazu bringen kann, dort zu stehen).

Man weiß nie, die Ersten könnten sogar die Letzten sein und die Letzten die Ersten. Ich glaube, das habe ich schon mal irgendwo gehört.

• • •

Also, zu guter Letzt: Ich habe dieses Buch geschrieben, um den Motor deiner Träume mit Treibstoff zu fluten. Ich hoffe und bete, dass die Lektüre dieses Buches dir eine gute Portion Vision, Mut und Glauben verpasst, um loszuziehen und das zu tun, was Gott an dem Tag, an dem er dich erdachte, im Sinn hatte.

Geh an die Uni. Mach deinen Doktor.

Brich das Studium ab. Gründe ein Unternehmen.

Werde Chirurgin oder Profi-Ringer.

Zieh in die Innenstadt und setz dich dort für soziale Gerechtigkeit ein – mitten unter Yuppies und reichen Schnöseln. Oder such dir einen Job in Manhattan, verdiene ein paar Millionen und gib alles für das Reich Gottes.

Investiere in deine Kinder, als ob jeder Tag dein letzter wäre. Behandele sie als die zukünftigen Weltgestalter, die sie tatsächlich sind.

Löse die Energiekrise.

Und kann *bitte* jemand eine Alternative zu diesen schrecklichen Ketchup-Päckchen entwickeln, die man an Pommesbuden bekommt und die immer so eine Sauerei machen, wenn man sie öffnet?

Du bist ein König, eine Königin. Also: Regiere die Welt.

Folge der Sonne über den Horizont und ziehe den Rest von uns mit dir. Ich folge dir auf dem Fuß. Aber denk immer an eines:

Wenn sich unsere Träume nur um uns selbst drehen, dann sind sie viel zu klein.

Du musst größer träumen. Größer als dein Job oder deine Karriere oder dein Vermögen oder dein Name oder dein Körper. Du brauchst Träume, die so groß sind wie die Vision Jesu vom Reich Gottes. Ein Reich mit einem gekreuzigten Messias auf dem Thron, in dem Größe radikal neu definiert wird. Ein Reich, wo Kinder die Ehrengäste sind. Wo Diener leiten und Leiter dienen. Wo die Letzten die Ersten sind.

Was immer deine Berufung ist, was immer du mit deinem Leben schließlich anfängst – bitte, *bitte* tu es nicht für dich selbst. Das ist eine dermaßen abgenutzte, klischeehafte und unkreative Art zu leben. Das hatten wir schon zu oft. Es ist eine Verschwendung von Lebenszeit.

Mach deinen Job als Ausdruck der Liebe und als Dienst, letztlich für Gott und für deinen Nächsten.

Vielleicht verdienst du eine Menge Geld, vielleicht kommst du gerade so über die Runden.

Vielleicht wirst du auf der ganzen Welt bekannt. Aber den meisten von uns wird das nicht passieren.

Vielleicht wirst du deine Belohnung noch hier in diesem Leben erhalten, vielleicht aber auch erst im nächsten.

Aber das ist alles nicht entscheidend. Das ist nicht der Grund, warum du es tust. Du tust es, weil Gott dich dazu geschaffen hat, es zu tun. Weil es gut ist. Weil es einen Einfluss auf diese Welt und auf die kommende hat. Weil es letztendlich darauf ankommt.

Also, meine Lieben, wo immer ihr seid, was immer ihr tut: Ich wünsche euch, dass ihr *groß* werdet – im vollen, tiefen, wahren, umfassenden Sinne des Wortes.

Ein Glas Wasser nach dem anderen.

Ich hörte eine laute Stimme vom Thron her rufen: »Siehe, die Wohnung Gottes ist nun bei den Menschen! Er wird bei ihnen wohnen und sie werden sein Volk sein und Gott selbst wird bei ihnen sein …«

Dann kam einer der sieben Engel, welche die sieben Schalen mit den sieben Plagen getragen hatten, und sagte zu mir: »Komm mit mir! Ich will dir die Braut, die Frau des Lammes, zeigen.« Da nahm er mich im Geist auf einen großen, hohen Berg

und zeigte mir die heilige Stadt, Jerusalem, die von Gott aus dem Himmel herabkam. Sie war ganz von der Herrlichkeit Gottes erfüllt und funkelte wie ein kostbarer Edelstein, kristallklar wie Jaspis. Ihre Mauern waren breit und hoch und hatten zwölf Tore, die von zwölf Engeln bewacht wurden. Und auf den Toren standen die Namen der zwölf Stämme Israels geschrieben. An jeder Seite – im Osten, Norden, Süden und Westen – befanden sich drei Tore. Die Mauer der Stadt hatte zwölf Grundsteine, auf denen die Namen der zwölf Apostel des Lammes geschrieben standen.

Der Engel, der mit mir gesprochen hatte, hielt eine goldene Messlatte in der Hand, um die Stadt, ihre Tore und ihre Mauer zu vermessen. Als er sie maß, stellte sich heraus, dass sie viereckig und genauso lang wie breit war. Ihre Länge und Breite und Höhe betrugen je zweitausendzweihundertzwanzig Kilometer. Dann maß er die Mauer, die fünfundsechzig Meter dick war. Dabei benutzte der Engel ein bei Menschen übliches Maß. Die Mauer bestand aus Jaspis, und die Stadt war reines Gold, so klar wie Glas. Die Mauer der Stadt war auf zwölf Grundsteinen erbaut, die mit zwölf Edelsteinen geschmückt waren: Der erste war ein Jaspis, der zweite ein Saphir, der dritte ein Chalzedon, der vierte ein Smaragd, der fünfte ein Sardonyx, der sechste ein Karneol, der siebte ein Chrysolith, der achte ein Beryll, der neunte ein Topas, der zehnte ein

Chrysopras, der elfte ein Hyazinth, der zwölfte ein Amethyst. Die zwölf Tore bestanden aus zwölf Perlen – jedes Tor aus einer einzigen Perle! Und die Hauptstraße war reines Gold, so klar wie Glas.

Kein Tempel war in der Stadt zu sehen, denn der Herr, Gott, der Allmächtige, und das Lamm sind ihr Tempel. Und die Stadt braucht keine Sonne und keinen Mond, damit es in ihr hell wird, denn die Herrlichkeit Gottes erleuchtet die Stadt, und das Lamm ist ihr Licht.

Die Völker der Erde werden in ihrem Licht leben, und die Könige der Welt werden kommen und ihre Herrlichkeit in die Stadt bringen. Ihre Tore bleiben geöffnet, denn es gibt dort keine Nacht mehr. Und alle Völker werden ihre Herrlichkeit und Ehre in die Stadt bringen. Nichts Unreines wird hinein dürfen, auch niemand, der Götzendienst treibt und Lügen verbreitet, sondern nur die, deren Namen im Lebensbuch des Lammes geschrieben stehen.

Und der Engel zeigte mir einen reinen Fluss mit dem Wasser des Lebens, so klar wie Kristall, der vom Thron Gottes und des Lammes entspringt und in der Mitte der Hauptstraße hinabfließt. Auf beiden Seiten des Flusses ist je ein Baum des Lebens, der zwölf verschiedene Früchte trägt und jeden Monat eine neue Frucht hervorbringt. Die Blätter dienen zur Heilung der Völker. Nichts wird je wieder unter einem Fluch stehen. Denn der Thron Gottes und des Lammes wird dort sein,

und seine Diener werden ihn anbeten. Und sie werden sein Gesicht sehen, und sein Name wird auf ihren Stirnen geschrieben stehen. Und es wird dort keine Nacht mehr geben – man wird weder Lampen noch das Licht der Sonne brauchen –, weil der Herr, Gott, über ihnen leuchten wird. Und sie werden für immer und ewig herrschen.

NACH OFFENBARUNG 21–22

Danke

Jesus, dafür, dass wir an deiner Seite die Welt regieren dürfen.

Tammy, Jude, Moses und Sunday, für die *Blue Star*-Vormittage, die *Star Wars*-Abende und dass wir unser Leben miteinander teilen dürfen. Ich liebe euch so sehr, dass es wehtut.

Meinen Eltern, die mich lehrten zu träumen.

Meiner MC-Familie, die mir gezeigt hat, was ich nie hatte und immer brauchte.

Matt Norman, dafür, dass er mir nähersteht als ein Bruder.

Dr. Gerry Breshears, der meine ersten Entwürfe gelesen und mich trotzdem noch gemocht hat.

N. T. Wright, der mir beigebracht hat, wie man die ganze Bibel liest. Und für das Frühstück in San Francisco. Ich denke immer wieder über dieses Gespräch nach.

Bridgetown Church, wo soll ich nur anfangen? Ich kann immer noch nicht glauben, dass ich das mit euch allen zusammen machen darf. Wie im Himmel, so in Portland.

Den Bridgetown-Mitarbeitern – Gerald, Deanna, Bethany, Alex, Salzy, Matt, Travis, Patrick, Justin, Josh, und Tyler –, ich liebe euch wie eine Familie.

Allen bei Zondervan – Carolyn, David, Tom, Jennifer, Kait, Becky, Joe, Merideth, Paige. Ihr seid einfach unglaublich. Und das Abendessen in Nashville war fantastisch.

All den Lehrern und Autoren, die dieses Buch geprägt haben – N. T. Wright, Chris Wright, Dallas Willard, Tim Keller, Ben Witherington, Abraham Joshua Heschel, Walter Brueggemann, Gerry Breshears, Richard Middleton und viele mehr. Ich bezweifle, dass ich jemals einen originellen Gedanken hatte. Mein Ziel ist es einfach, eure Arbeit so weit wie möglich zu verbreiten. Hoffentlich könnt ihr stolz drauf sein.

Anmerkungen

1 Ich halte es für eher unwahrscheinlich, dass ich mich mit dir auf eine Tasse Kaffee treffen kann, es sei denn, du wohnst zufällig in meiner Stadt. Aber in meinem ersten Buch habe ich so ziemlich alles, was ich zum Thema Depression sagen kann, zusammengetragen. Es heißt *My Name Is Hope. Anxiety, Depression, and Life after Melancholy* (Portland: Graphe Publishing 2011).

2 Dazu muss ich ergänzen: Eine wachsende Zahl von Ärzten und Psychiatern entwickelt momentan eine ganzheitlichere Sichtweise auf das Thema Depression. Eine schwindelerregende (und erschreckende) Lektüre zu dieser Kontroverse ist Robert Whitakers *Anatomy of an Epidemic. Magic Bullets, Psychiatric Drugs and the Astonishing Rise of Mental Illness* (New York: Random House 2010).

3 Dieser Satz stammt aus Tom Nelsons fabelhaftem Buch *Work Matters. Connecting Sunday Worship to Monday Work* (Wheaton, IL: Crossway 2011), 15.

4 https://www.yumpu.com/de/document/read/51721615/der-grosse-westminster-katechismus (letzter Zugriff: 08.02.2023).

5 Für alle, die es ganz genau wissen wollen, habe ich hier ein Zitat des hochkarätigen Bibelwissenschaftlers J. Richard Middleton: ›Ein hebräischer Jussiv mit unkonvertiertem wāw (wĕyirdû, und lasst sie herrschen), der auf einen Kohärentativ folgt (*na' ăśeh*, lasst uns machen), drückt immer die Absicht oder das Ziel der Ich-Perspektive (Singular oder Plural) aus, die durch den Kohärentativ vertreten wird. Die Syntax weist also auf »herrschen‹ als den *Zweck*, nicht nur auf die Folge oder das Ergebnis der *Imago Dei hin.*« Aus: *The Liberating Image. The Imago Dei in Genesis 1* (Grand Rapids: Brazos 2005), 53.

6 1. Mose 1,1.

7 1. Mose 1,31.

8 1. Mose 2,2.

9 Auch wenn das eine weit höhere Liga ist als meine, gefällt mir die Theorie des Pentateuchforschers John Sailhammer. Er versteht Mose als eine Art Dokumentarfilmer. Er fügte alle möglichen Quellen – mündliche und schriftliche – zu einer zusammenhängenden Geschichte zusammen und ergänzte sie dann durch sein eigenes Material. Viel später, wahrscheinlich um die Zeit des Exils oder sogar danach, sah ein Redakteur das Ganze durch und aktualisierte es für den Kanon. Viele Leute halten Esra gerne für den Redakteur, aber das können wir nicht sicher wissen. Diese Theorie ergibt für mich den meisten Sinn. Wenn du mehr erfahren willst, kannst du hier reinschauen: John Sailhammer: *The Meaning of the Pentateuch. Revelation, Composition and Interpretation* (Downers Grove, IL: InterVarsity 2009). Ein wahnsinnig kluges Buch.

10 Das beste Buch, das ich dazu gelesen habe, ist Richard Middletons *Liberating Image*. Es ist ein bisschen dick, aber das Beste, was ich über das Thema Gottesbild und Menschenbild gelesen habe.

11 1. Mose 1,26-27.

12 Re (auch: Ra) war die Nationalgottheit Ägyptens. Auch der Name Ramses – beliebt in der Literatur und in Filmen über die Zeit der Pharaonen – bedeutet: »Re ist derjenige, der ihn gezeugt hat.«

13 Vgl. auch dazu J. Richard Middleton, *Liberating Image*.

14 1. Mose 1,28.

15 Vgl. 1. Mose 4,17.20-22.

16 Vgl. 1. Mose 9,20.

17 Vgl. 1. Mose 9,21.

18 Vgl. 1. Mose 19,30-38.

19 Vgl. 1. Mose 4,23.

20 Vgl. 1. Mose 4,1-20.

21 Vgl. 2. Mose 3; 2. Mose 19; 1. Könige 19.

22 1. Korinther 15,45.

23 Vgl. Römer 5,14.

24 Römer 5,17; Hfa.

25 Ich danke N.T. Wright dafür, dass er mich das und etwa eine Milliarde andere Dinge gelehrt hat. Im Ernst, sein Buch *After You Believe. Why Christian Character Matters* (New York: HarperCollins 2010) enthält einige großartige Gedanken, die auf dieser Idee basieren. Deutscher Titel des Buches: *Glaube – und dann? Von der Transformation des Charakters* (Marburg: Francke 2011).

26 Der erste Theologe, der bemerkte, worauf Paulus hier abzielt, war der frühe Kirchenvater Irenäus von Lyon, der nur wenige Jahre nach der Entstehung

des Neuen Testaments schrieb. Er wuchs in einer paulinisch geprägten Gemeinde auf und hatte einen klaren Blick dafür, worauf Paulus hinauswollte. Er nannte es die »Rekapitulationstheorie der Versöhnung«. Das ist eine hochtrabende Umschreibung dafür, dass das, was Gott durch den Tod und die Auferstehung des Messias getan hat, eine »Rekapitulation« oder eine Zusammenfassung dessen war, was Adam schon immer hätte tun sollen – herrschen oder regieren. Es ist eine viel zu wenig beachtete Facette der Versöhnungslehre.

27 Offenbarung 1,5 und 19,6.

28 Markus 16,19.

29 1. Mose 1,28.

30 Dass in der Kirche so viel davon geredet wird, dass wir durch den Glauben und *nicht* durch Werke gerettet werden, kann leicht zu einer negativen, verzerrten Sicht auf das Thema Arbeit führen. Es stimmt zwar, dass wir durch das Werk Jesu gerettet werden und nicht durch unser eigenes Tun, aber das ist nur der Anfang. Von da an arbeiten wir »mit Furcht und Zittern an [unserer] Rettung« (Philipper 2,12; Hfa). Wir verkörpern damit den Weg Jesu.

31 1. Mose 1,27.

32 1. Mose 1,28.

33 Der legendäre Dr. Tim Mackie: meines Wissens der einzige Professor, der mit dem Skateboard zur Uni fuhr.

34 Nur um das klarzustellen: Es ist nicht das einzige Wort, das in der Hebräischen Bibel für »Anbetung« verwendet wird. In meiner Bibelausgabe, der *New International Version*, wird *avad* in 52 von 285 Fällen mit »anbeten« oder »(Gott) dienen« wiedergegeben.

35 2. Mose 2,9-15.

36 Timothy Keller, *Every Good Endeavor. Connecting Your Work to God's Work* (London: Hodder & Stoughton 2012), 59. Kellers Definition von Arbeit hat diesen ganzen Abschnitt inspiriert. Danke an Tim Keller, dass er ist, wer er ist. Deutsche Ausgabe des Buches: *Berufung. Eine neue Sicht für unsere Arbeit* (Gießen: Brunnen 2018).

37 Diese Zeilen sind meine Überarbeitung von Tim Kellers Definition von Arbeit. Es ist eine meiner Lieblingsstellen in seinem brillanten Buch (s. o.).

38 Diese Sichtweise begegnete mir zuerst in N. T. Wrights Buch *After You Believe. Why Christian Character Matters* (New York: HarperCollins, 2010).

39 1. Korinther 3,6.

40 1. Korinther 3,9.

41 Okay, das ist supercool. Du kannst auf https://www.census.gov/popclock/ gehen. Dort wird die Weltbevölkerung fortlaufend aktualisiert. Mach's mal. Es macht Spaß.

42 Vgl. Johannes 10,10.

43 Ein Teil dieses Abschnitts wurde inspiriert von Parker J. Palmer, *Let Your Life Speak. Listening for the Voice of Vocation* (San Francisco: Jossey-Bass 1999). Ein unglaublich gutes Buch.

44 Vgl. 1. Thessalonicher 4,11.

45 Aus Frederick Buechner, *Wunschdenken. Ein religiöses ABC* (Theologischer Verlag Zürich, 2009), 15. Das Buch ist nur noch antiquarisch erhältlich.

46 Lukas 6,27-28. Dasselbe steht auch in der Bergpredigt im Matthäusevangelium. Offensichtlich ist das ein komplexes, emotional besetztes und kontroverses Thema, bei dem sich die Anhänger Jesu nicht alle einig sind. Einen fantastischen Überblick über die biblische Lehre zur Gewalt findest du in *Fight. A Christian Case for Non-Violence* von Preston Sprinkle (Colorado Springs: David C. Cook 2013). Ich kann es gar nicht nachdrücklich genug empfehlen.

47 Diese Denkweise wird in der Theologie als »göttliche Vorherbestimmung« oder »Prädestination« bezeichnet. Sie geht davon aus, dass Gott alles auf der Erde lenkt. Normalerweise findet man sie in ultra calvinistischen Gruppen. Ich persönlich bin da völlig anderer Meinung.

48 Sprüche 11,14.

49 Palmer, *Let Your Life Speak*, 7-8. So, so, sooo gut. Dieses Kapitel greift weitgehend darauf zurück.

50 Das war mein obligatorisches Zitat aus dem Film *Die Braut des Prinzen*. (Anmerkung: In Deutschland ist dieser Film nicht so bekannt wie in den USA, wo ihn die meisten Leute fast schon auswendig kennen.)

51 Das Wort *pnuematikos*, »spirituell« oder »geistlich«, findet sich im Neuen Testament vor allem in den Texten von Paulus. Aber es wird nicht so verwendet, wie die meisten Leute es verwenden. Viele Menschen denken, »geistlich« oder »spirituell« bedeute religiös, immateriell, jenseitig, rätselhaft oder bezeichne tiefe mystische Erfahrungen mit Gott. Aber in der Theologie von Paulus bedeutet es »geleitet vom Geist Gottes«. Es kommt von der Wortwurzel *pneuma*, auf das unser Wort *pneumatisch* zurückgeht. Es meint diese befähigende Präsenz in uns, die uns antreibt, das zu tun, wozu wir berufen sind – und zwar hier auf der Erde. Die Unterscheidung materiell/immateriell gibt es hier nicht. Deshalb teilt Paulus in 1. Korinther 2 alle Menschen in zwei Kategorien ein. Die »geistlichen Menschen« sind alle Anhänger von Jesus, die seinen Geist haben. Alle anderen sind *nicht* geistlich. Faszinierend.

52 Die Formulierungen hier stammen z. T. aus der DVD *Everything Is Spiritual* von Rob Bell (Grand Rapids: Zondervan 2007).

53 Doch tragischerweise denken viele amerikanische Christen immer noch so. Lies N. T. Wrights *Surprised by Hope,* wenn du dir einen Reim darauf machen willst, was Jesus und die biblischen Autoren über die Zukunft von Gottes Welt zu sagen haben. Das Buch erschien in Deutschland unter dem Titel: *Von Hoffnung überrascht* (Neukirchen-Vluyn, Neukirchener [3]2020).

54 Eine großartige Lektüre zum Thema, was das Reich Gottes ist (und was nicht), ist Scot McKnights *Kingdom Conspiracy. Returning to the Radical Mission of the Local Church* (Grand Rapids: Brazos 2014). Ein Buch, das dein Denken auf den Kopf stellen kann.

55 1. Petrus 2,9.

56 Übrigens soll das in keinster Weise Katholiken-Bashing sein. Ich habe ein paar sehr gute Freunde, die katholisch sind. Das hier ist ein Kapitel über die Arbeit, nicht eine stark vereinfachte Darstellung des Katholizismus. Aber was das Verständnis der Priesterschaft angeht, bin ich doch anderer Meinung als die katholische Kirche.

57 Dasselbe griechische Wort – *diakonos* – wird in der NIV mit »ministry«, Dienst und Diakon, übersetzt. Die deutsche Übersetzung NLB umschreibt den Begriff häufig oder sie verwendet Amt, Auftrag oder Dienst.

58 In Rob Bell, *Velvet Elvis. Ein neues Bild des Glaubens malen* (Gießen: Brunnen [2]2007).

59 1. Thessalonicher 2,9.

60 2. Chronik 7,1-3.

61 Psalm 19,1.

62 Habakuk 2,14.

63 1. Korinther 10,31.

64 Das ist ein großartiger Ausdruck, der in der Theologie für den Schon-jetzt-und-noch-nicht-Charakter des Reiches Gottes verwendet wird. Ich glaube, George Ladd war der Erste, der diesen Ausdruck prägte, und zwar in seinem Buch *The Presence of the Future. The Eschatology of Biblical Realism* (Grand Rapids: Eerdmans 1996).

65 Wenn du Lust hast, schau dir Steves neuste Arbeiten an: www.stephenkenn.com (letzter Aufruf: 10.03.2023).

66 John R. W. Stott, *Issues Facing Christians Today* (Grand Rapids: Zondervan 2006), 225.

67 Römer 1,20.

68 Vgl. Psalm 19,1 in meiner eigenen Formulierung.

69 1. Mose 2,9.

70 2. Mose 31,2-5.

71 Anmerkung: Von Josef wird bereits in 1. Mose 41,38 gesagt, er sei vom Geist Gottes erfüllt. Allerdings sagt das nicht Gott, sondern der Pharao.

72 Das Zitat stammt aus Witheringtons Buch *Work. A Kingdom Perspective on Labor* (Grand Rapids: Eerdmans 2011), 51. Ein wirklich gutes Buch.

73 1. Thessalonicher 4,11-12.

74 2. Korinther 3,18.

75 Irenäus, *Gegen die Häresien*, Buch 4, 20,7. Vgl. https://de.scribd.com/document/61744713/Gegen-die-Haresien-Contra-Haereses-Hl-Irenaus#download, S. 243 (letzter Aufruf: 02.03.2023).

76 Genau genommen 1126 Stücke.

77 Meinen wir. Genau wissen wir es nicht. Ob der Spruch von Benjamin Franklin ist, meine ich. Aber es ist definitiv ein falsch wiedergegebenes Zitat von irgendwem.

78 Er heißt Ryan Devens, und er hat inzwischen ein Unternehmen gegründet. Schaut es euch gerne an unter www.tailorskeep.com (letzter Aufruf: 02.03.2023).

79 Dieser gesamte Absatz wurde inspiriert von Dallas Willard. Sein Buch *The Divine Conspiracy* (San Francisco: Harper San Francisco 1998) ist eines meiner drei Lieblingsbücher aller Zeiten. Seine Vision von Nachfolge ist unverzichtbar. Dallas, du fehlst. Wir sehen uns bei der Auferstehung. Deutsch unter dem Titel: *Gott. Du musst es selbst erleben* (Basel: fontis 2022).

80 Markus 1,9-11.

81 Das ist die Zusammenfassung der Frohen Botschaft von Jesus durch den Verfasser des Markusevangeliums in Markus 1,14-15.

82 Markus 1,38.

83 Markus 1,39.

84 Er verwendet auch das Wort *thaumazo*.

85 Markus 7,37.

86 Lukas 9,51; ELB.

87 Jetzt sind wir bei Johannes 17,4.

88 Johannes 19,30; Hervorhebung durch den Autor.

89 Ich beziehe mich auf Dale S. Kuehne. Sein Buch *Sex and the iWorld. Rethinking Relationships beyond an Age of Individualism* (Grand Rapids: Baker 2009) ist fantastisch.

90 Vgl. Johannes 1,19-23.

91 Aus Martin Buber, *Die Erzählungen der Chassidim* (Zürich: Manesse [11]1990), 394.

92 Vgl. Johannes 17,4.

93 Diese großartige Formulierung stammt aus dem gleichnamigen Büchlein von Charles E. Hummel.

94 Sprüche 22,29; Hfa.

95 Dorothy L. Sayers, »Why Work?« in: *Creed or Chaos? And Other Essays in Popular Theology* (Manchester: Sophia Institute 1995), 106.

96 Römer 12,6. In Epheser 4,7 sagt er etwas Ähnliches: »Doch hat jeder von uns seinen Anteil an der Gnade geschenkt bekommen, so wie Christus sie uns geschenkt hat.«

97 Mike Erre, um genau zu sein. Hört euch seine Podcasts an: evfreefullerton.com (letzter Aufruf: 07.03.2023).

98 Das ist aus Franks im Eigenverlag veröffentlichtem Buch *The Shape of Design* (2012).

99 Wir nennen das eine »missionale Gemeinschaft«.

100 Das las ich in *Outliers. The Story of Success* (Boston: Little, Brown 2007), meinem Lieblingsbuch von Malcolm Gladwell.

101 Der Preis wurde vom *Time Magazine* verliehen.

102 Schon wieder 1. Mose 1,28.

103 Eden ist ein hebräisches Wort und bedeutet Lust oder Wonne.

104 1. Mose 3,16.

105 1. Mose 3,17-19.

106 David R. Wheeler, »Silicon Valley to Millennials: Drop Dead«, CNN.com (18. März 2015), https://edition.cnn.com/2015/03/18/opinions/wheeler-silicon-valley-jobs/index.html (letzter Aufruf: 07.03.2023).

107 »Einundsiebzig Prozent der amerikanischen Arbeitnehmer sind ›nicht engagiert‹ bei ihrer Arbeit«, berichtet Gallup.com, https://news.gallup.com/poll/150383/majority-american-workers-not-engaged-jobs.aspx (letzter Aufruf: 07.03.2023).

108 Die folgenden Zitate stammen aus 1. Mose 11,1-9.

109 In den Vereinigten Arabischen Emiraten wird derzeit der *Dubai Creek Tower* gebaut, der eine Höhe von 1000 Metern haben soll.

110 Prediger 2,17.20-23.

111 Ein Akronym, das in diesem fantastischen Online-Artikel für die Generation Y verwendet wird: Tim Urban, »Why Generation Y Yuppies Are Unhappy«, HuffPost (15. September 2013), http://www.huffingtonpost.com/wait-but-why/generation-y-unhappy_b_3930620.html (letzter Aufruf: 07.03.2023).

112 Zum ersten Mal stieß ich auf diese Sicht der Millennials in Joel Steins großartigem Artikel »The Me Me Me Generation. Why Millennials Will Save Us All«, Time Magazin (20. Mai 2013), https://time.com/247/millennials-the-me-me-me-generation/ (letzter Aufruf: 08.03.2023). Hier

schreibt er darüber, was an der Generation der Millennials problematisch, aber auch positiv ist.

113 Manel Baucells, Rakesh Sarin, *Engineering Happiness. A New Approach for Building a Joyful Life* (Oakland: University of California Press 2012), 72.

114 Diesen Gedanken habe ich bei Mike Erre geklaut. Ehrlich gesagt habe ich etliche Ideen bei ihm geklaut. Danke, Bro!

115 Abraham Joshua Heschel, *The Sabbath. Its Meaning for the Modern Man* (New York: Farrar, Straus & Giroux 1951). Deutscher Titel: *Sabbat* (Neukirchen-Vluyn: Neukirchener 1990).

116 1. Mose 2,1-2.

117 Psalm 90,17; ELB – ein Gebet, das ich sehr mag.

118 1. Mose 2,3.

119 Heschel, *Sabbath, 8.*

120 2. Mose 16,23.

121 In Johannes 19,31 wird der Tag vor dem Sabbat »Rüsttag« oder »Vorbereitungstag« genannt (vgl. ELB bzw. GNB).

122 Hier bezieht sich alles auf 2. Mose 20,8-11.

123 Markus 2,27 (eigene Hervorhebung).

124 2. Mose 16,29.

125 Sehr erfolgreiche US-amerikanische Politserie. Lief im deutschsprachigen Raum nur auf Pay-TV unter dem Titel *The West Wing – Im Zentrum der Macht*.

126 Römer 14,5; Hfa.

127 Die Formulierung »zwei Thoras« stammt von mir. Das Wort »Thora« ist ein wenig zweideutig. Manchmal wird es für den gesamten Pentateuch – also die fünf Bücher Mose – verwendet, manchmal aber auch (ich denke hier an den Apostel Paulus) nur für den mosaischen Kodex, der in 2. Mose 20 beginnt und bis 4. Mose weiterläuft. In jedem Fall ist das Buch 5. Mose eine »zweite Thora«. Darin wiederholt Mose nämlich die Thora für die nächste Generation, vierzig Jahre nachdem ihre Eltern alles verpfuscht haben. Es kann sehr interessant sein, die Ähnlichkeiten und Unterschiede zwischen den beiden zu studieren. Das ist eigentlich schon alles, worauf ich mit der Formulierung »zwei Thoras« hinauswill.

128 Genauer gesagt, ist das die Zeit, von der das Buch berichtet. Wann genau es abgefasst wurde, ist unter Alttestamentlern umstritten.

129 5. Mose 5,12-14. Die Parallelstelle findet sich in 2. Mose 20,8-10. Technisch gesehen, ist das erste Wort anders. In 2. Mose beginnt der Text mit »Denke an den Sabbat« und in 5. Mose mit »Halte den Sabbat«. Je nach Bibelübersetzung kann es auch in den folgenden Sätzen gewisse Abweichungen geben, die allerdings inhaltlich nicht ins Gewicht fallen.

130 2. Mose 5,4.

131 5. Mose 5,15.

132 2. Mose 5,4.

133 2. Mose 5,5.

134 2. Mose 5,9.

135 2. Mose 5,10-11.

136 2. Mose 5,13.

137 2. Mose 5,17-18.

138 2. Mose 1,11. Dass diese Städte nach Pharaonen benannt sind, überrascht nicht.

139 Die Amischen (engl. *Amish*) sind eine protestantische Glaubensgemeinschaft, die ursprünglich aus Deutschland und der Schweiz stammt, heute aber überwiegend in den USA lebt. Sie führen ein stark von der Landwirtschaft geprägtes Leben und sind dafür bekannt, dass sie moderne Technologien ablehnen und Neuerungen, wenn überhaupt, nur nach sorgfältiger Prüfung ihrer Auswirkungen auf den Menschen, die Gemeinschaft und die Gottesbeziehung annehmen.

140 Mark J. Perry, »America's Ridiculously Large $16 Trillion Economy«, *American Enterprise Institute* (8. Februar 2014), https://www.aei.org/carpe-diem/americas-ridiculously-large-16-trillion-economy/; letzter Aufruf: 10. 03. 2023. (Hinweis zur deutschen Ausgabe 2023: Die Daten aus diesem Artikel beziehen sich auf den Erscheintermin der amerikanischen Ausgabe dieses Buches *Garden City* aus den Jahren 2014/15. Die Trends, die die Zahlen hier abbilden, haben sich seither weiter in die hier angegebene Richtung entwickelt.)

141 Ebd.

142 Ebd.

143 Ebd.

144 Heschel, *Sabbath*, 3.

145 YHWH – das sind im Hebräischen die Buchstaben für die deutsche Übersetzung »der HERR«. Im Deutschen klingt es wie ein Titel, aber im Hebräischen ist es ein Eigenname, weshalb manche Übersetzungen das Wort in Großbuchstaben schreiben, um es von der sonstigen Verwendung des Wortes »Herr« abzugrenzen.

146 Diese Begebenheit wird in Markus 2,23–3,6 erzählt.

147 Und noch einmal 2. Mose 20,10; Hfa.

148 Johannes 19,42.

149 Matthäus 11,28-30 in einer freien Übersetzung nach Eugene Petersons Bibelübertragung *The Message*. Einfach gut, darin zu lesen.

150 Brueggemann, *Sabbath as Resistance*, 43.

151 2. Petrus 3,10.
152 2. Petrus 3,13.
153 Joel 3,4.
154 Jesaja 65,17-18.21-23 (Hervorhebung vom Autor). Ich empfehle, mal den ganzen Abschnitt zu lesen. Er ist atemberaubend.
155 Jesaja 25,6; Hfa.
156 Joel 4,18.
157 Amos 9,13-14.
158 Jesaja 25,7-8; Hfa.
159 N. T. Wright in *Von Hoffnung überrascht* (s. o.) und an vielen anderen Stellen.
160 Vgl. Philipper 1,23 und 2. Korinther 5,8.
161 Offenbarung 6,9-11.
162 Matthäus 19,28; Hfa.
163 1. Korinther 6,10 und Apostelgeschichte 13,46.
164 Apostelgeschichte 3,21.
165 2. Petrus 3,13.
166 Offenbarung 21,1.
167 Die folgenden Formulierungen finden sich in Offenbarung 21–22.
168 Hier habe ich ein bisschen geklaut bei Rob Bell, *Love Wins. A Book About Heaven, Hell, and the Fate of Every Person who Ever Lived* (San Francisco: Harper One 2011). Auf Deutsch erschienen unter dem Titel: *Das letzte Wort hat die Liebe. Himmel und Hölle und das Schicksal jedes Menschen, der je gelebt hat* (Gießen: Brunnen 2011). Ich stehe nicht hinter allem in diesem Buch, aber Bells Kapitel über den Himmel ist großartig (abgesehen von der Tatsache, dass er die Zukunft »Himmel« nennt, was die biblischen Autoren nicht tun).
169 1. Korinther 15,58.
170 Offenbarung 1,6; ELB.
171 Offenbarung 3,21.
172 Offenbarung 5,10.
173 Offenbarung 20,6.
174 Offenbarung 22,5.
175 2. Timotheus 2,12.
176 Offenbarung 14,13.
177 Offenbarung 21,24.26.
178 Aus Miroslav Volf, *Work in the Spirit. Toward a Theology of Work* (Eugene, Ore.: Wipf & Stock 2001), 91.
179 1. Korinther 3,10.12-15.

180 Das ist aus N. T. Wrights Buch *Von Hoffnung überrascht* (s. o.). Es ist zweifellos das beste Buch über Eschatologie, das ich je gelesen habe. Tatsächlich ist es eines der besten Bücher überhaupt, das ich je gelesen habe. Hand aufs Herz: Es hat mein Leben verändert. Du solltest es lesen!! Wirklich!! (Doppelte Ausrufezeichen zur Bekräftigung.)

181 Alle Zitate hier stammen aus Lukas 19,11-27.

182 Kolosser 3,23-24.

183 Alex Ross: »Revelations. The Story behind Messiaen's ›Quartet for the End of Time‹«, *The New Yorker* (22. März 2004), https://www.newyorker.com/magazine/2004/03/22/revelations-2 (letzter Aufruf: 15.03.2023).

184 Wenn du mehr wissen willst, lies Rebecca Rischins *For the End of Time. The Story of the Messiaen Quartet* (Ithaca, N.Y.: Cornell University Press 2006).

185 2. Korinther 5,17; ELB.

186 Matthäus 10,7.

187 Aus Lynn Hirshbergs Artikel »The Misfit,« *Vanity Fair 54*, Nr. 4 (April 1991), 160-169, 196-202.

188 Markus 9,34-37. Aus diesem Abschnitt stammen auch die folgenden Zitate.

189 Plato, *Gorgias*, 491e.

190 Die Formulierung findet sich in 1. Timotheus 6,19, der Gesamtzusammenhang ist 1. Timotheus 6,17-19. Besser kann man es nicht ausdrücken.

191 Markus 9,36-37.

192 Ein fantastischer Begriff! Der Artikel ist von Joseph Epstein, »The Kindergarchy. Every Child a Dauphin,« *The Weekly Standard* 13, Nr. 37 (9. Juni 2008): https://www.ipce.info/library/newspaper-article/kindergarchy-every-child-dauphin (letzter Aufruf: 15.03.2023).

John Mark Comer

Ruhe. Arbeit. Ewigkeit.

Der göttliche Rhythmus von Ruhe und Arbeit für dein Leben

John Mark Comer hilft uns, eine Vision wiederzufinden. Eine Vision, die seit Ewigkeiten im Herz Gottes verborgen ist. Eine Vision, die Sinn, Ziel und Fokus gibt, wie wir hier und jetzt ganzheitlich Mensch sein können. Wie wir die guten Kreisläufe wiederfinden, die Gott im Garten Eden eingeführt hat. Damit sich sein Überfluss an Leben, Frieden und Wohlbefinden multipliziert! Dafür gibt er uns einen Auftrag: die Erde mit diesem Leben zu füllen. Und einen Rhythmus: Arbeit und Ruhe. Und einen Weg: zu herrschen, in seiner versöhnten, elternschaftlichen Art. Ein Buch, das uns Gottes Herz für das Leben zwischen Himmel und Erde greifen lässt – und für das, was wir jetzt und in Ewigkeit sind und tun.

Gebunden, 13,5 × 21,5 cm, 288 Seiten
Nr. 227.000.072 | ISBN 978-3-417-00072-6

Erhältlich im Buchhandel oder
unter www.scm-shop.de

Ⓔ Auch als E-Book erhältlich

R.Brockhaus